金融体系风险配置机制的创新与优化研究

赵　征/著

教育部人文社会科学研究青年基金项目资助
“金融体系风险配置机制的创新与优化研究——基于合约设计与交易结构的分析视角”（12YJC90284）

科 学 出 版 社
北 京

内 容 简 介

本书以经济主体对风险分担的需求作为研究的出发点，剖析在信息不对称的背景下，金融合约交易在风险分配中面临的“风险分担”和“提供激励”双重目标的冲突和权衡，分析影响风险配置最优选择的背景因素，据此解释风险配置的多种合约安排和交易结构并存的理论根源。基于对风险的初级配置和再配置层面的考察，探究风险配置机制创新的动因和演化趋向，反思风险转移机制的内在脆弱性和监管失灵，为金融体系风险配置机制的优化提供建议。本书采用从微观到宏观的研究视角，为现实经济生活中庞大复杂的金融风险配置机制构造了具有统一内在逻辑的分析框架。

本书适合高等院校经济管理类专业的教师与研究生、商业银行等金融机构从业人士阅读。

图书在版编目（CIP）数据

金融体系风险配置机制的创新与优化研究/赵征著. —北京：科学出版社，2017.12

ISBN 978-7-03-052550-5

Ⅰ. ①金… Ⅱ. ①赵… Ⅲ. ①金融风险–风险管理–研究–中国 Ⅳ. ①F832.1

中国版本图书馆 CIP 数据核字（2017）第 080905 号

责任编辑：徐 倩 / 责任校对：贾娜娜
责任印制：吴兆东 / 封面设计：无极书装

科 学 出 版 社 出版
北京东黄城根北街 16 号
邮政编码：100717
http：//www.sciencep.com

北京京华虎彩印刷有限公司印刷
科学出版社发行 各地新华书店经销

*

2017 年 12 月第 一 版 开本：720 × 1000 1/16
2017 年 12 月第一次印刷 印张：15 1/4
字数：308 000

定价：102.00 元

（如有印装质量问题，我社负责调换）

前　言

金融体系不仅是经济主体之间以当前闲置资源交换未来财富的交易系统，也是经济主体对未来不确定收入的风险暴露进行分配的机制。金融体系对风险的分配通过金融合约交易得以实现，适当的合约安排可以为企业家提供风险分担，鼓励其从事创新活动，减轻外部冲击对企业生产的影响，对经济增长和稳定具有积极贡献。然而，由于信息不对称导致交易摩擦，经济主体之间的风险分担在不完美的市场中面临现实约束，有效的风险配置应基于合约交易的实际背景，在对合约主体提供必要激励的前提下，适度满足其对风险分担的需求。

优化风险配置是金融创新的重要动因，在金融体系的进化中，合约设计和交易结构创新的同时也是风险配置机制不断演进的过程。现代金融体系的风险配置机制是由各类参与者共同构造的立体系统，包括风险初级配置和再配置的多个层级，每个层面都包含着多种风险配置模式，各层面相互关联，互为支撑。近年来，发达国家金融机构开发出多种新型信用风险转移工具，为商业银行提供了管理信贷组合的灵活手段，并吸引了各类非银行金融机构参与信用风险暴露的二级交易，有助于提高金融体系的风险分担效率和风险分散化水平。但是，过度风险转移也会产生对风险转让方的激励稀释，诱发道德危害。次贷危机引发了监管部门和学术界对金融风险配置机制创新的反思，发达国家的经验与教训对于成长中的中国金融体系风险配置机制的改进颇具借鉴意义。在此背景下，“金融体系风险配置机制创新与优化”这一课题需要在理论和实践层面展开深入研究。

本书以经济主体对风险分担的需求作为研究的出发点，探讨在信息不对称的合约交易背景下，“风险分担”和“提供激励”双重目标之间的冲突和权衡，提出优化风险配置的基本准则，分析影响风险配置最优选择的背景因素，据此解释风险配置的多种合约安排和交易结构并存的理论根源，为庞大复杂的金融风险配置机制构造具有统一内在逻辑的分析框架。在风险配置基本理论的研究基础上，本书对风险配置的各个层级展开具体研究。在风险初级配置层面，各类融资合约的风险分配规则各具特色，其风险分担效应和激励效应各有侧重；在风险再配置层面，各种风险转移工具在交易结构、运作成本、风险覆盖等方面各有不同。基于对风险配置各层面的分析，本书从金融体系风险配置机制发展的历史视角，归纳其演进轨迹和趋向，评价风险配置方式创新的正面贡献，同时，剖析风险转移的负面效应及其在次贷危机形成和扩散中扮演的角色，反思风险转移机制的内在脆弱性和监管失灵，探讨监管改进的方向。以发达国家的经验教训为参照，分析中国金融体系中风险分配失衡的潜在问题，对我国构建完备和有效率的金融风险配置机制提出建议。

本书主要包括以下内容。

第一章对金融体系风险分担功能的价值进行理论诠释，从经济主体之间分担风险的微观动因入手，阐释金融体系提供的风险分担机制的宏观贡献。当主体的风险态度、风险认知是异质的，或面临的风险暴露非完全正相关时，彼此将产生风险分担的需求，以便实现风险配置的帕累托改进。相关实证显示，企业家通常是中度风险厌恶者和轻度乐观主义者，根据创业决策模型的推演，他们需要社会对其提供风险分担机会，以发挥创新才能。金融体系的风险分担机制可以降低创业门槛，减轻外部冲击对企业生产的负面影响，促进经济增长，平滑经济周期波动。

第二章剖析金融合约风险配置中的内在冲突和风险分担面临的现实约束。本章基于对合约设计与选择理论相关研究的梳理，使用合约经济学的基本框架，分析风险配置中“风险分担”和“提供激励”的双重动机与潜在冲突，提出风险优化配置的基本准则是激励约束下的适度风险分担，并探讨合约交易背景因素对风险配置最优选择的影响，以及实现风险分担的约束条件。在各种不同的交易背景下，合约双方形成的均衡风险分配模式也有所不同。优化风险配置是推动金融创新的重要动因，现代金融体系形成了包括风险初级配置和再配置的多层次的风险配置机制。

第三章对融资合约的风险初级配置模式与交易结构进行比较。首先，分析代表性融资合约的风险分配模式与风险配置绩效。债务合约侧重于预防企业家卸责和谎报产出的激励效应，并通过有限责任条款给予企业家一定程度的风险分担，但也可能诱发风险转嫁。股权合约可以为企业家提供更充分的风险分担，但存在约束企业家道德危害的激励不足问题，为此股权合约采用无限期设计，以强化股东对企业家的约束。可转换债券令企业家同时持有对企业价值的看涨期权多头和空头，对分担风险和避免风险转嫁进行平衡。进而，比较融资合约的两种交易平台——金融市场和金融中介在风险初级配置中的功能。金融市场形成合约主体自我选择和匹配的“分散式”风险配置机制，金融中介则形成以合约转换为核心的“集权式”风险配置机制，二者各具比较优势。

第四章分析风险再配置机制的创新和金融中介在风险配置格局中的角色变化。首先，解释初始风险承担者对风险暴露进行再分配的动机。其次，分析信贷市场的两类风险再配置机制的创新及其风险分配结构。贷款出售和证券化属于融资合约的二级市场交易，为了维持对卖方银行的激励，贷款出售通常采用卖方保留部分风险的合约安排，贷款证券化普遍采用资产汇集和现金流分层的结构，对投资者发行低风险优先级证券，由发起银行回购权益档证券。信用衍生工具则是新型的参数型纯粹风险转移合约，提高了信用风险交易的效率。风险转移方式的创新对发达国家商业银行的经营模式产生了革命性的影响，使其从风险汇集与保险提供者转变为专业化的风险交易者。

第五章总结金融风险配置机制创新的总体趋向，分析金融创新的现实绩效。本章归纳了风险配置机制演化的历史轨迹、创新的基本规律与发展趋向。一方面，从改进风险分担和促进对实际部门的融资支持两方面，评价风险转移创新的积极贡献；另一方面，洞析风险转移的负面效应及其与次贷危机的内在关联。风险转移可能产生对风险转让方的激励稀释效应、对信贷过度扩张和借款人盲目乐观的鼓励效应，以及风险传染效应，为监管套利、投机行为和风险传播提供渠道，在次贷危机形成与扩散中扮演了重要角色。

第六章对信用风险转移市场的动荡进行反思。首先，剖析风险转移市场的内在脆弱性。合约设计和声誉约束对风险卖方的激励效应存在局限性，难以完全消除道德风险，复杂的多层级风险转移链进一步导致信息衰减和系统性激励扭曲，在不利冲击下造成群体恐慌和连锁反应。其次，探讨监管失灵的根源和监管改进的方向。对风险自留监管要求的激励效应进行实证检验，建议制定有弹性的差异化风险保留要求；探讨如何调整评级机构和投资机构的激励结构，以及构建风险转移市场的信息披露框架。市场的不完美需要政府通过有效监管预防风险配置失当，但政府作为危机事件风险分担者的角色应审慎定位。

第七章解析中国金融风险配置格局的潜在失衡，对风险配置机制的改良和创新提出建议。中国金融体系存在风险初级配置机制的功能扭曲和风险再配置机制发育不足的双重问题。纠正风险配置扭曲的关键是解除政府隐性保护，代之以公开规范的风险缓冲和危机处理制度。基于贷款证券化和信用衍生工具的风险转移市场虽然已经初步建立，但市场潜在需求尚未充分唤起。关于证券化对银行股东价值影响的实证研究显示，我国贷款证券化市场还处于发育初期，尚未产生广泛影响。监管部门应对风险转移的创新给予适当的鼓励和引导。

目　　录

第一章　金融体系风险分担功能的价值诠释

第一节　经济主体的风险倾向与风险分担动机

风险认知和风险态度共同决定了经济主体的风险倾向，当个体的风险态度、风险认知存在差异，或面临的风险暴露非正相关时，彼此将产生风险分担的需求，以便实现风险配置的帕累托改进。

一、决定经济主体风险倾向的二维要素

经济主体的风险倾向（risk propensity）是指其面对不确定性时承担或规避风险的行为倾向，受到风险认知（risk perception）和风险态度（risk attitude）的联合影响[①]。风险识别即主体基于对未来事件的概率判断作出的风险估量，反映主体对风险暴露程度的理解，而风险态度基于未来结果给主体带来的心理感受，反映主体对待风险的一般或一贯倾向。对于给定的不确定性事件，不同主体感知的风险水平可能有所不同，如何应对风险则取决于他们的风险态度。

（一）风险认知的客观性与主观性

预期效用理论提供了个体在风险状态下的一般决策准则，但是，关于预期效用函数的关键参数——概率的本质属性是主观的还是客观的，学术界展开了长期争论。Von Neumann-Morgenstern 预期效用函数假定概率是客观的，即随机事件的概率天然存在于自然界中，不以观察者的个体认识为转移。客观主义的概率观大体上有三个版本，最古老的观点是古典的频率论，认为在特定随机试验中，一项事件发生的概率是导致该事件的结果出现的次数除以所有可能结果出现的次数。由于概率的古典测度方法存在缺陷，该方法在 20 世纪受到许多学者的挑战，其中最具代表性的是相对频率论，认为在特定试验中某项事件发生的概率是该事件在一系列无数次相同试验中发生的相对频率，其理论基础是 Bernoulli 提出的大数法

---

① Sitkin 和 Pablo（1992）区别了“风险倾向”和“风险偏好”这两个概念，前者被定义为个体在现实中承担或规避风险的可能性，后者则被定义为个体被风险所吸引或是对风险感到厌恶的性格特征，并认为人们的固有风险偏好和对风险识别的结合决定着风险倾向。

则，即如果一项事件在 n 次相同且独立的试验中发生了特定次（k），且试验次数相当大，则 k/n 接近于该事件的客观概率。然而，相对频率论设想的无限次重复试验只是一种理想状态，对于一项“独一无二”的事件（比如，某项新产品能否取得理想的销路），应如何度量其概率？面对这一现实困惑，一些相对频率论者承认客观概率推理只适用于可控的“机械性”情形，而不适于独特的随机事件。不过，另有一些研究者则对客观概率推理的适用性在实践中的折中感到不满意，他们求助于客观概率的“倾向”论（propensity view），认为概率代表在单项试验中得到某一特定事件的自然倾向，这一倾向被假定是客观存在的，即使只是存在于一个形而上的范畴中，难以公式化。

然而，许多统计学家和哲学家对客观概率论提出了异议，他们认为随机性其实是一个“认知”现象（knowledge phenomena），因而概率是一个认知论问题，而不是存在论问题。人们不一定要用随机性来描述抛硬币的结果，如果人们知道硬币的形状和重量、抛币者的力气、抛币所在房间的大气状态、抛币者的手臂距离地面的高度等信息，人们就会肯定性地预测它将是正面或反面向上。然而，由于信息通常是缺乏的，概率实际上是对人们拥有的可能影响抛币结果的各种相关信息的短缺程度的度量。

概率的认知论可以追溯到 Bayes（1763）和 Laplace 的研究。认知论可分为两个派别：“逻辑关系主义”（logical relationism）和“主观主义”（subjectivism）。前者的代表人物是 Keynes（1921），他认为人们的知识和由此推导而来的概率之间存在某种意义上的客观关系。知识是无实体的和非个人的，由于人们的认知所依据的知识是客观的，所以由知识推出的概率也是客观的，任何拥有类似认识和推理能力的人都会领悟到同样的概率关系，进而得出相同的结论。Ramsey（1926）不赞同 Keynes 基于“客观认知”的逻辑概率观。他在《真理与概率》中指出，主导概率判断的不是非实体性的知识，而是个人的“信念”(belief)，概率反映着个体对未来事件发生可能性的相信程度，即主观置信度。De Finetti（1931，1937）证明概率论的逻辑规律能够在主观主义观点下严格成立，为主观概率观奠定了基础。主观主义允许拥有同样信息的不同主体对同一事件合理地赋予不同的概率。Ramsey 和 Finetti 认为，个体对有风险抽彩方案的选择是一种“显示信念”的途径，通过观察人们的行为，可以推导出个体的主观概率判断。Savage（1954）在其革命性著作《统计学基础》中，将主观概率引入 Von Neumann-Morgenstern 预期效用函数框架，对 RamseyFinetti 的观点予以公理化，并进一步发展，提出主观预期效用理论。他认为，决策者对选择方案的价值判断依赖于个体差异，不过，这一主观信念是决策者基于经验、知识以及对相关信息进行合理分析和推理的产物，并非缺乏根据的主观臆测。Savage 定理提出了确保主观概率和预期效用函数存在的条件：在遵从一系列公理的前提下，在状态空间上存在唯一的概率分布，在结果空间上存在唯一的具有正线形变换性的实值效用函数，当且仅当 $EU(C_a) \geqslant EU(C_b)$时，$C_a \succeq C_b$。基于这一预期效用函数，决策者可以根据自己对选择方案估算的主观期望效用值作出理性决策。Savage 进而指出，决策者的概率推断过程服从贝叶斯定理（Bayesian principle）：

$$P(A|B)=\frac{P(B|A)P(A)}{P(B)} \tag{1-1-1}$$

在不完全初始信息条件下，准确地设定主观概率是件困难的事，决策者首先会根据其经验估计未来事件 A 发生的先验概率，也即得出 P（A），当事件 B 作为新信息发生时，如果事件 A 和事件 B 存在某种因果关系（A 为“因”，B 为“果”），就可以根据对 B 的观察修正先验概率 P（A），推导出以 B 为前提下 A 发生的条件概率 P（$A|B$），也即采用逆向归纳法形成后验概率，从而改进其概率推断，再将修正概率引入预期效用函数，做出最优决策。

正如 Hey（1979）所言，对不确定性的理论剖析不仅是技术问题，也是哲学问题。学术界关于概率判断的主观性与客观性的争论显示，决策者对风险的识别不仅基于客观的相关信息和数据统计分析，而且受到社会因素和主观因素的影响。在现实中，经常出现人们根据直觉和经验所识别的风险与通过计量得出的风险概率之间不一致的现象。个体的风险认知取决于两方面因素：一是客观的信息拥有量与分析能力，二是对未来事件结果的乐观或悲观的主观信念。对于一项未来不确定性事件，不同个体的风险识别可能存在差异，其原因除了个体掌握的信息量和分析能力的差别，还有“悲观主义者”与“乐观主义者”的心理差异，即使他们拥有的信息以及风险度量的知识和技术是类似的。如果个体对未来状态的发生概率拥有不同的后验信念，一种可能是他们观察到相同的信号（信息），但具有不同的先验信念；另一种可能是他们具有共同的先验信念，但观察到不同的信号。

1. 个体的信息拥有与分析能力

个体拥有的信息分布可能是不均匀的，根据对决策所需的相关信息的拥有量，可将个体分为“信息灵通者”（informed agent）和“信息缺乏者”（uninformed agent）。同时，个体的信息分析技术和分析能力也存在差异，如“专家”和“外行”对风险的识别通常有所不同。

2. 乐观主义、悲观主义与现实主义

1）“共同先验信念假定”和“异质先验信念假定”的争论

现实世界中，乐观主义与悲观主义普遍存在，然而在经济理论家设定的世界中，它们却很少被谈及。在传统研究范式中，有一种流行的观念，即理性个体关于未来事件发生概率的信念差异（或风险识别的差异）只能用个体拥有的不同信息加以解释。这些经济学家通常会使用“共同先验信念假定”（Common Prior

Assumption，CPA 假定），对于风险事件，个体拥有相同的先验概率判断，但他们拥有的关于世界未来实际状态的信息可能有所不同，因此他们根据自身掌握的信息对先验概率进行修正所得到的后验概率出现了差异。按照这一思路，个体之间不存在先验的“乐观主义者”和“悲观主义者”的区别。

传统经济理论研究中普遍使用 CPA 假定的主要原因是研究者认为个体理性假定就意味着他们拥有“共同先验信念”，而将“异质性先验信念”（heterogeneous prior belief）解释为部分个体在信息处理中缺乏理性，即如果个体拥有相同信息，但得到了不同的信念，其中有人肯定出现了错误，因此是非理性的，不属于标准经济学分析的范畴。Brandenburger（1992）的研究结论是，异质先验信念可以解释为信息处理错误的产物，缺乏理性的某些个体可能一开始就误读了信号，导致其判断偏离了客观概率。

一些学者用“反证法”对 CPA 假定提出了质疑：如果个体具有共同先验信念，他们在得到相关信息之前，对任何事物都不可能表示不一致的意见，而实际上，在深入调查和分析前，个体对某项事物的未来结果具有不同看法是十分常见的。Morris（1995）认为，支持 CPA 假定的“理性论”并不令人信服，应该将异质先验信念作为一种固有的存在，而不是将之简化为信息处理的错误。经济学可以承认个体的效用函数和能力存在差异，也应该承认先验信念的个体差异。在现实生活中，为何个体的异质信念不能收敛于彼此的信念或实际的概率分布？一个重要原因是个体缺乏学习机会或学习成本过高。因而，个体的先验信念可能存在合理差异，并非由于非理性导致的信息处理错误。Morris 同时指出，在研究中，CPA 假定更多的是作为一种方法论而存在，使人们可以在分析不确定性经济模型时集中精力关注纯粹的信息问题。然而在某些情况下，先验信念的差异是理解经济现象所必须研究的因素，甚至可能是本质因素。他强调，异质先验信念尤其适用于对金融资产定价和交易规模变化的经济分析。

2）乐观主义者、悲观主义者与现实主义者

近年来，在研究中放松 CPA 假定不再是禁忌，经济学家日益重视异质先验信念的研究价值。在解释个体对风险识别的差异时，其关键因素除了个体拥有信息或分析能力的客观差异，还有先验信念的主观差异，也即乐观主义者和悲观主义者的固有系统性心理差异。如果我们承认个体对未来事件赋予的主观概率的存在，就可以对乐观主义和悲观主义下定义（Hey，1984）。

在《剑桥英语词典》中，乐观主义者是指在任何环境中，都倾向于期待出现最好的情况，而悲观者习惯于从最坏处看待事物，即乐观者比悲观者对好事情更寄予希望，而对坏事情则不那么惧怕。这种定义方法只简单反映了不同的主观估计，而没有反映乐观主义者和悲观主义者不同的思维方式。实际上，二者的关键特征在于个体对未来事件的概率估计和如果事件发生对个体带来的后果之间的关系。当某项事件意味着对个体带来较有利的后果时，个体对该事件的发生赋予较高的概率，而当某事件意味着相对不利的后果时，个体对该事件赋予较低的概率，可以称为乐观主义者，反之，称为悲观主义者。如果决策者的概率判断和事件后果之间具有独立性，也即前者不受后者的影响，则可以称为“现实主义者”。由此，可以导出以下正式定义。

定义 1-1-1：乐观主义者，如果主体对未来事件的结果赋予主观概率，乐观主义者会根据事件的后果修正自己的概率估计，高估有利事件的概率，并低估不利事件的概率，修正的程度取决于主体的乐观程度。

定义 1-1-2：悲观主义者，悲观主义者会低估有利事件的概率，并高估不利事件的概率，修正的程度取决于自身的悲观程度。

定义 1-1-3：现实主义者，现实主义者的概率判断不考虑事件结果的有利或不利，因而对概率的修正为 0。

根据以上定义，乐观主义者和悲观主义者的概率判断是事件后果的函数，而不是独立于事件后果或“背景无关”（context-free）的。假设决策者面临某项选择 C_j，未来有两种可能状态 S_1 和 S_2，当状态 S_1 发生时，选择方案 C_j 得到有利结果 O_1，当状态 S_2 发生时，选择方案 C_j 得到不利结果 O_2，则乐观主义者认为 O_1 和 O_2 发生的概率分别为

$$P(O_1) = P'(O_1) + \varepsilon \tag{1-1-2}$$

$$P(O_2) = P'(O_2) - \varepsilon \tag{1-1-3}$$

其中，$P'(O_1)$ 是决策者在不考虑后果的有利或不利的前提下得出的概率判断，ε 是乐观系数，$\varepsilon>0$。如果决策者是悲观主义者，则 ε 是悲观系数，且 $\varepsilon<0$。

（二）个体与企业的风险态度

关于决策主体风险偏好对风险承担行为的影响，学术界进行了大量理论分析和实证检验。

1. 个体的风险态度

个体风险偏好的基本类型被归为风险厌恶、爱好和中性。关于个人风险态度的讨论可以追溯到 Bernoulli 于 1738 年撰写的论文《关于风险度量新理论的阐述》，他认为，对于同一项抽彩的价值，两个人的评价可能不同，因为其心理状态不同。Friedman 和 Savage（1948）、Markowitz（1952）对“风险厌恶”作了初步分析。Pratt（1964）和 Arrow（1965）提出了度量个体风险偏好的理论模型。主体的风险偏好取

决于效用函数的凹性，风险厌恶者的效用函数严格凹，即对于任何两种收入水平 w_1 和 w_2，以及任何实数 $P \in (0,1)$，都有 $U(Pw_1+(1-P)w_2) > PU(w_1)+(1-P)U(w_2)$，即主体总是偏好和风险投资的预期收益相等的确定性收益；风险爱好者的效用函数严格凸，即 $U(Pw_1+(1-P)w_2) < PU(w_1)+(1-P)U(w_2)$；风险中性者的效用函数是线性的，即认为持有确定性财富的效用和风险投资的不确定性收入的预期效用无差异，实现效用最大化等同于实现预期收益最大化。

主体的绝对风险厌恶系数（coefficient of absolute risk aversion）的公式表述如下：

$$A(w) = -\frac{u''(w)}{u'(w)} \tag{1-1-4}$$

其中，A（w）是主体的绝对风险厌恶系数①，是财富 w 的函数，$u'(w)$ 和 $u''(w)$ 分别是主体的效用函数的一阶和二阶导数，$u'(w)>0$。如果在任一初始财富水平上，都有 $u''(w)<0$，则 A（w）＞0，意味着主体是风险厌恶者；反之，A（w）＜0，则主体是风险爱好者；当 A（w）＝0，主体是风险中性的。

绝对风险厌恶系数未考虑风险相对于主体拥有的财富的水平。相对风险厌恶系数（coefficient of relative risk aversion）是主体的风险容忍度相对于其财富水平的比率，其公式为

$$R(w) = -\frac{wu''(w)}{u'(w)} = wA(w) = \frac{w}{T(w)} \tag{1-1-5}$$

2. 企业的风险态度

企业的风险偏好也可以归为三种基本类型：①如果企业用未来产出的期望值来评价不确定性产出的价值，也即企业单纯追求生产项目的预期收入最大化，而不考虑风险因素，可以认为企业是风险中性的；②如果企业认为不确定性产出给企业带来的价值小于期望值，则企业是风险厌恶的；③对于爱好风险的企业而言，相对于获得确定性的产出，企业更偏好不确定性产出，认为不确定性是企业经营环境的一种有利特征。不过，和个体决策者所不同的是，企业是由个人组成的群体，其成员在不确定性条件下共同决策，收益将在群体成员间分配，而各成员可能具有不同的风险态度。关于企业风险态度的模型化，长期以来一直处于争论中，主要有两种思路，其一是试图从全体企业成员的个人效用函数推导出企业作为群体的效用函数，进而描述企业的风险态度；其二则认为企业成员中的“代表性主体”（股东或高层管理者）的风险态度决定着企业的风险态度。此外，一些学者认为企业本身是风险中性的，只是由于税收法则、破产成本等外部因素或信

① 绝对风险厌恶系数的倒数称为绝对风险容忍度（absolute risk tolerance），用 T 表示：$T(x)=\frac{1}{A(x)}$。

息不对称下的代理问题等，企业表现出“准风险厌恶”（quasi-risk averse）的行为取向。

1）思路一：企业的群体效用函数与风险态度

Arrow的开创性研究是群体决策理论的源头。他在1951年发表的经典著作《社会选择与个人价值》中提出“不可能定理”（impossibility theorem），证明给定群体中每个人对一系列选择方案的偏好次序，不可能通过少数服从多数的投票原则（majority rule）将之综合为符合内在一致性的群体偏好次序，因而只能由一个胜任的公共权利机关进行公共品生产的决策。

Harsanyi（1955）使用了基数效用函数而不是序数效用函数，认为群体的基数效用函数可以表示为个体效用函数的线性加总，并研究了群体决策满足Von Neumann-Morgenstern公理的标准。Keeney（1976）提出了推出群体效用函数的其他条件，指出个人相互之间的效用比较对于形成群体效用函数是必不可少的。Wilson（1968）认为可以将群体风险容忍度设定为各成员风险容忍度的和，不过，若使群体决策和Savage公理一致，则要求各成员的概率估计一致，或各成员具有相同的风险容忍度。

一些学者对上述模型普遍使用线性加总规则提出批评，认为应关注群体决策中的公平问题。Eliashberg和Winkler（1981）尝试将公平性纳入群体决策的建模之中，提出从个人成员的收入向量的角度考虑偏好问题，在此基础上，对个体效用函数进行整合，形成群体效用函数。群体对总收入波动性的风险厌恶小于它对任何个体成员收入波动性的风险厌恶，而且由于群体成员分担了风险，当群体成员人数很大时，群体对总收入波动性的风险厌恶程度将变得很小。如果每个成员的风险厌恶程度都相同，随着人数增加，群体对总收入波动性的风险厌恶趋于0，即接近风险中性。

2）思路二：企业管理者或股东的风险态度

这一研究思路未假定企业的群体效用函数必然存在，而是用企业管理者或股东的风险偏好为企业的风险容忍度设定边界，主要包括三种观点。

第一种观点侧重于估计在企业中具有特殊地位的高层管理者或业务部门决策者的效用函数，代表文献是Walls等（1995）对企业决策者风险容忍度的调查。

第二种观点认为企业会在公司章程中公布其风险偏好，选择和这家企业建立关系的雇员将愿意接受或采纳企业所声明的偏好，又称为“订购模式”（subscription model）（Spetzler，1968；Howard，1988；Bickel et al.，2002）。该观点意味着，公司高管和企业创建者的风险偏好是在市场选择中自动匹配的，具有天然一致性，因而前者的风险偏好即反映了后者的风险态度。

第三种观点则认为，企业的风险偏好根本上取决于股东。管理层对股东负有的信托责任决定了其决策必须遵循为股东利益着想的“忠诚义务”。Smith（2004）

对管理者的信托责任以及股东与公司风险态度之间的关系进行了模型描述。企业面临的决策问题是对风险水平不同的投资项目进行选择，管理者应将和股东不一致的个人利益置于一旁，着眼于股东利益。企业风险容忍度的上界和下界分别是各股东希望企业具有的目标风险容忍度的最大值与最小值。对于股票公开上市交易的大企业，其风险容忍度的上界可能很高，因为股东可能只是将其财富的小部分投资于该企业，也即企业的每个股东的投资都实现了分散化。相反，如果股东非常厌恶风险，而且将其大部分财富投入一家企业，其目标风险容忍度就较低，则企业风险容忍度也较低。随着企业股东分散化程度的提高，企业对风险的容忍度将会提升。

3）思路三：企业的“准风险厌恶”

一些学者侧重于研究外部环境因素对企业的风险承担意愿的影响。例如，Smith 和 Smithson（1990）指出破产成本、税收法规的存在以及企业对市场声誉和其他因素的考虑，会导致风险中性的企业对非系统风险进行保值。Greenwald 和 Stiglitz（1993）认为，在信息不对称条件下，企业为了向投资者传递信号而不得不采取债务融资的方式，但由此也使自己暴露于破产的风险，企业因而需要在生产决策中考虑破产成本，并使其表现出风险厌恶的倾向。

有些学者从外部融资成本的角度解释企业的风险管理动机。Froot 等（1993）认为，企业的融资成本是风险敏感的，如果企业的收入波动性较大，为未来投资项目筹集外部资金的成本可能十分昂贵，风险中性的企业有动机进行保值。另一类研究企业“准风险厌恶”的理论支撑是委托代理理论。Shavell（1979）和 Holmstrom（1979）认为，为了向自利的管理者提供激励，委托人会让管理者承担部分风险，而管理者由于将人力资本集中投入一家企业而无法实现风险分散化。由于市场通常难以区分破产是由糟糕的管理者所致还是由不利的市场环境所致，企业破产将导致管理者在经理人市场上的个人价值和声誉严重受损，使之面临高昂的个人成本。因而，从股权投资分散化的委托人（股东）的角度看，管理者进行决策时可能过于厌恶风险，这一现象称为“管理者风险厌恶”。

这些研究视角提出了许多重要观点，但它们都需要解释一个前提问题：如果没有这些外部影响（如破产制度、税收制度、信息不对称），那么企业内生的风险偏好是如何形成的。而不是简单地将企业的固有风险态度设定为中性。

（三）风险认知与风险态度对主体风险倾向的联合影响

风险态度和风险认知不是各自孤立地对主体的行为施加影响，而是共同影响着主体的风险承担决策。如果主体在给定情形下未感觉到风险的存在，不论其风险态度如何，他都不会改变自己的行为。当风险厌恶者感知到风险时，他们会采取风险管理措施，以降低其风险暴露，而风险爱好者则在感知到风险时采取承担风险的行为，甚至追求增加风险暴露。Nunnally 和 Bernstein（1994）将“风险态度和风险认知的相互作用”（Interaction between Risk Attitude and risk Perception，IRAP）界定为被主体感知的风险与主体风险厌恶程度的乘积，即

$$\mathrm{IRAP} = \sigma^2 r(w) \tag{1-1-6}$$

其中，σ^2 是主体识别的风险水平，$r(w)$ 是风险厌恶程度。

当主体觉察到风险，且厌恶风险时，IRAP＞0，主体倾向于规避风险；当主体觉察到风险，且爱好风险时，IRAP＜0，主体倾向于获取风险；当主体未觉察到风险（即使风险是客观存在的）或主体是风险中性时，IRAP＝0，主体对不同风险承担水平的效用无差异，如图 1-1-1 所示。

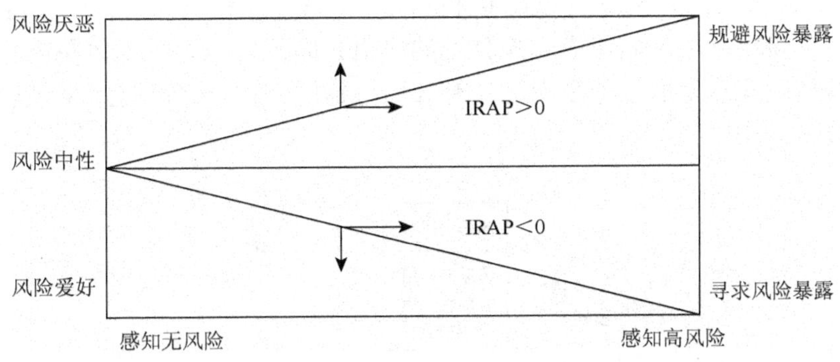

图 1-1-1　风险认知与风险态度对主体风险倾向的影响

图 1-1-1 中，风险态度的范围是从极端风险厌恶（即在任何条件下拒绝一切风险）到极端风险追求（即总是偏好有风险的选择方案）。风险认知的范围则是从未察觉风险到判定存在高度风险。主体的心理特征可以用二维来描述：一是主体的风险态度；二是主体的乐观主义/悲观主义思维方式，前者由主体效用函数的形状确定，后者取决于主体的概率判别函数对后果的依赖。主体的预期效用函数可以写为

$$\mathrm{EU}(C_i) = \sum\nolimits_{j=1}^{J} P(s_i, A_i) U(A_{ij}) \tag{1-1-7}$$

其中，向量 $A_i = (A_{i1}, \cdots, A_{ij})$ 是选择方案 C_i 的结果向量，s_i 是未来可能发生的状态，$P(s_i, A_i)$ 是主体对未来状态的概率判断取决于 A_i。

在理论上，存在风险厌恶的乐观主义者，风险爱好的悲观主义者、风险中性的现实主义者，或风险厌恶、爱好、中性与乐观主义、悲观主义、现实主义的任一组合，使主体具有各自不同的风险承担倾向。

二、经济主体分担风险的动因

主体之间的风险分担主要有以下方式[①]：①双方面临共同的初始风险暴露，一方向另一方提供保险，从而降低后者的收入波动性；或者，双方彼此相互提供双向保险，以便平滑各自的收入波动；②风险的初始承担者将风险转移给愿意接受风险的其他主体。

显然，寻求保险者或风险转出方的目的是风险规避，单向提供保险者或风险受让方则试图从风险承担中获利——对待风险，他们为何选择不同的角色？根据经济学的基本原理，交易的互利互惠源于交易双方的差异。根据对主体风险倾向的研究，风险态度和风险认知的差异显然是主体进行风险分担的重要原因。此外，在现实中，主体的风险决策还受到主体的风险暴露方向和部位的影响[②]，主体对同一风险的不同暴露也可能构成风险分担的理由。因而，当经济主体在风险态度、风险认知和风险暴露这三个维度上具有异质特征时，彼此之间将产生风险分担的需求，如图 1-1-2 所示。

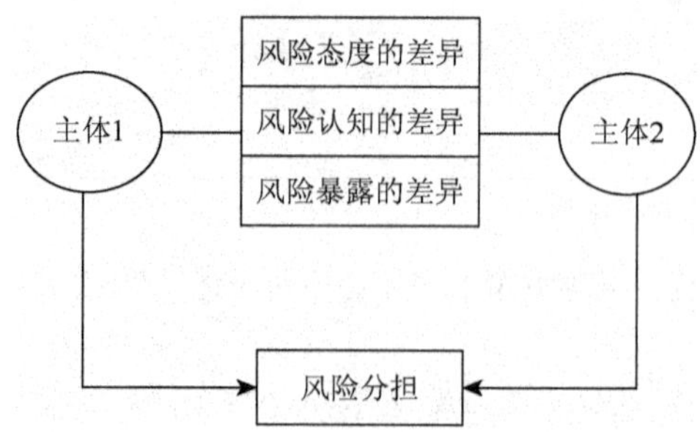

图 1-1-2 主体的异质特征与风险分担需求

(一) 风险态度的非对称性

风险态度的差异是主体之间分担风险的重要驱动因素。假如所有的主体都是风险中性者，则分担风险就失去了意义，因为承担风险不会给经济主体带来负效用，所以风险分担不能增加效用，任何风险分配格局都是最优的。如果主体的风险态度各有不同，风险爱好者承担风险将增加其效用，故而主动寻求风险；风险

① 这里使用广义的风险分担概念，将风险的转移作为风险分担的一种方式。

② 前面关于主体风险倾向的分析有一个隐性假定：主体对风险的暴露方向和部位是给定的，即当某项风险事件发生时，对主体产生有利或不利影响的方向和范围是既定的。

厌恶者承担风险将减少其效用，因而规避风险，二者之间通过合理的风险分配显然能增进彼此的效用。即使双方都是风险厌恶者，但厌恶程度有所不同，或者一方为风险中性者而另一方为风险厌恶者，通过一方向另一方适度转移风险暴露也可以实现风险配置的帕累托改进。

1. 风险厌恶程度的个体差异

个体的风险厌恶程度取决于其效用函数的形态和财富水平，因而个体的风险厌恶度存在差异的原因主要有两种可能。

1）个人特征导致的系统性心理偏好差异

即使个体的初始财富水平是相同的，他们仍然可能具有不同的风险厌恶程度，因为其效用函数的形态存在差异，而这一差异的驱动因素是个体的心理偏好特征。与初始财富差异导致的风险厌恶度差异不同，个体的心理偏好差异是系统性的，假设有两个主体，在任一给定的初始财富水平上，如果主体 1 承担一定风险后的预期效用水平下降幅度都大于主体 2，则前者就比后者更厌恶风险，这意味着对于任一初始财富水平 w_0，主体 1 的绝对风险厌恶系数大于主体 2，即 A_1（w）$\geqslant A_2$（w）。

在现实中，导致个体风险厌恶程度出现差异的个人特征是什么？近年来，许多实验经济学家和心理学家对此进行了实证分析。研究者通常使用按“支付意愿法”（Willingness To Pay，WTP）[①]设计的问题来直接测度被调查者的风险态度。在此基础上，研究者进而考察个人特征（收入、职业类型、性别、教育程度、年龄等）和风险态度的关系。Hartog 等（2002）发现女性的风险厌恶度在统计上普遍表现为大于男性的风险厌恶度，这可能存在生物学上的原因，即女性在人类繁育中的角色要求她们更厌恶风险。此外，公务员比为私人部门服务的人更厌恶风险，而自由职业者比私人部门雇员的风险厌恶程度低。教育程度与风险厌恶呈反向变化，而年龄和风险厌恶之间的关系是模棱两可的。Kan 和 Tsai（2006）使用“有风险的职业选择”问卷进行了调查和分析，其结果显示，受教育年限较长的人风险厌恶度较低。参加工作的时间长度和风险厌恶度最初是正向变化关系，随着参加工作时间的进一步增长，二者则变成了负向变化关系。个人的年龄、家庭规模、婚姻状况、种族与其风险厌恶度的关系在统计上不显著。

2）初始财富水平的个体差异

即使两个主体具有相同的效用函数，但他们持有的初始财富水平不同，对风

① “支付意愿”一般是指主体为得到一种商品所愿意支付的或与之交换的价值。一种常见的调查方法是询问个人愿意为参与抽彩而支付的价格，从中推出其风险厌恶程度。此外，也可以询问被调查者接受具有不同前景的工作的意愿，比如，询问他是否愿意接受一项新工作，有 50%的机会使自己的收入大幅度提高，但也有 50%的可能导致收入下降一定幅度，以确定其风险厌恶程度。

险的厌恶程度也可能有所不同。财富水平与风险厌恶度之间的关系是不确定性经济学的重要研究课题。根据直觉以及对理性行为的观察，虽然多数人是风险厌恶者，但其厌恶程度通常随其财富的增长而下降，风险厌恶度 $A(w_0)$是初始财富 w_0 的减函数，这一心理规律称为“绝对风险厌恶递减”（Decreasing Absolute Risk Aversion，DARA）。DARA 要求主体的边际效用函数 u'是上凸的，或者，如果 u 是三阶可导的，$u'''>0$。基于这一假说，富裕者比不富裕者的风险容忍度更高。如果主体的风险厌恶度不随财富变化，则其效用函数属于“常绝对风险厌恶”（Constant Absolute Risk Aversion，CARA）型，现有财富总量对其风险承担决策无影响。

从风险厌恶的另一个度量维度看，如果主体的相对风险厌恶随财富增加而下降，即 $R'(w)<0$，则称其效用函数为“相对风险厌恶递减”（Decreasing Relative Risk Aversion，DRRA）型，不过，和 DARA 不同的是，并无强有力的证据支持 DRRA 假说。反之，如果主体的相对风险厌恶随财富增加而提升，则其效用函数的特征是“相对风险厌恶递增”（Increasing Relative Risk Aversion，IRRA）。如果主体的相对风险厌恶保持不变，则其效用函数属于“常相对风险厌恶”（Constant Relative Risk Aversion，CRRA）型。

在现实中，一些研究者对个体的风险态度和财富水平之间的关系进行了实证考察。比如，Hartog 等（2002）的调查发现风险厌恶程度的确随着收入和财富的增长而下降。Kan 和 Tsai（2006）发现，被调查者的偏好符合 DARA 和 CRRA 结构，即绝对风险厌恶随财富而递减的推测是成立的，而财富水平和相对风险厌恶无关。

2. 企业风险态度的差异

不同的企业往往在经营风格和战略安排上表现出不同的倾向，有的企业积极进取，而有的企业则保守谨慎，企业风险政策的差别透露着不同的风险态度。然而，企业风险态度的形成机理在理论研究中曾经是一个“黑箱”。如前所述，企业作为群体（利益集团）的风险态度和其成员的风险态度之间的关系是理论界长期争论的问题。如果群体成员在个人偏好等各方面均是同质的，且群体内部对收入执行公平分配原则，则群体的风险容忍度等于成员风险容忍度的总和，群体接受风险的意愿和群体规模（成员数量）成正比。如果群体足够大，其风险态度将接近中性（Arrow and Lind，1970）。然而在现实中，企业成员的风险偏好通常是异质的，且财富分配不平均，在此条件下，是否可能构造一个“群体效用函数”？以 Arrow“不可能定理”为基础，学术界通常认为在异质个体组成的群体内部要达到完全一致性是难以实现的（Wilson，1968），群体的风险态度通常取决于“代表性主体”的偏好。

关于哪些代表性成员决定着企业的风险态度，学术界也存在不同观点：企业风险偏好是由直接决策者（企业家或经理）代表，还是取决于股东？企业高层管理者和股东的风险偏好是否具有天然一致性，抑或彼此冲突？笔者认为，企业风险态度的形成取决于企业的决策机制，后者界定了企业的权利结构，包括决策主体的确立和决策权的分散（集中）度，进而决定着企业成员的个体风险态度对企业风险态度的影响机制。实证研究发现，企业风险态度因股东分散度、管理者的风险敏感度、企业净值水平、预算约束硬度等多种因素而存在差异（Smith，2004；Bauer，2005）。持股结构广泛分散化的企业风险容忍度相对较高。如果企业拥有的资产净值规模较大，意味着企业具有较强的清偿力，其破产概率相应降低，企业风险厌恶度随之下降。如果企业面临预算软约束，即企业可以从其他组织获得支持以弥补其赤字，或者得到债权人的豁免，企业就会表现出风险寻求行为，否则，企业的风险决策将变得更加谨慎。

（二）风险认知的非齐性

即便经济主体的风险厌恶度相同，但对风险水平的识别得出不同结论，也可以在非齐性预期的基础上达成风险分担协议。如前所述，造成风险判别差异的原因有两方面。一是个体对未来事件结果的概率分布的主观信念不同。乐观主义者认为“好结果”发生的概率大于“坏结果”，因而在心理上倾向于高估风险投资项目的价值，而悲观主义者则相反。二是个体拥有不同信息，或信息处理能力存在差异，拥有分析专长的主体更善于评估风险水平。如果个体具有共同的先验信念，但观察到不同的信号（比如，有的主体可以得到企业财务状况的内部信息，而其他主体只能得到外部信息）；或者，个体对相同信号的解读不同，他们将根据贝叶斯法则得出不同的后验信念。因而，针对某一风险事件，对风险水平估计较高的风险厌恶者会寻求保险或转让风险，而对预期收益和成功概率评估较高的主体会选择承担风险（即使他同样是风险厌恶者）。

（三）风险暴露的非完全正相关性

如果两个主体具有相同的风险厌恶和风险认知，他们是否有分担风险的动机？我们可以设想两种情形。

首先，假设二者都受到同一项可能发生的未来事件的影响，但影响方向相反，即当某状态发生时，其中一个主体将获益，而另一个主体受损，也即二者的收入变化是负相关。在两个主体都无法预知未来实际状态的情况下，由于二者各自承担的风险暴露可相互抵消，故而能够从风险分担中获益。

其次，假设二者都可能受到某项风险事件的负面影响，但该事件的影响范围不是普遍和均匀的，一个主体受到严重影响的同时，另一个主体可能受到的影响比较轻微或不受影响，而且二者是否会受到影响以及影响程度是无法预先确知的，则二者也可以相互分担彼此面临的风险。

根据上述分析，若两个风险厌恶者受到某一风险事件的影响是负相关的，或者是非完全正相关的，而且他们都认同该风险的存在，则二者就会产生分担风险的意愿。不过，如果他们受到同一项风险事件的系统性影响，其收入变化是绝对正相关的，也即二者拥有完全相同的风险暴露，则风险分担就无法实现。

三、风险分担的帕累托均衡

在经济生活中，风险配置本质上是经济主体之间对未来不确定收入（损失）的分配。假设不存在市场不完全性导致的冲突与摩擦。我们可以借鉴 Arrow（1951）对风险承担的最优配置问题所构造的模型，并加以适当调整，将经济中的多种消费品浓缩为单一商品，将各种特定商品的差异抽象掉，精简配置问题的维度，以便重点突出主体在未来各种状态下消费量的分配。

设想一个简单的纯粹交换经济，其中有 n 个风险厌恶的主体。主体 i 的效用函数为 $u_i(C)$，$i=1,\cdots,n$，C 是主体的消费量。假定 u 随 C 递增，且曲线形状为凹函数，即设定主体为风险厌恶者。未来可能发生的不确定性状态用 s 表示，$s\in S$（状态集合），假定主体对未来状态的概率分布的看法一致，$\tilde{s}$ 表示其累积分布函数是 F 的随机变量。主体 i 在状态 s 下得到的收入（以单一消费品表示的财富）为 $w_i(s)$，其数量取决于未来发生的状态。令 $z(s)$ 表示在状态 s 下可能得到的总财富，即 $z(s)=\sum_i w_i(s)$。

如果至少存在两种状态 (s_1,s_2)，在不同状态下，主体得到的收入不同，即 $w_i(s_1)\neq w_i(s_2)$，则主体就面临风险。由于主体是风险厌恶的，他们会寻求彼此之间进行风险分担（假定交易成本为 0）。风险在各主体间的配置用 $C_1(\cdot),\cdots,C_n(\cdot)$ 表示，其中，$C_i(s)$ 是主体 i 在状态 s 下的消费量，该函数实质上就代表一种风险分配规则。在这一风险配置格局下，主体 i 的预期效用是 $Eu_i(C_i(\tilde{s}))$。

遵从经济学对效率的标准定义，最优风险分担的目标是实现各主体在未来状态下的预期效用加权之和的最大化，其函数是

$$\max_{C_1(\cdot),\cdots C_n(\cdot)}\sum_{i=1}^{n}\lambda_i Eu_i(C_i(\tilde{s})) \tag{1-1-8}$$

其中，$(\lambda_1,\cdots,\lambda_n)$ 是权数向量，$\lambda_i>0$。

约束条件是配置的可行性条件：

$$\sum_{i=1}^{n} C_i(s) = z(s), \quad \forall s \in S \tag{1-1-9}$$

令$C^*(s)$表示这一最优化问题的解。不存在其他可行的风险配置能增加至少一个主体的预期效用而不减少其他主体的预期效用，因而$C^*(s)$就是帕累托有效的。任何帕累托有效的风险配置都可以表示为对于某个权数向量$(\lambda_1, \cdots, \lambda_n)$的最优化问题的解。在帕累托均衡上，每类主体都根据其风险态度承担相应的风险①。基于该模型，我们可以描述在两种极端的经济设定下有效风险配置的特征。

设定 1-1-1：经济中存在无限数量的风险厌恶个体，各自面临着一种独立而且具有相同概率分布的风险。

基于互惠原理，设想这些个体达成一项互惠协议，每个人都将自身面临的特殊风险汇聚到风险池中，彼此相互抵消，使每个人都可获得平均收益。根据大数定律，这种协议在技术上是可行的。这种结果显然是帕累托有效的风险配置：风险厌恶的个体通过完全风险分担得到充分保险。每个主体在两种不同状态下的消费量都是相同的，即

$$C_i(s_1) = C_i(s_2) \tag{1-1-10}$$

设定 1-1-2：假设所有风险厌恶的个体具有相同的风险态度，而且他们面临的是相同的完全相关的风险。在这种经济中，个体不可能从风险分担中获得好处。因此，这种“自给自足”的状态（即各自保持现有风险承担水平）就是帕累托有效的。

第二节　金融体系风险分担促进经济增长和稳定的作用机理

金融体系是经济主体之间以当前闲置资源交换未来财富的交易系统，同时也是主体间对未来不确定收入的风险暴露进行分配的机制。金融体系在企业家风险分担机制中扮演着重要角色，在提供资金融通的同时，也向企业家提供了风险分担机会。传统观念认为企业家具有高于普通人群的风险承担倾向，这意味着他们愿意承担创业风险。然而在现实中，企业家往往并不是将其全部财富投入有风险的创业项目，而是寻求外部融资，显然这并不只是由于预算约束，还出于和投资者分担风险的潜在需求。金融体系的首要功能是促使储蓄有效率地转化为投资，在这一过程中，风险高而生产力低的项目会被淘汰。然而，风险通常是投资项目固有的内在属性，难以彻底消除，需要合理地加以分配，为此，配置风险也是金融体系的核心功能。在长期的实践探索中，人们设计出各种金融合约和交易平台，以便在市场参与者之间合理地分配风险。

① 风险厌恶主体之间的帕累托有效风险分担是风险配置的理想状态。在现实中，由于各种交易摩擦的存在，通常只能实现部分风险分担，本书将在第二章中对此进行阐述。

在资本主义发展的早期阶段，缺乏完备的金融体系和灵活的风险分担机制，企业家不得不承担较高的创业风险，但这只是限于特定历史条件下的一种客观状态，并不意味着企业家主观上天然具有高于其他人的风险承担倾向。随着经济成长和企业创新涉及的风险因素日趋复杂，社会需要对企业家提供有效的风险分担机制。金融体系的风险分担功能不仅在微观上提升经济效益，而且在宏观层面上对促进经济增长和维持经济稳定具有重要意义。

一、企业家对风险分担的需求

（一）关于企业家核心职能的争论

传统理论将承担风险视为企业家的核心职能。“企业家”（entrepreneur）一词最早源于 16 世纪的法语，当时指率领军事远征或开拓殖民地的从事冒险活动的人。Cantillon（1755）将企业家定义为承担经营风险的人，Mill（1848）强调企业家的风险承担职能使其不同于管理者，Marshall（1890）认为风险承担是企业家管理权限的根本所在。不确定性经济学的先驱 Knight（1921）明确提出承担不确定性是企业家的本质特征，利润是对企业家承担不确定性的报酬。按此逻辑，企业家首先应该是对风险具有充分承担力和容忍度的资本家。Knight 式企业家也被称为“新古典企业家”。此后，企业家理论普遍将风险承担作为区分管理者和企业家职能的一项主要特征①。

Schumpeter（1934）和 Knight 认为企业家利润源于“承担不可保险的不确定性”的观点不同，他强调企业家获取利润的根源是对潜在的盈利机会超前敏锐的认知能力和创新开发能力。他将企业家视为创新者，其核心职能是发现经济中的盈利机会，并通过“以新型方式对生产要素加以组合”的创新行为将之付诸实践，而现代金融市场可以帮助企业家找到适合的资本家为其承担风险。创新才能是区分一般企业经理人和企业家的重要标准。如果个人拥有的“企业家才能”达到一定水平以上，他将选择成为企业家，并且凭借这一才能得到资本家的资金支持。

（二）企业家的风险倾向和对风险分担的内在需求

企业家的创新行为不论其具体形式如何，是引进新产品或是新工艺；创建新企业

---

① Wagnall 标准词典（1958）称企业家是“启动并经营企业或商业的人，承担充分的控制权和风险”。新 Webster 国际词典（1961）将企业家定义为“一项有风险经济项目的组织者，尤其是组织、拥有、管理，并承担企业风险的人”。

（entrepreneurship）还是进行企业内部创业（intrapreneurship）[①]，这种尝试都面临事前不确定性，Gravelle 和 Rees（1992）将之归结为两个主要来源：一是生产不确定性，即由于技术缺乏稳定性或其他意外因素导致给定的投入要素组合的产出水平不确定；二是市场不确定性，即由于供求随机变化导致投入要素或产出的市场价格不确定，从而导致企业家面临生产成本或销售收入的不确定性。Liles（1974）强调，对于新成立的企业，创业失败不仅使企业家遭受财务损失，致使其未来的生活水平显著下降，而且可能影响其职业机会、家庭关系以及精神状况，由于全身心地投入企业运作中，企业家会将投资项目的失败视为个人的失败，因而可能导致情绪上的严重后果。如果具备创新才能的潜在企业家对待风险的态度是谨慎和理性的，他们就会希望引入外部投资者并与之分担风险，也即具有筹集资金和寻求分担风险的双重需求。

企业家的风险承担决策取决于他对风险的认知和对待风险的态度。下面从两个维度联合作用的视角考察企业家风险承担倾向的综合特征，以便探究企业家对风险分担的内在需求。

1. 企业家的风险偏好

基于直觉的传统观念认为风险偏好是企业家区别于其他人群的显著特征。关于企业家风险偏好的实证研究始于 20 世纪 50 年代，学术界通过问卷调查和心理测试来探寻促使个人选择成为企业家的个性因素。假设在职业选择中面临低、中、高三级风险水平，个人会基于自己的风险偏好，选择是否成为企业家。Atkinson（1957）的风险承担模型得出的预想是：追求成就的动机较强的人应该会偏好可以发挥自身技术和才能的中度风险项目，而避免失败的动机较强的人要么偏好非常容易和安全的项目，要么偏好极度困难和纯粹投机的项目[②]。McClelland（1961）发现，企业家对成就的需求高于非企业家，反过来说，他们也更害怕失败，因此和流行的观点相反，企业家只是“中度风险承担者”。Mancuso（1975）进而提出企业家普遍具有中度风险承担倾向的假说。

早期关于企业家风险偏好的研究推测企业家大多倾向于容忍中度风险水平，但未意识到普通人可能也具有类似的心理特征。Brockhaus（1980）使用“两难选择问卷调查法”（Choice Dilemma Questionnaire，CDQ）[③]对新成立企业的创建者

① 并非只有创立全新企业的人才能称为企业家，Pinchot 提出在已建立的组织内进行创业的内创业理论，将企业内部具有创新意识和创新精神的创业者称为“内企业家”。

② 其理论依据是，规避失败动机较强的人倾向于要么承担安全的任务以确保自己获得成功，要么会将非常困难或纯粹投机性的任务的失败归结于外部原因，而不会因为自责而感到痛苦。

③ CDQ 是测度个人风险偏好的常用方法，该测试设置 12 项假设情形，每项都要求被调查者在一项安全的选择和一项更具吸引力但风险更高的选择之间作出抉择，以测度其为谋求得到更高的收益而愿意接受的风险水平。根据被测试者的回应得出 CDQ 分数，较低的分数表示其风险态度比较保守。

的风险偏好进行调查，并将之与管理者进行比较。调查显示，企业家和管理者都是中度风险承担者。为了更充分地考察个体的风险偏好和创业决策之间是否存在显著关系，他还将企业家和大学生 CDQ 分数的均值与标准差进行比较，进一步发现企业家和一般人群的风险偏好分布也是相似的。既然风险承担偏好并不能将企业家与非企业家区分开来，理论界曾经广泛接受的“风险偏好是描述企业家特征的一项重要变量”的观念应该加以修正：风险容忍度高于其他人群并非企业家的显著心理特征。

Peacock（1986）的调查发现成功和不成功的企业家在风险偏好方面也无明显差异。Palich 和 Bagby（1995）直言要向强调风险承担倾向的企业家传统定义提出挑战，其问卷调查显示，企业家和非企业家对待风险的态度无显著差异。Norton 和 Moore（2002）基于前期实证研究指出“企业家是否比非企业家的风险容忍度更高？”是一个错误的问题，企业家的风险态度实际上可能与他人无异。

实际上，Strassmann 早在 1958 年就根据对 Edison、Taylor 等著名企业家的案例研究指出：企业家并不具有超越普通人的风险承担意愿。成功人士将自己创业时的处境描绘成面临艰难、怀疑、失望和几乎不可战胜的困难以及险恶的竞争对手，是一种“时尚的做法”。创新固然要求努力和执著，但不等同于冒着巨大风险进行赌博。要判别企业家对待风险的态度是谨慎的还是激进的，不应只看其自我宣传的言论，而应更多地观察其实际行为。在实践中，企业家往往通过试产和试销来确认创新的技术与商业可行性，谨慎地逐步推进创新是最具代表性的模式，投入每个步骤的资金都和该阶段的成功机会成正比，因而，典型的企业创新从来就不应被描述为一种冒进的赌博。然而，经济史学家可能未充分地探究企业家在引进创新理念和技术时所表现出的谨慎态度，而热衷于传播关于创业者浪漫主义的误解。长期以来，企业家被视为比普通人群具有更高的风险容忍度，这可能只是一个“神话”。

2. 企业家的风险认知倾向

一些研究者认为企业家的风险态度无异于常人，但其风险认知和其他人群存在系统性差异，他们具有强烈的乐观主义倾向，高估自身优势和盈利机会，低估损失概率，因而仍然乐于承担他人看来难以承受的风险。Cooper 等（1988）发现，企业家对商业形势和自身能力的估计普遍更加乐观。相比之下，非企业家的决策反映着相对消极的形势判断。Palich 和 Bagby（1995）认为企业家与非企业家的区别在于他们更积极地评价市场机会，只看重有利结果发生的较高概率，并根据这一识别采取行动。与之对照，非企业家可能不具有这种对前景的美好预期，导致他们的反应更加谨慎。为验证其假说，在调查企业家风险态度的同时，也考察了他们在风险识别方面的特征。结果发现，企业家和非企业家的认知差异比较显著，前者对自身的优势和面临的机会的评价高于后者，而对自身的劣势和面临的威胁的估计低于后者。De Meza 和 Southey（1996）认为那些急于成为企业家的人会高估投资项目的未来收入，从而表现出过度乐观的系统性认知倾向。

关于乐观主义导致的经济后果，理论界存在不同看法。心理学家 Taylor 声称，不切实际的乐观主义是健康的心态所不可缺少的特性。然而，自由市场经济理论的一项重要原则是，那些行为不符合理性最大化行为的主体将不可能长期坚持下去，就如 Friedman 所言："只要人们的商业行为的决定因素导致人们的行为符合理性且信息灵通地追求收益最大化的原则，企业将繁荣兴旺，并得到进一步扩张的资源；否则，企业将丧失资源……"①Friedman 的观点意味着，不切实际的乐观主义者将被逐出市场。虽然一些学者的调查报告显示部分企业家表现出一定的乐观主义特征，但这并不意味着企业家行为普遍受到认知偏差的严重扭曲。适度乐观可以产生自我激励效应（相对于过度的悲观主义），促使企业家把握市场机会并投入更多的努力，但不切实际地过度乐观也将导致资源误配置和无效率。美国约 1/3 的创业者在三年内被迫退出（Evans and Leighton，1987），而英国超过 30%的新企业在三年内关闭（Daly，1990），如果企业家的判断严重脱离现实，最终将为其"幼稚的乐观主义"付出代价，甚至被市场淘汰。

3. 企业家风险倾向的综合特征和风险分担需求

根据对企业家风险承担倾向的两个维度的实证考察和理论分析，我们可以推断，企业家的风险态度通常可能是中度风险厌恶，其风险认知倾向则可能是适度乐观主义②或现实主义。企业家风险偏好和风险认知的二维特征可用表 1-2-1 描述。

表 1-2-1　企业家风险偏好与风险认知的综合特征

风险认知 / 风险态度	过度乐观主义	适度乐观主义	现实主义	悲观主义
高度风险厌恶	T_{11}	T_{12}	T_{13}	T_{14}
中度风险厌恶	T_{21}	T_{22}	T_{23}	T_{24}
低度风险厌恶	T_{31}	T_{32}	T_{33}	T_{34}
风险中性	T_{41}	T_{42}	T_{43}	T_{44}

① Friedman M. The Methodology of Positive Economics. Chicago：University of Chicago Press，1953：22.

② 当乐观主义的正效应可以抵消负效应时，可称为"适度乐观主义"。

企业家通常属于类型 T_{22}（中度风险厌恶+适度乐观主义）或 T_{23}（中度风险厌恶+现实主义）。虽然他们的风险承担倾向相对高于 T_{14}（高度风险厌恶+悲观主义）、T_{13}（高度风险厌恶+现实主义）或 T_{24}（中度风险厌恶+悲观主义），但作为并非盲目乐观的风险厌恶者，企业家显然具有分担风险的内在需求。在现实中，企业家不仅对用个人财富承担风险表现出一定程度的规避倾向，而且由于难以分散其投入企业的人力资本风险，即使企业需要的货币资本投资规模有限，他们同样也存在分担风险的需要。

长期以来人们对企业家的理解存在多种偏差，尤其是认为成功的企业家在创业阶段主动承担了难以估量的巨大风险，这种将企业家个性特征和创业过程的浪漫化是一种“基本归因错误”（fundamental attribution error），观察者高估个人特质对成功的作用，而对外在驱动因素关注不足。实际上，成功的企业家通常都善于说服其他人分担其创业风险。随着经济发展，企业家创新日益成为一项社会过程，超越“内部人”（家人、朋友、合作创业者）的个体人际网络，和“外部人”（如银行或风险投资者）建立风险分担机制，是企业家顺利启动创业的关键。

二、风险分担的创业鼓励和对经济增长的推动效应

（一）不确定性环境中的创业决策与创业门槛

个体的创业决策可以视为在两种职业之间进行选择：领取固定薪酬的雇佣劳动者，抑或获得不确定性利润的企业家。Lucas（1979）、Kihlstrom 和 Laffont（1979）分别提出了两个经典的职业选择模型，前者可称为“企业家才能导向型”职业选择，后者则是“风险态度导向型”职业选择。Lucas 强调个体拥有的企业家才能存在固有差异，并假定主体所处的是确定性环境，也即剔除了风险因素对职业选择的影响，其结论是能力较强者将选择成为企业家，“边际企业家”（marginal entrepreneur）的能力水平是区分企业家和雇员的边界，能力低于该水平的人选择成为雇员。Kihlstrom 和 Laffont 基于 Knight 的观点，将创业决策解释为个体对风险和收益的权衡。他们假定个体能力相同，每个人都根据其风险厌恶度进行职业选择，风险厌恶度较低者选择创业，向雇员提供固定工资的保险合约，并得到剩余利润索取权作为回报，“边际企业家”的风险厌恶度是区分企业家和雇员的边界，比边际企业家更厌恶风险的个体选择成为雇员。

Lucas 模型和 K-L 模型在不同的决策环境设定下分别考察了影响个体创业决策的单项因素，而现实中个体的创业决策同时取决于两方面因素，即企业家才能和风险态度。笔者将融合上述两个模型，并加以扩展，对不确定性情形下影响个体创业决策的两项关键因素进行综合分析，从而考察个体选择成为企业家所需具

备的综合条件。

1. 确定性环境中只考虑企业家才能的创业决策

在确定性环境中，个体只需根据其拥有的企业家才能做出职业选择。给定一个经济体的人口规模为 N，资本存量为 K。假定每个人从事普通劳动的能力是相同的，而其拥有的企业家才能存在差异，个体特征用企业家才能 s 表示，它在人口中的分布函数是 $\Gamma(s)$， $\Gamma: R^{+} \to [0,1]$ 。每家企业都由一个企业家经营，雇用 n 个工人和 k 单位资本。假定企业生产不受未来不确定因素的影响，企业产出 y 取决于投入的生产要素以及企业家才能，为了使分析过程更清晰，可以将生产技术和企业家才能分开，则企业的生产函数为

$$y = sg[f(n,k)] \tag{1-2-1}$$

其中，$g(\cdot)$ 是二阶可导的增函数，连续且严格凹，$g(0)=0$。$f(n, k)$ 是在正常的或“代表性”企业家管理水平下，企业投入 n 单位劳动和 k 单位资本所得到的产出，也即未考虑企业家才能差异的生产函数。$f(\cdot)$ 也是二阶可导的增函数且严格凹，$f(0, k)=0$ 且 $f(n, 0)=0$。显然，给定劳动与资本的投入量，企业家才能越强，产出水平越高。劳动力分为两部分，一部分充当雇员，另一部分充任企业家，经济体只对企业家分配外部劳动力和资本。为实现资源的有效配置，只有企业家才能较高的人可以成为企业家，因而存在一个分界值 $\hat{s} > 0$ ，也即个体成为企业家所需具备的“能力门槛值”：若 $s < \hat{s}$ ，个体将成为雇员；若 $s \geqslant \hat{s}$ ，则他将成为企业家。对于给定的企业家才能的人口分布和现有资源规模，将存在一个 $\hat{s}$ 值和一对函数 $n(s), k(s)$ ，使资源配置格局表现为

$$\begin{cases} n(s) = k(s) = 0 & s < \hat{s} \\ n(s) > 0, k(s) > 0 & s \geqslant \hat{s} \end{cases} \tag{1-2-2}$$

其中， $n(s), k(s)$ 分别是分配给个体 s 的劳动力和资本数量。资源配置的可行性条件为

$$1 - \Gamma(\hat{s}) + \int_{z}^{\infty} n(s) \mathrm{d}\Gamma(s) \leqslant 1 \tag{1-2-3}$$

$$\int_{z}^{\infty} k(s) \mathrm{d}\Gamma(s) \leqslant \frac{K}{N} \tag{1-2-4}$$

这意味着分配给企业家的资源总量未超出总人口 N 和总资本 K。在满足该约束条件的前提下，资源的有效配置是实现经济体总产出最大化的配置方案，此时劳动和资本市场达到均衡。令 w 和 r 表示市场均衡下的工资率和资本租金价格，企业家的收入 I 是企业产出扣除成本后的剩余：

$$I = sg[f(n(s), k(s))] - wn(s) - r(k(s)) \tag{1-2-5}$$

企业家才能为 $\hat{s}$ 的个体是“边际企业家”，实现盈亏平衡的条件是

$$\hat{s}g[f(n(\hat{s}), k(\hat{s})] = w + wn(\hat{s})] + rk(\hat{s}) \tag{1-2-6}$$

给定要素市场价格 w 和 r，以及企业投入的劳动力 $n(\hat{s})$ 和资本 $k(\hat{s})$，边际企业家需具备的能力水平（创业门槛值）$\hat{s}$ 为

$$\hat{s}=\frac{w+wn(\hat{s})+rk(\hat{s})}{g(f(n(\hat{s}),k(\hat{s}))}\tag{1-2-7}$$

2. 不确定性环境中只考虑风险态度的创业决策

如果个体面临不确定性环境，而其个人能力无差异，则风险态度就成为创业决策所要考虑的重要因素。个体对企业家风险收入的预期效用和雇员无风险工资的效用进行比较，做出是否创业的决策。假定主体的效用函数为 $u(W,a)$，W 表示财富，对于 $W\geqslant 0$，存在连续的一阶和二阶导数，$u'>0$，$u''\leqslant 0$，意味着个体风险态度是风险厌恶或风险中性；a 是个体的风险偏好特征，$a\in[0,1]$，设定个体的绝对风险厌恶度在 a 上是递增的，确切地说，若 $a>b$，对于 $W\in(0,\infty)$，都有 $A(W,a)>A(W,b)$，$A(\cdot)$ 是个体的绝对风险厌恶函数。企业产出取决于投入的劳动 n 和资本 k 以及企业家才能 s，这里假定所有个体都具备充当企业家的能力，且 s 是常数，此外产出还受未来自然状态 θ 的影响，则生产函数可写为

$$y=sg[h(n,k,\theta)]\tag{1-2-8}$$

θ 是一个随机变量，其取值范围为 $[0,\overline{\theta}]$，$0<\overline{\theta}<+\infty$。假定企业产出是各项影响因素的增函数，且边际报酬非递增，即边际产出 $y'(s,n,k,\theta)>0$，企业产出的二阶导数 $y''(s,n,k,\theta)\leqslant 0$。如果个体选择成为企业家，他将得到的利润是

$$I=sg[h(n,k,\theta)]-wn-rk\tag{1-2-9}$$

由于受到不确定性自然状态的影响，企业产出和企业家收入也成为随机变量。当最为不利的状态发生（$\theta=0$）时，$h(n,k,0)=0$。假设 θ 的概率密度函数为 $p(\theta)$①，则企业家的预期效用为

$$Eu(I,a)=\int u(sg[h(n,k,\theta)]-wn-rk,a)p(\theta)\mathrm{d}\theta\tag{1-2-10}$$

如果企业家预期效用不低于雇员的效用，个体将选择成为企业家：

$$Eu(I,a)\geqslant u(w,a)\tag{1-2-11}$$

在劳动市场均衡状态下，对于给定的市场工资水平 w，风险厌恶度较低的个体选择成为企业家，而厌恶风险度较高的个体选择成为雇员。个体作为企业家的预期效用和作为雇员的效用的差距 $Eu(I,a)-u(w,a)$ 随 w 的提高而单调递减。令 $w(a)$ 为使个体 a 作为雇员和企业家的效用无差异的“确定性等价工资”，即

$$Eu(sg[h(n,k,\theta)]-w(a)n-rk,a)=u(w(a),a)\tag{1-2-12}$$

对于每个人，都存在唯一的 $w(a)$，如果市场工资水平 $w>(<)w(a)$，他将选

① 为突出主题，这里重点分析个体的风险态度，假定个体风险认知倾向是同质的，也即人们对 θ 的概率分布的信念是相同的。如果引入个体风险认知异质性假定，对金融体系风险分担功能的最终结论不会产生实质性影响。

择成为雇员（企业家）。若个体 a 的风险厌恶度高于个体 b，则 $w(a)<w(b)$，也即风险容忍度较低者比风险容忍度较高者更愿意接受较低的雇员工资。在任一劳动市场均衡状态下，都存在一个“边际企业家”，对于他而言，“确定性等价工资”恰好就是市场均衡工资。换句话说，如果市场均衡工资是 $w(\hat{a})$，则个体 $\hat{a}$ 就是“边际企业家”，比个体 $\hat{a}$ 更厌恶风险的人将成为雇员，否则将选择成为企业家，即

$$\begin{cases} n(a)=k(a)=0 & a\geqslant \hat{a} \\ n(a)>0, k(a)>0 & a<\hat{a} \end{cases} \tag{1-2-13}$$

边际企业家 $\hat{a}$ 的风险厌恶度 $A(I,\hat{a})$ 是所有个体选择成为企业家的“风险厌恶度门槛值”，简写为 $\hat{A}$，也可以换个角度表述，用 $\hat{T}$ 表示个体成为企业家的“风险容忍度门槛值”，$\hat{T}=1/\hat{A}$。

3. 综合考虑企业家才能和风险态度的创业决策与创业门槛

前面分别考察了确定性环境中以个体能力为导向的创业决策和不确定性环境中以风险态度为导向的创业决策，现在扩展个体的决策背景，假定个体面临风险环境，而且个体的企业家才能和风险态度都是异质的，个体特征用二维变量（s, a）表示，创业决策需综合考虑个体能力和风险态度。边际企业家的个人特征是（$\hat{s},\hat{a}$），$\hat{s}$ 是成为企业家的能力门槛值，$\hat{A}$（或 $\hat{T}$）是成为企业家的风险厌恶度（容忍度）门槛值。

首先设想一种极端情况：个体都是风险中性者，而企业家才能各有不同。设定当 $a=0$ 时，A（0）$=0$，或 $T(0)=+\infty$，因而个体的特征为（s，0）。由于承担风险对其效用水平不构成负面影响，个体的职业选择只考虑预期收益，而不考虑风险。个体作为企业家的预期收益为

$$EI=\int(sg[h(n,k,\theta)]-wn-rk)p(\theta)\mathrm{d}\theta \tag{1-2-14}$$

当作为企业家的预期收益不低于雇员工资时，即不等式（1-2-15）成立时，个体将成为企业家：

$$\int(sg[h(n,k,\theta)]-wn-rk)p(\theta)\mathrm{d}\theta\geqslant w \tag{1-2-15}$$

风险中性的个体（s，0）选择成为企业家的能力门槛值是使 $EI=w$ 的能力水平，即

$$\hat{s}_{(s,0)}=\frac{w+(wn+rk)\int p(\theta)\mathrm{d}\theta}{\int g[(h(n,k,\theta)]p(\theta)\mathrm{d}\theta} \tag{1-2-16}$$

如果放松个体风险中性的假定，设想个体是风险厌恶者，即 $a>0$，则个体（s, a）的职业选择决策就要考虑承担风险对其效用水平的负面影响。只有当个体

作为企业家的预期效用大于作为雇员的效用时，即以下不等式成立时，个体才会选择成为企业家：

$$\int u(sg[h(n,k,\theta)]-wn-rk,a)p(\theta)\mathrm{d}\theta \geqslant u(w,a) \tag{1-2-17}$$

显然，在给定 $n,k,w,r,p(\theta)$ 的条件下，个体选择成为企业家的能力门槛值是其风险偏好的函数，即 $\hat{s}_{(s,a)}=s(a)$。根据对生产函数（式（1-2-8））的设定，给定投入的劳动和资本量，在除了 $\theta=0$ 以外的各种状态下，企业产出 y 都随企业家能力 s 递增。对于厌恶风险的个体，若其能力较强，则作为企业家的预期收益随之提高，可以在一定程度上抵消承担风险的心理成本，因而风险厌恶度较高者需要拥有较高的能力水平才会选择成为企业家。

换个角度看，个体选择成为企业家的风险厌恶度（容忍度）门槛值是其能力水平的函数，即 $\hat{A}_{(s,a)}=a(s)$。由于现在假定个体能力 s 不再是常数，给定市场工资水平 w，个体作为企业家的预期效用和作为雇员的效用的差距 $Eu(I,a)-u(w,a)$ 将随 s 的提高而递增。如果个体拥有的企业家才能较高，则他作为企业家的预期收益较高，对于他而言，“确定性等价工资” $w(s,a)$ 也相应较高，只有当市场均衡工资达到相当高的水平时，他才会放弃企业家的职业角色，这意味着他选择成为企业家所需拥有的风险容忍度较低。反之，如果个体拥有的企业家才能未达到较高水平，则他作为企业家的预期收益相应较低，要从事有风险的创业活动，他必须拥有较低（较高）的风险厌恶度（容忍度）。不过需要注意的是，当自然状态 $\theta=0$ 时，企业产出 y 将为 0，这意味着企业家凭借自身的才能不可能完全抵消风险因素造成的损失，因而个体成为企业家的风险容忍度门槛值不可能为 0，即使他的能力水平较高。

根据上面的分析，可以得出以下命题。

命题 1-2-1：如果个体是风险厌恶者，他选择成为企业家的能力门槛值将大于风险中性者成为企业家的能力门槛值，即若 $a>0$，则 $\hat{s}_{(s,a)}>\hat{s}_{(s,0)}$。

命题 1-2-2：个体成为企业家的能力门槛值是其风险厌恶度的增函数，即 $\frac{\mathrm{d}\hat{s}_{(s,a)}}{\mathrm{d}a}>0$，这意味着如果个体的风险厌恶度较高，则他要成为企业家所需具备的能力下限相应较高。

命题 1-2-3：风险中性者成为企业家的能力门槛值是所有个体成为企业家的最低能力门槛值，即 $\hat{s}_{(s,0)}=\min(\hat{s}_{(s,a)})$。这意味着，要进入企业家行列，不论其风险厌恶度如何，个体的能力水平至少不能低于 $\hat{s}_{(s,0)}$。

命题 1-2-4：对于那些能力超过最低门槛 $\hat{s}_{(s,0)}$ 的个体而言，若其能力水平较高，则风险厌恶度（容忍度）门槛值相应提高（降低），即 $\frac{\mathrm{d}\hat{A}_{(s,a)}}{\mathrm{d}s}>0$，或 $\frac{\mathrm{d}\hat{T}_{(s,a)}}{\mathrm{d}s}<0$，

不过即使个体能力很强，其风险容忍度门槛值也不会降为 0。反之，若其能力未达到相当水平，则要成为企业家所需具备的风险容忍度较高。当个体能力为最低门槛水平 $\hat{s}_{(s,0)}$ 时，要选择成为企业家，个体必须是风险中性者，即 $A=0$，或风险容忍度 $T=+\infty$。

（二）缺乏风险分担下的创业障碍与金融风险分担的创业鼓励

1. 具备企业家才能而风险容忍度不足的个体面临的创业障碍

根据上述命题，劳动人口可按个人能力分为两类：一类是不具备最低门槛能力的人（$s_{(s,a)}<\hat{s}_{(s,0)}$），用 T_2 表示，他们将选择作为雇员；另一类是能力高于成为企业家的最低门槛能力的人（$s_{(s,a)}>\hat{s}_{(s,0)}$），用 T_1 表示。T_1 可进一步分为两类：一类是风险容忍度达到与其能力水平对应的门槛值的人（即 $T_{(s,a)}>\hat{T}_{(s,a)}$），用 T_{11} 表示，他们将选择成为企业家；另一类是风险容忍度低于门槛值的人（即 $T_{(s,a)}<\hat{T}_{(s,a)}$），用 T_{12} 表示。图 1-2-1 描述了不同类型的个体，横轴表示企业家才能 s，纵轴表示风险容忍度 T。直线 AB 是类型 T_1 和 T_2 的分界线，左边的区域表示因能力不足而选择作为雇员的人，右边的区域表示达到成为企业家的最低能力门槛值 $\hat{s}_{(s,0)}$ 的人。曲线 CD 表示在给定能力水平 s 下，风险容忍度为门槛值 $\hat{T}_{(s,a)}$ 的人，也即边际企业家。该曲线向右下方倾斜，如果主体的能力为 $s_1<s_2$，则 $\hat{T}_{(s_1,a)}>\hat{T}_{(s_2,a)}$，但不会与横轴相交。曲线 CD 右边的区域表示类型 T_{11}，AB 与 CD 之间的区域表示类型 T_{12}。

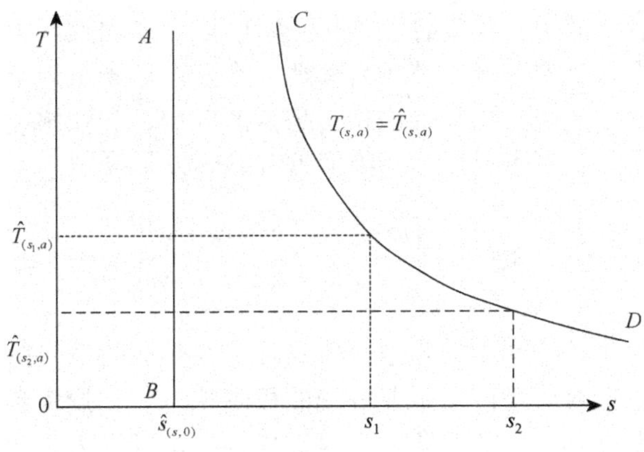

图 1-2-1 劳动人口的类型与缺乏风险分担下的创业门槛

T_{12}类个体风险容忍度偏低的原因可能是个人财富较少，无力承担风险，或是承担风险的负面心理影响较强烈。如果缺乏风险分担机制，假设个体初始财富为0，当最为不利的状态发生时（$\theta=0$），企业产出将为0，企业家拖欠雇员的工资和未清偿的资本租金都成为未来必须偿还的负债，按现值折算，相当于企业家当期消费是负值。面对可能发生的严重后果，T_{12}类个体将不堪承受创业风险而无法进入企业家行列，虽然他们的能力高于创业要求的最低门槛。事实上，即使个体拥有较高的能力水平，其对应的风险容忍度门槛值也不会为0。到目前为止，模型一直假定企业家面临的风险水平是给定的，即自然状态θ的概率分布$P(\theta)$及其方差σ_θ^2是既定的。若σ_θ^2提高，在其他因素不变的情况下，个体成为企业家的风险容忍度门槛值将随之提升，这意味着如果创业风险较高，即使个体的能力较强，仍然可能达不到创业所要求的风险容忍度门槛。

2. 金融合约的风险分担安排对创业的鼓励效应

从上述分析可以看出，在缺乏风险分担机制的情形下，将有一部分具备企业家才能的个体由于风险容忍度不足而面临创业障碍。实证显示，在现实社会中具备创新意识和能力的个体往往并不比其他人具有更高的风险容忍度，寻求风险分担是这些潜在企业家的普遍需求，当创业项目风险较大时，对风险分担的需求尤其突出。如果经济体中的资金供给者在提供融资（出租资本）的同时，可以向企业家提供一定程度的风险分担，将对创业活动产生积极的鼓励效应。

金融合约可以视为在投资者和企业家之间分配风险的一种机制，合约结构决定着金融交易的风险分担模式①。首先以“标准债务合约”为例，假设企业家和投资者签订了一项债务合约，其基本特征是将企业产出的未来状态集合分为两个区域，分别对企业产出采用不同的分配规则：一是非破产区域，如果企业实际产出在扣除雇员工资后不低于债务本息（资本租金），企业家对债权人的偿付是预先约定的固定金额；二是破产区域，若项目失败，企业产出不足以全额偿付工资和债务，债权人只能得到企业产出扣除应付工资后的残值，企业家被豁免未清偿的剩余债务，也即对债务负有限责任。该项债务合约的分配规则$t_d(y)$表述如下：

$$t_d(y)=\begin{cases} rk, & y\geqslant rk+wn \\ y-wn, & y<rk+wn \end{cases} \tag{1-2-18}$$

标准债务合约的风险配置模式是分段式的，在企业盈亏平衡点以上，由企业家承担企业运营的主要风险；在企业亏损的极端状态下，投资者以自身债权损失为代价，向企业家提供一定的保险，有限责任条款可以视为企业家持有的对破产

① 关于债务合约和股权合约的风险分配模式，以及其他对企业家融资风险的分担机制，将在第三章中详细讨论。

状况下企业价值的看跌期权。

与债务合约预先设定非状态依赖的固定偿付额不同，股权合约是一种对风险按投资比例分担的“分成合约”，企业家对股东的偿付完全依赖于投资项目的实际产出。假设股东 i 对企业的投资份额是 k_i，则其得到的投资收入 $t_{si}(y)$ 为

$$t_{si}(y)=k_i(y-wn) \tag{1-2-19}$$

在这种单调线性风险配置模式下，股东不仅分担企业发生极端损失的下部风险，也分担企业非亏损状态下的商业风险，因而风险分担功能更加充分。

引入金融合约的风险分担后，个体创业决策的条件随之调整。由于部分创业风险被投资者吸收，企业家的风险暴露减少，其预期效用将有所提高，对于那些达到“成为企业家的最低能力门槛值”的主体（$s_{(s,a)}>\hat{s}_{(s,0)}$），风险容忍度的门槛值 $\hat{T}_{(s,a)}$ 随之下降，在图 1-2-2 中相应表现为“边际企业家曲线”CD 向左移动到 $C'D'$。给定个体的能力水平为 s_1，在缺乏投资者提供的风险分担机会的情况下，个体（s_1，a）选择作为企业家的风险容忍度门槛值是 $\hat{T}_{(s_1,a)}$，如果投资者分担了部分创业风险，则他的风险容忍度门槛值将下降到 $\hat{T}'_{(s_1,a)}$。随着风险容忍度门槛下调，人们会更多地根据自身的才能选择职业，T_{12} 类个体中一部分原来选择作为雇员的主体将转而成为企业家，他们在图 1-2-2 中对应曲线 CD 和 $C'D'$ 之间的区域，该区域面积越大，表明金融合约风险分担的创业鼓励效应越显著。

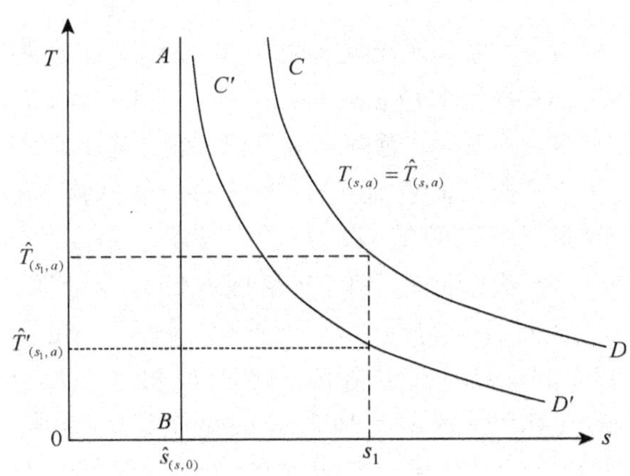

图 1-2-2　风险分担机制的创业鼓励效应

（三）金融体系通过风险分担推动经济增长的内在机理

根据以上分析，引进金融体系的风险分担机制满足了企业家分担风险的内在需求，提高了选择成为企业家的主体的预期效用水平，相对于企业家独自承

担风险的情况显然是一种帕累托改进。金融体系的风险分担功能不仅提升了微观个体的福利水平，而且对企业家风险的分担对经济增长具有积极的推动作用。在现代经济演化理论中，企业家精神是推动经济增长的关键要素，在技术发明与商业机会的开发利用之间提供了具有决定性意义的联结。如果缺乏有效的风险分担机制，企业家不得不过度承担创业风险，风险分配的无效率将相当一部分具有创新才能的潜在企业家被阻挡在创业门槛之外，创业供给不足使经济发展的活力受到抑制，导致可观的社会成本。金融体系在提供资金融通的同时也对风险加以分配，对企业家的创业行为具有显著的鼓励效应。Schumpeter 对企业家和资本家职能区别的强调，以及二者的身份在现实中从一体到分化的历史演进，反映着金融体系发展对企业家风险分担功能的不断改进。风险分担机制的改进使更多具备企业家才能的人可以抛开风险顾虑，开展产品研发、工艺革新、组织改造等各方面的创新活动，进而对新技术传播、提升国际竞争力和创造就业机会作出贡献。

关于金融发展的经济增长效应，学术界进行了大量相关研究，Goldsmith（1969）和 Mckinnon（1973）的研究具有开创性，他们的实证分析显示样本国家的金融和经济发展具有紧密关系。King 和 Levine（1993）使用 1960～1980 年 80 个国家的数据进行分析，结果显示金融发展与经济增长率、实物资本积累以及经济效率的改进显著相关。不过，前期研究侧重于强调金融体系在资金供给和项目筛选方面对经济增长的贡献，而忽视了金融体系对企业家风险的分担功能。近年来，学术界日益重视研究金融体系的风险分配功能对经济发展的意义。Merton（1989）提出风险分配是金融部门的重要功能。Merton 和 Bodie（1995）将风险管理职能以及风险转移职能列入金融系统的基本功能。Greenwood 和 Jovanovic（1990）建立模型，证明金融中介通过扮演将特殊投资风险加以汇聚并消除投资收益的事前下部风险的双重角色，可以鼓励高收益投资以及经济增长。Saint-Paul（1992）证明金融市场的存在使人们可以分散风险，从而增加对生产技术的投资，使经济运行实现“高水平”的均衡。Obstfeld（1994）指出金融发展使风险分担机会增加，促进投资向新兴科技项目转移，推动经济增长。Acemoglu 和 Zilibotti（1997）分析了风险分散化在经济发展进程中的重要意义以及金融机构促进风险分散的作用。Kara（1999）强调金融机构向经济主体提供的利润——损失分担安排是提高经济资源配置效率的潜在来源。Giannetti（2001）从反面论证了金融体系不发达，缺乏风险分担手段，将阻碍行业结构升级。Shiller（1998）强调了风险分担对经济发展的重要性，并提出应该建立“金融新秩序”以便完善风险分担机制。

本质上，金融体系的风险分担→企业家创新→经济增长的内在机理是促使社会投资结构从低风险且低生产力的投资项目转移到有风险但生产力较高的投资项目。企业家对生产技术和生产专业化程度的选择很大程度上取决于风险分担的机会。如果社会提供了有效分担风险的渠道，他们会选择生产力高的风险技术；否则，在自身风险承担倾向有限的条件下，他们只能选择低生产力但安全的技术，导致高生产力的风险项目投资不足。经济增长要求对生产要素进行创新型组合，取代落后工艺和产品，而对生产要素的重新安排存在固有风险。生产力增长与创新相关，而创新与风险相关[①]。现代金融体系为创业风险提供灵活多样的分担机会和配置模式，企业家得以在经济成长中充分地发挥其作为创新者的核心职能，从而对经济增长具有积极的推动作用。

三、风险分担对经济周期的平滑效应

金融体系提供的风险分担机制不仅可以鼓励企业家从事创新活动从而推动经济增长，而且对经济运行的波动具有平滑效应。企业的生产意愿受到市场环境不确定性的显著影响，当经营环境的风险加大时，企业出于风险厌恶，将降低产出水平，可能导致经济趋向萧条。金融体系提供的风险分担机制能够有效地减少外部冲击对企业生产乃至经济运行的负面影响，增进宏观经济的稳定性。

（一）风险对企业生产决策与产出的影响

关于企业在不确定性下生产行为的微观研究曾经一度滞后。传统的新古典理论将企业行为建立在简单的利润最大化原理之上，要么假定企业在确定性环境中运作，要么假定企业行为不受不确定性的影响，也即假定企业决策者是风险中性。随着相关研究的深入发展，自 20 世纪 70 年代以来，经济学界开始倾向于取消企业进行产出决策时不考虑风险因素的传统假定，企业决策环境的不确定性特征已经成为企业理论的一个重要因素。许多学者指出，在不确定情形下，企业的风险态度对其生产意愿具有重要影响。Sandmo（1971）率先对价格不确定的经营环境中风险厌恶的竞争性企业作了初步研究。基于对现实的观察，他假定企业的目标是预期效用最大化，而非利润最大化，从而将风险厌恶引入企业生产决策理论中。

在 Sandmo 的先导性研究之后，出现了大量分析不确定性环境下企业产出决策问题的文献，多数研究都沿用了企业寻求预期效用最大化这一假定。Baron 研究了需求不确定性对风险厌恶的垄断企业的最优产出水平的影响，Leland（1972）

① John 等（2004）分别对企业层面和国家层面的风险承担水平、企业成长和经济增长之间的关系进行检验，证明二者具有显著相关性，验证了“创新活动导致的企业风险承担水平的提高可以促进企业成长，进而加速经济增长”的假说。

进一步指出，当引进需求不确定性时，预先设定产出量的风险厌恶型垄断企业的最优产出水平将下降。Coes（1977）证明在企业的绝对风险厌恶非递增的假定下，不论是垄断还是竞争性企业，价格风险的上升都将导致企业产出下降。此外，其他一些学者将 Sandmo 的分析一般化，他们大多使用随机收入变量替代不确定的价格变量，并将企业面临的来源解释为技术不确定性。总体而言，不确定性下企业生产决策理论的核心结论是：决策者的风险态度对企业行为具有重要影响，风险加大将导致风险厌恶型企业的产出水平降低。

为了清晰地演示风险对企业生产行为的影响①，下面用模型对其加以描述。设定企业家在时点 0 进行生产决策，在时点 1 形成产出，并将之出售。在竞争性市场上，企业家只是市场价格的接受者，在企业作出生产决策时，产出的市场价格是不确定的，取决于市场需求状况。

在确定性环境下，价格 p 和需求量 q 的关系用一个隐函数反映：

$$f(p,q)=0 \tag{1-2-20}$$

假定 p 和 q 具有严格向下倾斜的关系，则 p 或 q 分别可以表示为对方的函数。如果引入不确定性，可以假定这一隐性的需求关系本身是随机的，即

$$f(p,q,u)=0 \tag{1-2-21}$$

其中，u 是一个企业家在作出决策时未知的随机变量。模型规定，对于任何的 u，p 和 q 的关系都是向下倾斜的，而 u 的增大对应着需求量的增加。假定函数 f 是连续可导的，可以将式（1-2-21）表述为

$$p=p(q,u) \tag{1-2-22}$$

$$[\partial p(q,u)/\partial q<0;\partial p(q,u)/\partial u<0]$$

或

$$q=p(p,u) \tag{1-2-23}$$

$$[\partial q(q,u)/\partial p<0;\partial q(p,u)/\partial u<0]$$

假定企业家对 u 的概率分布持有一个主观信念，用 $\mathrm{d}\Gamma(u)$ 表示 u 的主观概率密度，$\Gamma(u)$ 是 u 的累积分布函数，根据式（1-2-22），通过设定 q，就可以确定随机变量 p 的条件分布。设 p 的概率密度函数为 $g(p)$，预期值为 $E(p)=\mu$。

企业的成本函数是

① 为突出主题，这里只对价格不确定性展开分析，假定企业的生产函数是确定的，即不存在技术风险。

$$F(x)=C(x)+B \tag{1-2-24}$$

其中，x 是产出，$C(x)$是可变成本函数，B 是固定成本。关于可变成本函数，本书作以下的一般性假定：

$$C(0)=0,\ C'(x)>0 \tag{1-2-25}$$

企业的利润函数可以定义为

$$\pi = pq_s - C(x) - B \tag{1-2-26}$$

其中，q_s 是企业产品的销售量。

如果将式（1-2-22）代入式（1-2-26），则得到：

$$\pi = p(q,u)q_s - C(x) - B \tag{1-2-27}$$

可见，企业的利润实际上取决于四个变量：价格 p、需求 q、产出 x 和销售量 q_s。这些变量必须满足以下约束条件：

$$f(p,q,u)=0 \tag{1-2-28}$$

$$q_s \leqslant q \tag{1-2-29}$$

$$q_s \leqslant X \tag{1-2-30}$$

假定企业的风险态度取决于“代表性主体”[①]，也即作为决策者的企业家的风险态度。企业家具有 Von Neumann-Morgenstern 效用函数 $u(\pi)$，其中 π 是企业的利润（或企业家的收入[②]），$u'(\pi)>0$，$u''(\pi)<0$，这意味着企业家是风险厌恶者。

企业家面临的问题是设定产量 x，以便最大化企业利润产生的预期效用：

$$E[u(pq_s - C(x) - B)] \tag{1-2-31}$$

在确定性情形下，根据对 Kuhn-Tucker 条件的检验表明，约束条件式（1-2-29）和式（1-2-30）将总是作为等式得到满足，因此，可以用 q 来替代 q_s 和 x，企业生产决策的目标可以重新写为

$$\max_q E[u(pq - C(q) - B)] \tag{1-2-32}$$

① 参见第二章第一节关于企业风险态度的分析。

② 为简化分析，这里假定企业家是企业的唯一所有者。

实现预期效用最大化的一阶和二阶条件分别是

$$E[u'(\pi)(p-C'(q))]=0 \tag{1-2-33}$$

$$D=E[u''(\pi)(p-C'(q))^2-u'(\pi)C'(q)<0] \tag{1-2-34}$$

1. 风险对企业产出的总体影响

当引入价格不确定性后，首先比较确定性和不确定性环境下企业的最优产出水平。

在确定性情形下，如果企业已知产品价格 p 等于不确定性下市场价格的预期值 μ，则企业面临的市场需求曲线为

$$p=E[p(q,u)]=p[q,u_0(q)]=f(q)=\mu \tag{1-2-35}$$

$p=f(q)=\mu$ 是等价于随机需求曲线 $p=p(q,u)$（即 $f(p,q,u)=0$）的确定性需求曲线。可以证明，对于所有的 q，不确定性情形下企业的预期边际收入都将等于根据确定性需求曲线推出的边际收入：

$$\begin{aligned}&\mathrm{d}[qf(q)]/\mathrm{d}q\\&=f(q)+q[\mathrm{d}f(q)/\mathrm{d}q]\\&=E[p(q,u)]+q[\partial E[p(q,u)]/\partial q]\\&=E[p(q,u)+q[\partial p(q,u)]/\partial q]\\&=E[MR(q,u)]\end{aligned} \tag{1-2-36}$$

当利润是非随机变量时，企业家追求利润最大化的同时也就实现了利润的预期效用最大化，因而，企业的目标是实现利润最大化：

$$\pi=qp-C(q)-B \tag{1-2-37}$$

在确定性需求曲线 $p=f(q)=\mu$ 下，企业产出决策的最优解的特征是当价格等于边际成本时，产出最优。用 q_c^* 表示企业选择的最优产出，当 $q=q_c^*$ 时，满足一阶条件：

$$\frac{\mathrm{d}\pi}{\mathrm{d}q}=\frac{\mathrm{d}}{\mathrm{d}q}[q_c^*\mu-C(q_c^*)-B]=0 \tag{1-2-38}$$

由此推出 $C'(q)=\mu$。将企业面临该确定性需求曲线时的最优产出水平 q_c^* 称为“确定性产出”。

在不确定性情形下，企业家实现预期效用最大化的一阶条件可以写为

$$E[u'(\pi)p]=E[u'(\pi)C'(q)] \tag{1-2-39}$$

两边同时减去 $E[u'(\pi)\mu]$，得

$$E[u'(\pi)(p-\mu)] = E[u'(\pi)(C'(q)-\mu)] \tag{1-2-40}$$

由于预期利润 $E(\pi)=\mu q - C(q) - B$，可以推出 $E(\pi)-\mu q = -C(q)-B$，将之代入利润函数 $\pi = qp - C(q) - B$ 中，得

$$\pi = E(\pi) + (p-\mu)q \tag{1-2-41}$$

根据式（1-2-41），加上设定 $u''(\pi)<0$，显然可以推出：

$$\text{如果 } p \geqslant \mu, \quad u'(\pi) \leqslant u'[E(\pi)] \tag{1-2-42}$$

由此可以得出：

$$u'(\pi)(p-\mu) \leqslant u'[E(\pi)](p-\mu) \tag{1-2-43}$$

该不等式对所有的 p 都成立。如果 $p \leqslant \mu$，式（1-2-42）中的不等号是反的，但式（1-2-43）中的不等号仍然是≤。对式（1-2-43）两边都取期望值，得到：

$$E[u'(\pi)](p-\mu) \leqslant u'[E(\pi)]E(p-\mu) \tag{1-2-44}$$

不等式的右边等于 0，因而可以推出：

$$E[u'(\pi)](p-\mu) \leqslant 0 \tag{1-2-45}$$

根据式（1-2-40），显然可以得出：

$$E[u'(\pi)](C'(q)-\mu) \leqslant 0 \tag{1-2-46}$$

由于 $u'(\pi)>0$，意味着：

$$C'(q) \leqslant \mu \tag{1-2-47}$$

在确定性下，当 $C'(q)=\mu$ 时，产出水平是最优的；而在不确定性下，最优产出的特征是 $C'(q) \leqslant \mu$，也即边际成本小于预期产品价格。在确定性情形下，与竞争性假定相容的企业边际成本曲线的类型只能是递增或 U 形，这意味着不确定性下的最优产出水平低于确定性产出 q_c^*。由此就证明了以下命题。

命题 1-2-5：当产品的市场价格存在不确定性时，风险厌恶型企业的产出小于确定性产出。

2. 风险对企业产出的边际影响

接下来探讨当市场价格的不确定性程度发生变化时，对企业产出决策产生的边际影响，也即企业对风险度变化的反应。

纯粹的风险水平的变化可以理解为需求函数中 u 的变化。当风险提高时，表现为对价格的概率分布围绕其固定均值的“拉伸”，也即价格的均值不变，而方差增大，为此需要引入两个变换参数。可以将风险提高后的价格表述为 $p'(q,u')=\gamma p+\theta$，其中，u'是发生变化的 u，γ 是可乘性变换参数，θ 是可加性变换参数。两项参数的初始值分别为 $\gamma=1$，$\theta=0$。如果只有 γ 提高了，将同时提高价格的均值和方差。为了将均值水平恢复到初始水平 μ，须同时降低 θ，以便使均值保持不变，即 $\mathrm{d}E[p'(q,u')]=\mathrm{d}E(\gamma p+\theta)=0$，或 $\mu\mathrm{d}\gamma+\mathrm{d}\theta=0$，由此推出：

$$\mathrm{d}\theta/\mathrm{d}\gamma = -\mu \tag{1-2-48}$$

利润函数可以相应表述为 $\pi(q)=(\gamma p+\theta)q-C(q)-B$，则实现预期效用最大化的一阶条件变成：

$$E\{u'((\gamma p+\theta)q-C(q)-B)]\cdot[(\gamma p+\theta)+\gamma\frac{\partial p}{\partial q}q-C'(q)]\}=0 \quad (1\text{-}2\text{-}49)$$

式（1-2-49）将 q 表述为 γ 的隐函数，对 γ 求导，设定 γ 和 θ 的初始值为 $\gamma=1$，$\theta=0$，并结合二阶条件式（1-2-34）和式（1-2-48），可以得到：

$$\frac{\partial q}{\partial \gamma}=\frac{-1}{D}E[u'(\pi)(p-\mu)]+\frac{-1}{D}qE\{u''(\pi)(p-\mu)[p-C'(q)]\} \quad (1\text{-}2\text{-}50)$$

根据二阶条件式（1-2-34）和前面的证明过程推出的式（1-2-45），公式右边的第一项显然是非正的，因而，要使 $\mathrm{d}q/\mathrm{d}\gamma<0$ 的充分条件是第二项是负的。可以将第二项扩展为

$$\begin{aligned}&\frac{-1}{D}qE\{u''(\pi)[(p-\mu-C'(q)+C'(q))(p-C'(q))]\}\\&=\frac{-1}{D}qE\{u''(\pi)[(p-C'(q)]^2+\frac{-1}{D}qE\{u''(\pi)[p-C'(q)[C'(q)-\mu]\}\end{aligned}$$

式中的第一项显然是负的，因为 $u''(\pi)<0$。在第二项中，根据式（1-2-47），在不确定性情形下，最优产出的特征是 $C'(q)\leqslant\mu$，因而 $C'(q)-\mu$ 是非正的。结合式（1-2-45），即 $E[u'(\pi)](p-\mu)\leqslant 0$，可以推出 $E[u''(\pi)][p-C'(q)]$ 是非负的，从而可以推出第二项是非正的。因而，可以证明，对于所有的 q，都有

$$\frac{\partial q}{\partial \gamma}<0 \quad (1\text{-}2\text{-}51)$$

由此就证明了以下命题。

命题 1-2-6：当需求不确定从而价格风险提高时，风险厌恶型企业将降低产出水平。

（二）金融体系的风险分担对经济波动的平滑作用

不确定性是 Keynes 解释经济波动的重要理论基石，据他看来，投资的变化是造成经济周期性波动的一个主要原因，其根源是在不确定性环境下，企业家对资本边际效率的预期是不稳定的，其投资决策可能受乐观主义或悲观主义情绪的影响，引起经济运行的波动。在《就业、利息和货币通论》中，Keynes 详细描述了对资本未来收益的预期引致经济周期的影响机制。当人们普遍对资本的未来收益作乐观预期时，企业将扩大投资，经济呈现繁荣景象；过度乐观导致投资过度扩张，当资本边际效率宣告崩溃时，人们对未来经济前景的预期迅速黯淡，来势急

遽的悲观情绪导致投资规模大幅度下降，经济陷入萧条。不过，Keynes 将经济主体的预期变化描述为“动物精神”（animal spirits）所驱使，过度强调了非理性的色彩，因而受到以 Lucas 为代表的理性预期主义的质疑。

20 世纪 70 年代以来不确定性情形下企业决策理论的发展为分析不确定性的宏观经济影响提供了微观基础。除了对未来风险的识别，风险态度也被作为影响企业投资和生产意愿的重要因素加以研究。以 Greenwald 和 Stiglitz 等为代表的新凯恩斯主义者在为 Keynes 的观点寻找微观支持时，不是将解释建立在非理性的基础上，而是强调人们应该是基于理性而追求效用最大化，他们将经济主体的决策环境界定为弱式不确定性，即可以使用概率方法加以分析的风险情形，并将企业的风险厌恶作为解释长期经济周期的关键要素。

前面的模型推演证明：①面临不确定性市场需求的风险厌恶型企业的最优产出小于面临具有相同预期值的确定性价格的企业的产出水平；②当价格的概率分布的风险度提高时，风险厌恶型企业会降低产出。由于在现实中，企业家普遍存在一定的风险厌恶倾向，当其经营环境因受到冲击而导致风险加大时，他们会选择收缩生产规模，减少投资，从而导致总供给下降，国民产出减少，经济形势趋于低迷。

图 1-2-3 展示了风险对社会总供给的影响。横轴表示市场价格，纵轴表示国民产出，将导致总供给曲线的相应变化。AS_c 表示确定性情形下的总供给曲线，AS_r 表示风险环境下的总供给曲线，在风险情形下，总供给曲线相对于确定性环境下的总供给曲线向左移动。当经济环境受到外部冲击而导致风险水平提高时，总供给曲线将从 AS_r 向左移动到 AS_r'。

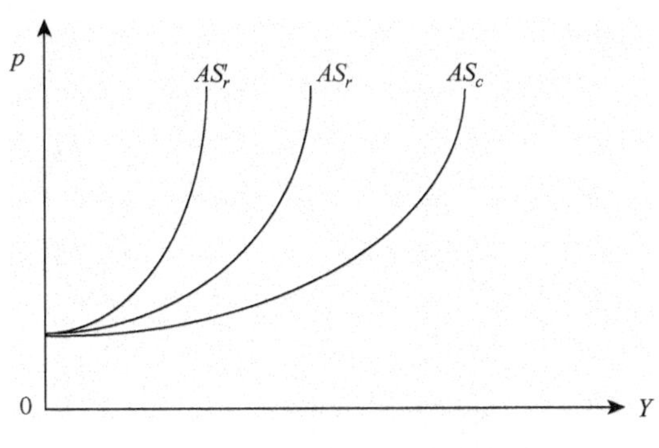

图 1-2-3　风险对总供给的影响

可见，企业家的风险厌恶使其生产决策对风险表现出相当的敏感度，进而使国民产出受到风险因素的显著影响。在一个金融体系不发达的经济体中，企业家不得不承担大部分经营风险，企业家的风险厌恶将使其生产活动表现为顺周期性，可能导致整体经济冲击的放大和跨期传播。拥有成熟金融体系的经济体能够较好地分担投资项目的风险，从而减少企业的产出水平对宏观经济冲击的敏感度。如果外部投资者适度分担了企业家所面临的部分风险，当经济环境的不确定性提高时，企业家实际承担的风险将小于无风险分担机制下的风险承担水平，不确定性的加剧对其预期效用的边际负面影响 $\partial Eu(\pi)/\partial\gamma$ 相应降低，从而使风险对企业产出的边际影响 $\partial q/\partial\gamma$ 减小。因而，金融体系风险分担功能的完善可以弱化风险增大对企业生产的消极影响，降低国民产出的波动性，从而在一定程度上平滑经济周期。

第二章　金融合约风险配置的内在冲突与风险分担的现实约束

金融体系对风险的分配通过金融合约交易得以实现。广义的金融合约泛指金融活动的参与者达成的各种金融交易关系。金融合约的结构安排决定着金融交易的风险配置模式，进而关系到金融体系的风险配置格局能否实现优化。

第一章在理论上论证了金融体系的风险分担功能对经济增长和稳定的正面贡献。然而在现实中，由于信息不对称等因素导致交易摩擦和市场不完全性，合约主体之间的风险分担可能受到现实条件的约束或限制，因而，在具体考察金融体系风险配置机制的各种形态之前，首先需要剖析金融合约设计和选择中面临的核心问题，进而推演合约主体有效配置风险应遵从的基本准则。

第一节　合约设计与风险配置的核心问题

一、合约设计和选择的决定因素：探讨与争论

合约设计和选择的决定因素以及各种合约的经济效益是合约分析的核心问题。在确定性环境下，合约的基本功能是在合约主体之间有效地分配已知的产出。在现实中，合约主体往往身处不确定性环境，未来自然状态的不确定导致未来产出的波动性，合约交易的功能是有效地分配预期产出和意外产出。在不确定性经济学领域，经济主体在不确定性情形下的决策准则与风险倾向无疑是研究重点，如果忽略不确定性而研究经济行为，就如同“上演没有哈姆雷特的《哈姆雷特》”（Bauer，2005）[①]。然而，在合约理论的发展过程中，关于风险在合约选择中的角色，学术界曾经存在两种不同的看法：一种观点认为，“交易成本”（或“激励”）和“风险分担”都是合约设计和选择的关键决定因素，因而在合约分析中，应综合考虑合约任务的风险、合约主体的风险态度以及合约交易的成本与激励问题；而另一种观点则认为，“交易成本”（或“激励”）是决定合约选择的关键因素，风

① “To be or not to be”的哈姆雷特式问题被西方学者公认为不确定性环境下人类面临的选择问题的象征。

险的影响无足轻重[①]。对于合约选择的决定因素，学术界从理论分析和实证研究两个层面展开了长期的争论与探索。

（一）张五常对合约选择中交易成本和风险分担的开创性研究

Laffont 和 Martimort 在其经典著作《激励理论》开篇即指出："在经济史上，第一个历史性的契约很可能出现在农业领域，即地主与佃农的契约。"[②]与此相应，合约理论早期研究的主要对象是古老的农业合约[③]。农业生产的合约安排有三种主要形式：①分成合约（sharecropping contract），佃农向地主支付的租金是土地产出的一定比率；②定额地租合约（fixed-rent contract），佃农支付固定租金；③工资合约（wage contract），地主向作为被雇用者的农夫支付固定报酬。早在 18～19 世纪，Smith（1776）和 Mill（1848）等古典经济学家就比较了当时在亚洲流行的定额租约和在法国十分普遍的分成合约，重点分析了不同的合约安排对劳动者的工作激励。其后，Marshall（1890）将两类合约的效率比较加以模型化，并认为分成租佃导致资源配置低效率，因为佃农得到的边际收入只是其劳动的边际产出的一部分，和定额租约相比，激励水平较低，压抑了佃农的劳动积极性。

自此以后，认为分成合约抑制了劳动者的工作努力进而导致"Marshall 式无效率"（Marshallian ineffiency）成为学术界的主流观点[④]，然而，张五常在 1969 年发表的题为《交易成本、风险规避与合约安排的选择》的经典论文中，指出各种合约的存在都有其合理性[⑤]。关于为何存在不同类型的合约安排，至少有两个原因：①自然风险。不同的合约安排在合约当事人之间形成不同的风险分配，厌恶风险的合约主体可以在各种合约安排之间进行选择，和交易对手分担其风险暴露。②交易成本。投入和产出的物理属性差异，加之制度安排的不同，以及不同合约条款要求在合约谈判与执行中付出不同的努力，导致不同的合约安排具有不同的

① 此外，也有人认为风险的起源是决策主体掌握的信息不足，只要付出足够的信息收集成本，就能够解决风险问题，进而将风险视为交易成本范畴下的一个子问题。实际上，不确定性包括认知层面的"程序性不确定性"，也包括客观存在的"实质性不确定性"，在现实中，人们往往难以获取得出确定性结论所必需的全部信息，即使他们为此付出了巨大的努力，因而，有必要将风险作为一个独立因素加以考虑。

② 让-雅克.拉丰，大卫.马赫蒂摩. 激励理论：委托-代理模型. 北京：中国人民大学出版社，2002.

③ 由于农业合约的风险分担和激励问题是金融合约研究的先导，因此作者首先以农业合约选择的学术探讨为引子，梳理合约选择理论的发展路径与动向。

④ 该观点的主要支持者有 Bardhan 和 Srinivasan（1971）、Lucas（1979）、Pant、Alston、Eswaran 和 Kotwal。

⑤ 张五常通过调查发现，不同地区的合约选择模式各有不同。在土地革命前的中国台湾和东南亚，分成合约更常见，而在 20 世纪 30 年代的中国，固定租约的使用更为频繁。在日本，固定租约是主流。工资合约通常较少使用。

交易成本。据此，张五常提出理论假说：人们对合约安排进行选择的目的是在交易成本的约束条件下，从分担风险中获得最大收益。

假设交易成本为 0，或所有合约安排的交易成本都相等，农业生产面临气候变化、病虫害等各种风险因素，在预期收入相同的情况下，风险厌恶的主体更愿意选择风险较小的合约安排。在定额租约下，农夫承担大部分风险；在工资合约下，土地所有者承担主要风险，而分成合约则是一种在双方之间分担风险的合约机制。不过，如果考虑交易成本的差异，合成合约并不是唯一的最优选择。首先，分成合约的谈判成本较高，需要由双方商定作物种类、租金比例、双方各自投入的土地以外的生产要素等诸多事宜，而定额租约和工资合约只需由一方独自作出相关决策；其次，分成合约的实施成本也较高，土地所有者需要明确知道实际的产出水平。因而，合约的选择本质上是当事人对规避风险和交易成本的权衡。如果给定交易成本，对于风险厌恶的主体来说，收入波动性越大，资产价值越低；如果给定风险水平，较高的交易成本将导致投资回报率下降。作为一种比较灵活的合约构造，分成合约通过风险分担提高了资产价值，同时也由于交易成本（合约谈判和实施成本）较高而降低了资产价值。合约选择本质上是当事人对规避风险和节约交易成本的权衡：如果分担风险带来的好处可以补偿交易成本，人们会选择分成合约；反之，选择定额租约或工资合约。

张五常以农业合约为研究对象，指出在现实生活中合约构造的多样性有两个关键原因：风险规避和交易成本，合约的选择取决于风险分担所带来的收益与交易成本之间的权衡。这一具有开创性意义的理论假说为合约分析提供了新的研究视角。

（二）Stiglitz 在委托-代理框架下对风险分担与激励的深入分析

张五常的研究开辟了现代合约选择理论的规范分析。其后，Stiglitz（1974）在委托-代理分析范式下，深入研究了农业合约安排中对风险分担与激励的权衡①。他建立了一个简单的竞争性农业经济均衡模型，分析不同分配制度下风险分担和激励的性质。Stiglitz 的分析分为两部分。

首先，假定农夫投入的劳动（努力）是给定的，不考虑激励问题，单纯分析地主和农夫之间的风险分配。如果地主（或农夫）是风险中性者，而另一方是风险厌恶者，双方将选择纯粹的工资合约（或固定租金合约），风险中性的一方吸收

① 张五常采用的是风险分担-交易成本框架，而 Stiglitz 采用的是标准的委托-代理分析范式。两人的研究对象相同，得出的结论颇有相似之处，但使用的分析方法有所不同。与代理理论类似，交易成本理论对激励问题的研究重点也是考察合约条款是否实现了合约当事人利益的统一，不过，后者试图解释的并不只是合约的分配规则。虽然二者在激励视角上存在交叠，但仍然属于不同的分析范式。

全部风险；如果农夫和地主都是风险厌恶者，则双方会达成分成协议，相对更加厌恶风险的一方承担较小的风险份额。

其后，假定农夫的劳动供给是可变的。如果农夫的努力程度易于观察和界定，也即观察和验证成本为 0，合约就可以明确规定农夫的努力程度。假设地主是风险中性，农夫是风险厌恶，由于农夫会按合约规定投入努力，无需激励，则地主仍然承担全部风险，对农夫支付固定工资。否则，如果农夫努力的实际水平难以观察，即使农夫是风险厌恶者，地主也会要求农夫承担一定风险，也即参与产出分成，以便对农夫施加激励。农夫对激励效应越敏感（努力程度对分成比率的敏感度较高），激励分成就越高，意味着他必须承担的风险也越大。

在存在大量不确定性因素的经济中，这种激励机制十分重要。未来状态的不确定性使地主难以判别造成低产出的原因是农夫不努力还是“坏运气”，如果合约试图规定在每种或有事件下农夫应该采取的正确行动，由于或有事件的多样性，将使合约结构具有不可能实施的复杂性，因而需要通过迫使农夫承担超过其意愿的更多风险来建立激励机制。当直接监督的成本很高或无效率时，之所以采用分成合约，是因为其对激励效应和风险分担效应的平衡：定额租约具有更强的激励效应，但农夫被迫承担全部风险；工资合约让风险中性的地主承担全部风险，但也要求地主付出高昂的监督成本。

Stiglitz 正式将委托-代理范式引入合约选择理论，探讨了合约当事人通过风险分配对风险厌恶者提供风险分担，并对具有机会主义倾向者提供激励的双重效应，以及二者之间的替代关系，为合约选择理论提供了经典的分析框架。

（三）实证检验引发的争论

学术界对风险分担与交易成本（激励）权衡假说进行了大量实证检验，主要是对地主、农夫以及农作物生产的特征和现实中的合约选择进行回归分析，以便检验风险和交易成本（或激励）是否影响合约选择及其影响程度①。Otsuka 等支持权衡假说，而 Allen 和 Lueck 则认为风险分担作为合约选择的动机缺乏实证支持，交易成本才是解释合约选择的关键因素，引发了风险以及当事人风险态度是否影响合约选择的争论。

1. Otsuka 等对农业合约选择的理论扩展和实证研究

Otsuka 等（1992）进一步细化了农业生产组织形式，土地所有者可以自耕，

① 作为分析合约行为的两种方法，代理（激励）理论更适合构建关于合约行为的正式模型，交易成本理论在提出可检验假说和解释合约实践的实证研究中更容易操作。

也可以和无地农夫签订分成租约、定额租约或雇佣合约（分为长期和临时合约）[①]。Otsuka 提出的理论预想是：①定额租约或分成合约优于长期雇佣合约。在长期雇佣合约下，地主完全承担风险，厌恶风险的农夫得到固定工资，但劳动激励也相应较弱，仅当合约规定的农夫努力程度完全可执行时，地主才会优先选择这种合约安排。虽然长期合约在一定程度上降低了交易成本，但即使借助农业社区对个人声誉的社会压力，现实中地主对雇工实施监督的难度较大，仍然无法保证合约规定的努力程度的完全执行。因而只有当土地租佃被社会或法律禁止时，长期雇佣合约才会比租佃合约更常见。②在租佃合约的选择中，如果产出不确定，且农夫是风险厌恶者，双方将出于风险分担的目的选择分成合约；如果不考虑风险分担的需求，分成合约的资源配置效率低于定额租约和自耕。对于上述预想，Otsuka 进行了实证检验。

首先，关于长期雇佣合约与租佃合约何者优先，现实观察和预想一致。在印度、巴基斯坦等南亚国家，传统社会等级制度禁止底层劳动者拥有或租赁土地，长工合约长期以来普遍存在。虽然等级制度随着时代发展有所动摇，但在传统观念牢固的地区，长工合约仍然是租佃合约的替代。相反，东南亚国家通常没有这类等级制度，在这种环境中，租佃合约占主导而长工合约较少见。除了社会传统，土地改革使得南亚和东南亚农业组织的差异进一步加大。在独立后的早期阶段，南亚国家实行了土地再分配改革，土地改革法的规定事实上将土地租佃排除在合约选择之外[②]，所以租佃土地占比大幅下降，雇佣劳动的土地占比大幅上升。而在东南亚，土地改革的实践面则没有这么广泛，只有菲律宾是例外，由于立法对分成租约的限制，使用分成合约的土地占比下降，而雇佣长工的土地占比上升。南亚和东南亚的跨地区差异在日本的农业经济时代也发现了类似现象。在德川幕府统治早期，法律强迫农民依附于领主，长工合约占据主导；在德川后期和明治时期，随着领主统治的解体和现代土地产权制度的推行，租佃合约的使用显著增加。跨地区和历史比较的结果都和假说一致，如果没有合约选择的制度性约束，土地租佃合约将优于长期雇佣合约。

其次，关于以风险分担为目的的分成租佃是否会导致资源配置效率低于固定租约和所有者自耕（即“Marshall 式低效率”），学术界的前期实证结果是混杂的，多数研究未发现分成租佃的显著低效率，但一些报告也发现了分成租佃效率较低

---

① “长工合约”又称依附性劳动合约，为期一季或一年，通常续签多年，地主除了向劳动者支付报酬，还给予一些附加的好处，如免费食宿、廉价的消费贷款。在长期合约机制下，不守约的一方将受到声誉损失，一定程度上防止被雇佣者的卸责和欺骗。在农忙时节，农庄还会雇佣临时工。

② 根据土地改革法，在印度、巴基斯坦和尼泊尔，超出土地拥有限额以上的土地将被没收，分给无地农夫，对土地所有者的补偿低于市场土地价值。这种土地转移只适用于佃农耕作的土地，而地主雇佣劳动力或自耕的土地通常免于转让，导致许多地主放弃土地租佃，转而雇佣长工。

的例子。针对实证结果的不一致，Otsuka 推测：假定不存在合约选择的制度约束，如果地主监督农夫的成本较低，且双方都厌恶风险，将出于风险分担的目的选择分成合约；当监督成本较高时，地主会偏好激励效应较强的定额租约，即使为了补偿农夫承担的风险而不得不降低租金。由于地主是根据自己是否具有监督佃农的比较优势来选择合约，使用分成合约就意味着地主可以较方便地监督佃农，因而分成合约不会导致低效率。调查显示，在当事人自由选择合约的制度环境下，地主的合约选择行为和 Otsuka 的猜测通常是一致的：住所和土地处于同一地区的小型及中型农场主偏好分成合约，而住所和土地不在一起的大型农场主则偏好定额租约，因为前者在直接监督佃农并与之建立信任关系方面具有优势。仅当合约选择范围受到制度性约束时，才可能会存在分成租佃的显著低效率①。

根据理论推演和实证分析，Otsuka 得出了关于合约选择的结论：当地主（委托人）难以强制农夫（代理人）执行合约规定的努力水平，而且农夫是风险中性者时，双方会选择固定租约；而当农夫是风险厌恶者时，将选择分成合约。风险分担和激励的权衡为分成合约与定额租约的并存提供了一致的解释。

2. Allen 和 Lueck 对风险分担范式的质疑

Allen 和 Lueck（1995）提出了不同观点，认为实证不支持风险分担的理论预想，风险中性假定下的交易成本分析范式具有优越性。

他们指出以 Stiglitz 为代表的标准分成合约模型通常会作“惯例性假定”：首先，地主（委托人）是风险中性者，而农夫（代理人）是风险厌恶者；其次，庄稼收成取决于农夫的努力和随机力量（如虫害、天气）；最后，农夫不付出努力是道德危害的唯一来源，地主不会卸责。根据风险偏好的假定结构，将得出一个预想：当产出波动性增大时，当事人更可能选择分成合约。他们对自然风险是否影响合约选择进行了实证检验，用作物的产出波动性来识别风险水平②，根据风险分担理论，若农作物生产的风险较高，更可能使用分成合约，而不是定额租约。他们以美国中西部玉米和小麦种植区作为考察样本，发现用于种植高波动性作物的土地并未更多地使用分成合约；相反，低波动性的作物经常采用分成合约。他们据此声称，未发现外生波动性与使用分成合约的可能性的正向关系。同时他们发

---

① 报告分成租佃低效率的案例集中在印度和孟加拉的某些邦，在那里，对租佃合约的选择受到土地改革法的限制。由于定额租约或长期分成租佃都属于“显性租佃形式”，为了防止土地被分配给农夫，地主只签订貌似雇佣合约的短期分成租约。在这样的制度环境下，Bell（1977）和 Shaban（1987）比较自耕和分成租佃的投入产出，发现后者具有显著的 Marshall 式低效率。Otsuka 认为其研究存在局限性，由于这些地区很少使用定额租约，他们并未对分成合约和定额租约的生产效率进行比较，只是得出了制度约束下分成租佃低效率的证据，而不是分成租佃的一般性低效率。在未受土改显著影响的地区，实证未发现分成合约低效率。

② 他们使用农作物产出的变异系数（coefficient of variation，CV）作为度量指标。

现，交易成本（如度量作物产出的成本）可以解释分成合约的设计和选择。他们还发现，作物风险的增加实际上降低了使用分成合约的可能性，他们对此的理解是：外部风险较高，导致度量农作物的产出更加困难，因而更可能使用定额租约，度量成本能够更好地解释合约选择。

他们的结论是：虽然风险厌恶和风险分担在解释合约选择的理论模型中比较流行，但实证支持较弱，外部风险及当事人风险态度对于解释合约选择实际上是无用的。他们进而认为风险分担分析范式的设定存在缺陷：首先，个体的风险偏好难以度量，使用偏好参数得出的理论预想无法直接检验；其次，只假定代理人单方面卸责的单边模型限制了合约分析，实际上地主也可以选择其投入的生产要素（如对灌溉设施的完善），因而也是道德危害的来源。双方都存在道德危害倾向，为了相互制约和激励（而非出于厌恶风险）而共担风险，所以选择分成合约。农作物生产风险的增大会降低使用分成合约的可能性，自然风险较高，导致度量作物产出更加困难，因而当事人更倾向于使用定额租约。实证不支持风险分担的理论预想，风险中性假定下的交易成本分析范式具有优越性，能够更好地解释合约选择。

3. Ackerberg 和 Botticini 对实证结果的解释与对风险分担范式的支持

Allen 和 Lueck 的实证检验否定了风险分担对合约选择的影响，关于合约项目风险和分成合约的使用是否存在正相关，其他领域的实证研究也未得出统一结论[①]。分成合约的风险分担动机虽然在理论文献中颇为流行，但在实证上却难以检验。

面对理论假说和实证研究令人困惑的分裂，Ackerberg 和 Botticini（2002）将内生匹配（endogenous matching）理论[②]引入合约选择中，对前期实证的偏差提出质疑，从新的视角检验合约选择的理论假说，证明交易者的风险态度和风险分担对合约选择有显著影响。

他们指出前期实证研究的问题在于忽视了合约双方潜在的内生性匹配。在委托人和代理人异质的经济中，可能存在强烈的内生匹配动机，设想代理人风险厌恶度不同，而委托人提出的合约任务的风险度不同，可以预期风险厌恶程度较低的代理人会和风险较大的委托人（任务）匹配，因为他们更愿意承担风险。比如，假设佃农中一半人是风险中性者，其他人是风险厌恶者，同样，一半农作物的风

① Prendergast（2002）对关于风险和合约激励安排的相关性的实证研究作了综述。自 1987～2001 年，有多篇文献调查了企业高层管理者（主要指 CEO）的报酬安排和经营环境的不确定性之间的关系，其中三项研究发现对高管的激励水平（报酬与产出挂钩的程度）和风险是显著的统计负相关，三项研究发现二者是正相关，五项研究发现风险和激励无关，因而无法得出统一的结论。在土地租佃、经营特许权等领域，风险和激励水平之间呈现正向关系的证据似乎更多。

② 匹配理论最早由 Gale 和 Shapley（1962）提出，用于分析大学录取和婚姻中的择偶行为。

险很高而另一半农作物的风险相对较小，从社会福利的角度考虑，由风险中性的佃农种植高风险作物是最优的。双方的相互选择最终形成内生匹配均衡：风险中性的佃农种植高风险作物，并使用定额租约；低风险作物由厌恶风险的佃农种植，使用分成合约。如果研究者能直接观察佃农的风险态度，就可以通过将农作物风险水平和佃农风险厌恶度对合约选择结果进行回归来解决内生性问题。不过，由于风险态度难以观测，研究者通常根据“绝对风险厌恶递减假说”，使用个人财富水平作为风险厌恶度的替代指标。如果单纯依赖替代指标，内生匹配会形成当事人中一方可观察特征和另一方不可观察特征的替代误差（proxy errors）之间的相关性，导致得出的回归系数产生偏差。

如果研究者建立一个标准的合约选择回归模型，委托人和代理人针对一项任务签订合约。假定不存在隐蔽信息，即双方都知道彼此的特征。合约 y 是委托人（合约任务）的特征 p 和代理人特征 a 的函数。

$$y = \beta_0 + \beta_1 p + \beta_2 a + \varepsilon \tag{2-1-1}$$

其中，p 可以具体是农作物或生产项目的固有风险，或者委托人的监督能力或风险厌恶度；a 可以反映代理人的风险厌恶度、生产力或努力的机会成本；变量 y 可以表示产出的分配比例，或者是双方使用的合约类型（如分成合约、定额租约或工资合约）；ε 是估计误差。

假定委托人和代理人分别只有一项特征，p 表示合约任务的风险水平，研究者可以直接观察 p；a 表示代理人的风险厌恶度，研究者可以观察到它的替代指标，即代理人拥有的财富 w，假设二者的替代关系为 $a=\theta w+\eta$，η 独立于 w①，将之代入式（2-1-1）中：

$$y = \beta_0 + \beta_1 p + \beta_2 \theta w + \beta_2 \eta + \varepsilon \tag{2-1-2}$$

假定委托人和代理人根据下面的线性匹配公式进行匹配：

$$p = \gamma_0 + \gamma_1 a + v = \gamma_0 + \gamma_1 \theta w + \gamma_1 \eta + v \tag{2-1-3}$$

其中，v 是匹配误差（可能是由搜寻过程中的摩擦导致的）。给定委托人和代理人之间存在这一匹配关系，回归方程（2-1-2）使用 OLS 估计显然是有问题的。由于存在内生匹配，委托人持有的生产项目的特征 p 通常和代理人的特征中观察不到的成分 η 相关，导致 p 和公式（2-1-2）中的误差项（$\beta_2\eta+\varepsilon$）相关，这将直接干扰对 β_1 的估计，并且间接地干扰对 $\beta_2\theta$ 的估计（因为匹配公式（2-1-3）意味着 p 和 w 是相关的）。

基于上述模型，他们对意大利托斯卡纳地区的历史数据进行分析，主要考察了三个变量：作物类型、佃农财富、合约类型。他们发现，地主与佃农之间确实存在相互匹配的证据，而且这种匹配会影响合约选择的解释变量的回归系数。如

① 根据现实，佃农的财富水平可能不是对其风险厌恶度的完全替代指标。

果没有考虑内生匹配，佃农的财富水平对合约选择的影响很小，而在剔除内生匹配导致的回归偏差后，佃农财富水平对合约选择有显著影响。给定个人财富水平是风险厌恶度的替代指标，这意味着风险分担是合约选择的重要决定因素。以前的研究可能忽视了合约主体之间的匹配而导致回归分析结果存在偏差。

Ackerberg 和 Botticini 使用内生匹配理论对合约选择的诠释引起了同行关注。Fukunaga 和 Huffman（2008）使用美国农业部门数据，通过实证进一步肯定了风险分担是合约设计和选择的重要影响因素。在考虑了回归分析中的内生性问题（作物品种和地主与佃农特征的内生匹配）后，发现实证证据同时支持交易成本假说和风险分担假说。

二、合约主体配置风险的双重动机和潜在冲突

上面以农业土地合约为典型代表，梳理了合约选择理论的发展轨迹，学术界关于合约选择的研究还涉及林木采伐、矿山开采、法律咨询、企业经营、商品经销等经济活动，在这些领域中，普遍存在雇主与劳工、律师与客户、企业主与管理者、特许权所有人与经销商之间对分成合约和固定偿付合约的选择。此外，Ross（1973）、Mirrlees（1974，1976）、Harris 和 Raviv（1979）、Holmstrom（1979）、Shavell（1979）、Dutta 和 Prasad（2002）等对合约结构安排进行了更加抽象的一般性研究，分析焦点也围绕着风险分担和激励问题。

概括而言，合约设计与选择理论存在两种分析思路：风险分担范式强调合约安排应考虑主体的风险偏好，侧重于研究如何使风险分配实现帕累托最优；交易成本范式则倾向于忽略风险偏好，重点研究如何降低合约交易成本[①]（尤其是通过对代理人提供足够的激励，以降低代理成本），二者对合约设计优化与选择提出了两种不同的判别标准。

（一）“风险分担”动机

设想一种极端情形：①合约的未来结果受到不确定性自然状态和某一方当事人行为的综合影响；②合约主体了解彼此的风险态度和对风险的认知，对合约任务拥有同样的信息，而且双方都可自由地观察对方行为，不存在信息不对称。这意味着合约主体只面临外生风险，而无内生的道德危害。

在此背景下，委托人可以根据观察到的代理人行为对其实行奖惩，以避免其实施对自己不利的行为，因而合约主体之间的风险分配由纯粹的“风险分担”动机驱动。合约主体优化风险配置的目标是：通过风险分担，调整各自的风险暴露

① 这里指广义的交易成本，包括事前的搜寻成本、谈判成本和事后的监督成本、执行成本。

（即主体的初始风险禀赋），实现预期效用最大化。根据第一章对主体的风险倾向和风险分担动机的分析①，当不同的主体在风险态度、风险认知或风险暴露三个维度上存在差异时，主体之间会产生对风险分担的需求。如果主体的风险偏好各有不同，一方向另一方转移风险暴露可以实现风险配置的帕累托改进。若主体的风险厌恶度相同，但对风险水平的识别有所不同，也可以在非齐性预期的基础上达成风险分担协议。即使两个主体具有相同的风险厌恶度和风险认知，如果他们受到某一风险事件的影响是非完全正相关的，二者也会产生分担风险的意愿。

不过，由于理论分析的复杂性和实证中遇到的困难②，一度导致了相当一部分研究者对风险分担问题的忽视③。一些研究者习惯于假定合约主体都是风险中性，并具有相同的风险认知，而忽略了外部风险和当事人风险倾向对合约交易的影响。近年来，随着计量技术和心理实验方法的改进，学术界对主体风险倾向的研究逐步规范，研究结果显示：在现实中，主体的风险态度、风险认知往往可能是异质的④，此外，不同主体的风险暴露状况也可能不同，因而风险分担是合约交易不可忽略的重要动机，并日益受到学术界的重视。

（二）“提供激励”动机

设想另一种极端情形：①合约主体都是风险中性者；②双方存在信息不对称，代理人的行为可能损害委托人的利益，而后者无法对这种行为进行实时监督，或监督成本很高。在这一设定下，外生风险的存在成为委托人对代理人的行为进行事后验证的噪声干扰，由于合约的最终结果受到随机的外生风险因素和内生的道德危害行为的混合影响，委托人难以辨别，从而使代理人产生了机会主义倾向。

在此背景下，双方不存在分担风险的需要，对代理人“提供激励”是风险配置的唯一驱动因素。由于委托人不能对代理人的行为无成本地施加完全监督，因而无法在合约中规定代理人的行为，为了向代理人提供激励，促使（或迫使）他采取有利于委托人的行为，委托人可以通过合约设计，安排代理人额外承担一部分外生风险。在这种情况下，风险配置的目的是实现激励相容，以便将道德危害

---

① 参见第一章第一节。

② 某些实证研究之所以未发现风险分担动机对合约选择的显著影响，除了合约主体之间的内生匹配导致分析结果出现偏差，还可能由于存在其他实现风险分担的替代方式，或者是由于风险的提高增加了监督难度和成本，合约主体不得不在一定程度上牺牲风险分担，选择交易成本较低的固定租约。

③ 有意思的是，张五常在著作《佃农理论》中也声称：“1976～1982 年，我作了多种石油工业的合约研究，成功地把风险的问题归纳在交易费用之内。以风险作为选择合约的一个因素，大为不善。因为在现实世界中，我们不能望出窗外，就知道世界的风险是增加还是减少的。这样，以风险为基础，我们是不能引申出可能被事实推翻的含义的。……这类含义不能被事实推翻，也即不能验证。不能被验证，理论解释力是 0。”

④ 参见第一章第一节对相关研究的介绍。

的不利影响降至最低，从而节约代理成本。

（三）双重动机的冲突与权衡

风险在合约主体之间的分配具有“风险分担”和“提供激励”两种效应。在现实世界中，决策环境通常是不确定性和信息不对称并存，而不是单纯寻求规避风险或力求实现代理成本最小化（激励效应最大化）所假设的极端情况，否则就不能解释几种合约类型同时并存的现象。合约主体的风险配置往往同时由双重动机驱动，二者存在冲突。

1. 过度风险分担可能导致激励供给不足

在合约交易中，过度的风险分担可能有两种表现形式。

其一，如果存在机会主义倾向的代理人承担风险的成本（预期效用损失）不超过他施加机会主义行为的预期收益，也即存在道德危害动机的一方承担的风险不足以对其提供激励（由于交易对手分担了过多的风险），他将会实施不利于对方的行为。比如，委托人将代理人的报酬设定为固定的常数，相当于对其提供保险，代理人不承担合约产出波动的风险，但也不能激励其努力工作。

其二，如果面临道德危害的合约主体将自己承担的风险转让给原始合约关系以外的其他主体，那么他就不再会有足够的动机去监督存在机会主义倾向的一方。比如，委托人向第三方寻求对其面临的风险暴露的保险，或是将自己的不确定性合约收入转让给第三方，则委托人自身也会因激励不足而不会对代理人的行为施加监督。

2. 单纯强调激励供给可能导致风险承担过度

如果合约一方为了激励可能制造道德危害的另一方选择对自己有利的行动，而迫使对方承担超出其意愿的风险，将使对方参与合约交易的预期效用受到过度的负面影响，导致风险的分配偏离理想的帕累托最优配置（first-best Pareto allocation），甚至可能导致双方无法达成合约交易。比如，如果代理人是风险厌恶者，而他的报酬等于不确定的合约产出扣除委托人的固定收入之后的剩余，这种合约安排虽然向代理人提供了充分的激励，但同时也使其承受了过高的风险承担成本，导致其福利水平受损。

综上所述，如何有效地配置风险，是合约设计与选择的重要决定因素，而“提供激励”与“风险分担”双重动机的冲突是风险配置的核心问题。若合约主体承担较高风险，将获得较大激励；如其承担较少风险，则获得的激励水平也较低，形成“风险分担与激励的负相关”。合约设计的实质是制定委托人和代理人对项目不确定性收入的分配规则，该规则既要根据合约主体的风险态度，将风险以其可接受的方式进行分配，同时又要对代理人的行动提供适度的激励。某种特定的合约安排通常难以在风险分担和激励供给两个维度上都实现绝对最优，合约的选择取决于主体之间分担风险带来的收益与对合约主体提供激励之间的权衡。以分成合约为例，一方面，风险厌恶的合约主体利用分成合约可以彼此之间获得分担风险的好处；另一方面，分成合约结构比较复杂，其总交易成本（谈判成本和实施成本之和）高于定额租约和工资合约，激励水平低于定额租约。分成合约的选择取决于合约主体对分散风险带来的当事人的效用提升（风险分担的收益）和风险分担所导致的交易成本增加及激励水平下降（风险分担的成本）之间的权衡，相对于定额租约和工资合约，分成合约提供了一个折中方案。

第二节　金融合约风险配置的基本准则与风险分担的约束条件

20 世纪 70 年代以来，许多学者探讨了金融合约的优化问题，如 Jensen 和 Meckling（1976）、Harris 和 Raviv（1979）、Townsend（1979）、Sappington（1983）、Gale 和 Hellwig（1985）、Bester 和 Hellwig（1989）等，但大多是在风险中性假定下分析如何降低代理成本，而未涉及风险分担和激励的权衡。事实上，金融合约交易具有和农业合约颇为相似的一些特征：①金融交易通常在签订合约之后延期结算，如同农作物的跨季生产依赖于随机自然状态，金融合约的最终损益不可避免地受到未来不确定性因素的影响，风险是金融交易的固有属性；②作为资金需求者的企业家通常是中度风险厌恶者，和农夫的行为倾向类似，寻求风险分担是他们的普遍需求[①]；③金融交易对手之间的信息不对称和道德危害问题十分突出，在融资交易中，资金供给者的博弈角色是委托人，资金需求者则是代理人，资金运作的结果受后者行为的直接影响，而前者难以得到完全信息；④分成合约和固定偿付合约也是金融交易的两种基本合约安排，前者的代表是股权合约，后者类似于债务合约[②]。投资项目的融资合约实质上是在投资者和企业家之间分配风险的机制，根据合约设计与选择的原理，金融交易也存在分担风险和缓解道德危害的双重需要，如何实现风险分担与激励供给的有效权衡同样是金融合约风险分配的核心问题，“风险分担——激励”分析范式对理解金融合约的设计与选择具有重要意义。

---

① 参见第一章第二节。

② Stiglitz（1974）将研究视野扩展到工业部门，指出经济发展的早期是在农业中应用分成合约，现代经济主要是在制造业中应用分成安排，合股公司在性质上是企业家与投资者达成的分成合约。

一、金融合约设计的基本框架

基于标准委托-代理范式，以资金供求双方的融资交易为例，可以构造金融合约设计的基本框架。设定资金供给者（投资者）为提供合约方，资金需求者（融资者）为接受合约方，前者的博弈角色是委托人，后者是代理人。a 是融资者对合约项目投入的努力，它是对融资者的工作的量和质的综合反映，$a \in A$，A 是融资者的行动集合。融资者采取行动 a 的成本为 $C(a)$，具有以下标准属性：$C'(a) > 0$，$C''(a) > 0$。θ 是影响合约项目产出的未来自然状态，是不受双方控制的外生随机变量，融资者在 θ 实现之前选择 a。θ 和 a 共同决定投资项目的产出 x，即 $x = x$（a，θ）。给定自然状态，较高水平的努力将导致较高的产出，但边际产出递减，即 $\partial x / \partial a > 0$，$\partial^2 x / \partial a^2 < 0$；给定融资者的努力水平，$\theta$ 值较高表示自然状态较为有利，即 $\partial x / \partial \theta > 0$。对应于融资者付出的努力水平 a，产出具有概率密度函数 $f(x;a)$[①]，该函数隐含着 θ 对 x 的概率分布的影响。

投资者面临的问题是如何设计合约规则，将项目的未来产出在双方之间进行分配。投资者有两种选择：一是直接在合约中规定融资者的最优努力水平，进而观察他付出的实际努力，并据此对其进行分配，这种“基于投入的合约”需要耗费监督成本 C_m；二是构造“基于产出”的合约，根据观察到的产出对融资者进行分配。为此投资者需要收集关于项目产出的信息，信息收集成本为 C_y。假定信息不对称严重，监督成本很高，$C_m > C_y$，意味着投资者难以通过监督来观察 a，无法在合约中强制规定融资者的行为。产出 x 是实际努力和自然状态的函数，x 虽然承载着关于 a 的信息，但投资者要通过 x 间接地观察 a，也受到不确定的外部自然状态的噪声干扰。即便如此，由于合约分配规则必须基于双方都已知的变量，投资者只能根据直接观察到的 x 进行分配。$s(x)$ 代表合约分配规则，也即分配给融资者的产出份额。

投资者的效用函数为 $v(x - s(x))$，$v' > 0$，$v'' \leqslant 0$，融资者效用函数为 $u(s(x) - c(a))$，$u' > 0$，$u'' \leqslant 0$，意味着二者的风险态度是风险中性或风险厌恶。由于努力成本对于融资者是负效用，他存在可能偷懒或卸责的道德风险。鉴于投资者不能在合约中对融资者的行为做出明确规定，必须通过合约安排激励后者付出最优努力水平。

作为合约设计者，投资者的目标是实现自身预期效用最大化，其目标函数为

$$\operatorname*{Max}_{s(x),a} \int v(x - s(x)) f(x;a) \mathrm{d}x \tag{2-2-1}$$

合约设计面临两项约束条件：

---

① 为简化分析，假定双方对 θ 的概率分布的看法一致。

$$\int u(s(x))f(x;a)\mathrm{d}x - c(a) \geqslant \bar{u} \tag{2-2-2}$$

$$\int u(s(x))f(x;a)\mathrm{d}x - c(a) \geqslant \int u(s(x))f(x;a')\mathrm{d}x - c(a') \tag{2-2-3}$$

约束条件式（2-2-2）是“参与约束”（participation constraint），又称“个人理性约束”（individual rationality constraint）。$\bar{u}$ 表示融资者参与此项合约交易的最低预期效用，也即保留效用，由融资者的讨价还价能力或市场力量决定①。该约束条件意味着融资者在此项合约安排下得到的预期效用不能低于他在不接受这个合约时得到的保留效用，它保证了融资者作为理性的个体有兴趣接受投资者设计的合约。

约束条件式（2-2-3）是“激励相容约束”（incentive compatibility constraint）。a'表示投资者不希望融资者采取的行动（如欺诈或卸责），$a' \in A$。在投资者不能观测到融资者的实际行动的情况下，必须向后者提供足够的激励，使后者有积极性选择前者所希望的行动。为此，融资者采取投资者希望的行动 a 所得到的预期效用必须不低于他采取行动 a'所得到的预期效用。由于融资者只会选择使自身期望效用最大化的行动，即 $a \in \arg\max\limits_{a' \in A} Eu(s(x), a')$，这意味着，要对其提供激励，必须使其可以通过采取投资者所希望的行动来最大化自己的预期效用，因而激励相容约束条件可以转换为“一阶条件”：

$$\int u(s(x))f_a(x;a)\mathrm{d}x = c'(a) \tag{2-2-4}$$

资金供求双方进行合约谈判的总体目标是一致的：寻找一个帕累托最优的合约安排，相对于该项安排，没有其他的合约安排是互惠的。如果一个合约分配规则求解了上述最优规划问题，则它就是帕累托最优的。令 λ 和 μ 分别表示约束条件式（2-1-2）和式（2-2-4）的拉格朗日乘数，可以得出最优分配规则的以下特征：

$$\frac{v'(x - s(x))}{u'(s(x))} = \lambda + \mu \frac{f_a(x;a)}{f(x;a)} \tag{2-2-5}$$

式（2-2-5）就是经典的“莫里斯-霍姆斯特姆最优合约条件”（Mirrlees，1974，1976；Holmstrom，1979）。

二、优化风险配置的准则——激励约束下的适度风险分担

金融合约的风险配置承载着分担风险与提供激励的双重使命，金融交易的参与者需要选择合理的风险分担安排。在这个合约设计框架中，参与约束和激励相容约束分别引出了两项不同的风险配置标准。

1. 标准一：风险应分配给风险承担成本较低的一方

如果合约参与各方具有不同的风险承担成本，风险的分配应最小化合约交易

① 在后一种情况下，$\bar{u}$ 是融资者在别处所能得到的效用水平。

者的风险承担总成本。根据代理人的参与约束，合约安排要保证代理人能获得不低于保留效用的预期效用。代理人因参与合约交易而付出的成本会降低其效用水平，既包括付出努力的直接成本，也包括承担风险的潜在成本，后者取决于代理人的风险态度。可以用代理人的“确定性等价值” ε 来衡量其风险承担成本，即代理人为规避风险而愿意付出的保险费（换言之，相对于有风险的收入，代理人愿意接受的确定性收入）。显然，代理人的保留效用 $\overline{u}$ 必须至少是 $u(\varepsilon)$。代理人的风险容忍度越低，则其风险承担成本就越高，对风险分担的需求越强。根据参与约束，合约设计应将风险分配给风险容忍度相对较高的委托人，以便最小化合约双方的风险承担总成本。

2. 标准二：风险应分配给最有能力管理风险的一方

如果合约参与各方在项目产出形成过程中的角色不同，风险应该分配给能直接影响项目产出的一方。代理人的行为 a 是形成项目业绩的基本要素，直接影响着不确定性产出的概率分布 $f(x;a)$，而委托人不直接参与产出过程。由于信息不对称，委托人难以区分两个因素（a，θ）对产出 x 的实际影响。根据激励相容原则，可以将代理人的风险承担作为一种激励装置，促使其努力管理风险，简而言之，分配给代理人的风险应足以激发其付出努力，降低项目失败的概率。

图 2-2-1 描述了风险配置的双重标准与合约绩效的关系。“标准 1”基于合约参与者的风险承担成本的差异，强调对外生风险的分担效应；“标准 2”则基于合约参与者对项目产出施加影响的差异，强调对降低内生道德危害的激励效应，二者共同决定合约的综合绩效。风险承担成本较高的一方过度承担风险，或有能力管理风险的一方不承担风险，都将导致合约的风险配置无效率。

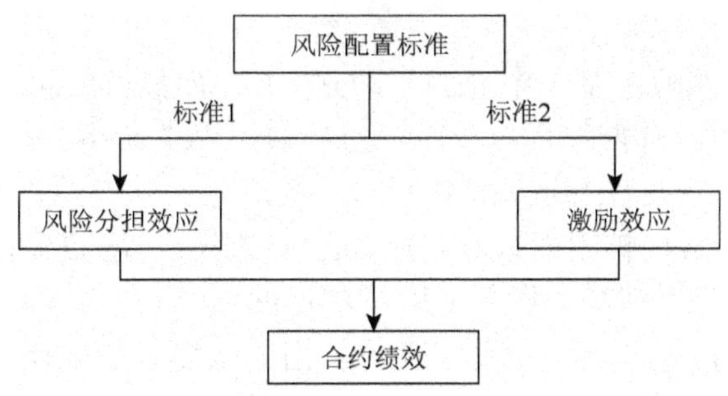

图 2-2-1　金融合约的风险配置标准与合约绩效

在风险分担和激励存在冲突的情况下，风险配置需要在风险分担的福利收益和道德危害的福利损失之间进行权衡，预防道德危害是风险分担的约束条件。如果委托人风险厌恶度相对较低（比如，拥有更多的财富禀赋或较强的风险分散能力），根据参与约束和风险配置的“标准 1”，委托人应承担更多的风险，向代理人提供风险分担，但执行该标准受到激励相容约束和风险配置的“标准 2”的限制，因为代理人的行动影响着产出，风险分担水平的提高可能导致对其激励不足和道德危害。

将合约主体寻求分担风险的动机和激励相容约束结合，可以得出在金融合约交易中优化风险配置的基本准则——有效的风险分配是在激励约束下的适度风险分担。

三、合约交易的背景因素与风险配置的最优选择

基于金融合约设计的一般框架，资金供求双方可以根据线性规则对产出进行分配，投资者的收入是 $\pi=\alpha x+\beta$ ，而融资者的收入是 $s(x)=(1-\alpha)x-\beta$ ，其中 $0\leqslant\alpha\leqslant1$， $\beta \gtreqless 0$ 。合约参数 α 和 β 反映着合约主体的风险承担格局，由于待分配的产出规模是有限的，β 的增加必然和 α 的下降相关联（ $\partial\beta/\partial\alpha<0$ ）。如果 $\beta>0$ ，则融资者承担的风险相对于 $\beta=0$ 时增加了；相应地，投资者承担的风险必然减少了。由此可推出，当 $\beta>0$ 时，投资者承担着较小的风险比率，而对于融资者则相反。以此类推，如果 $\beta<0$ ，则相对于 $\beta=0$ ，投资者的风险增加而融资者的风险下降。下面分别考察融资者的风险态度是风险中性和风险厌恶的情形，在不同的背景条件下，合约优化安排所要解决的核心问题有所不同，因而得出的最优产出分配规则也不同。

（一）情形一：融资方是风险中性者

假设融资者的风险态度是中性的，即 $u''=0$ ，而投资者可以是风险中性或风险厌恶者，即 $v''\leqslant0$ 。在此背景设定下，可以得出以下命题。

命题 2-2-1：假设融资者是风险中性者，则对应于任一的 $\overline{u}$（代理人保留效用水平），都存在一个最优帕累托合约安排，在此安排下，融资者得到项目产出减去一个常数（投资者所得固定金额）后的剩余，即 $s(x)=x-\beta$ 。

该命题的含义在直觉上十分易于理解。由于融资者是风险中性者，对分担风险并无需要，因而也就不存在风险分担和提供激励之间的矛盾。在上述合约安排下， $\alpha=0$ 而 $\beta>0$ ，项目产出波动的所有风险都由融资者承担，他必然会采取追求项目预期净收入最大化的行动（因为他承担了自身努力的成本，并可得到对投资者定额偿付后的全部剩余），投资者无需对其施加监督。如果投资者是风险厌恶者，融资者同时也向其提供了完全保险。从风险分担和激励两方面看，这种合约

安排令双方都感到满意，在确保激励最大化的条件下，风险分担同时实现了帕累托最优。

（二）情形二：融资方是风险厌恶者

现在考虑融资者是风险厌恶者的情况，假定$u''<0$，在这一背景设定下，得出以下命题。

命题 2-2-2：假设融资者厌恶风险，则在帕累托最优合约安排下：①他得到的收入在一定程度上依赖于项目产出；②他不会承担全部风险。

该命题中的结论①意味着融资者应该承担一定风险。假定投资者是风险中性者，有两种可能的风险分担安排：一是风险完全由投资者承担；二是风险由双方共担，即融资者承担部分风险。如果合约最初采用前一种安排，意味着融资者的收入是预先设定的常数$-\beta$，此时$\beta<0$，$\alpha=1$，在此分配规则下，他将选择最小的努力水平，即$a=0$。这种合约安排显然不是帕累托最优，通过构造一个新的产出分配规则，将使资金供求双方的福利都得到改进。如果改变合约安排，令融资者的收入在一定程度上依赖于项目产出：

$$s(x)=(1-\alpha)(x-\overline{x}(0))-\beta \tag{2-2-6}$$

其中，$1>\alpha>0$，$\beta<0$，$\overline{x}(a)=\int xf(x;a)\mathrm{d}x$，即给定努力水平下的预期产出。

如果这一分配安排是适当的，将对融资者的努力水平产生正的“一阶影响”（first-order effect），也即可以给予融资者提高努力水平的激励。因为根据对产出函数的假定，在每种自然状态下 a 的提高都将使 x 增加，如果$a>0$，$\overline{x}(a)$将大于$\overline{x}(0)$，这意味着如果融资者选择的努力水平大于 0，项目的预期产出将提高，则他所能分得的预期收入也相应提高。虽然令融资者的收入随产出变化相当于对其施加了风险，这会对厌恶风险的融资者的效用水平产生负面影响，但如果他承担的风险份额$1-\alpha$较小，其福利就将得到改进。从投资者的角度看，当融资者投入更多的努力时，投资者的预期收入和预期效用将随之提升，即$\partial Ev/\partial a>0$，这意味着他的福利也得到了改善。因而，相对于让融资者得到固定收入（不承担风险）的分配规则，令其收入在一定程度上依赖于产出（承担适当风险）的合约安排是一种帕累托改进。

该命题中的结论②则意味着投资者应该分担部分风险。如果合约安排最初是由融资者承担所有风险，投资者得到固定收入β（$\alpha=0$，$\beta>0$），融资者得到$x-\beta$。可以构造一个新的分配安排，改进厌恶风险的融资者的福利。如果改变最初的合约安排，将产出的一定比率分配给投资者，新的分配规则为

$$s(x)=(1-\alpha)x-\beta \tag{2-2-7}$$

其中，$1>\alpha>0$。这对融资者的预期效用将产生正的“一阶影响”，因为他所承担

的风险下降了。因而，相对于让融资者承担全部风险的分配规则，令其只承担部分风险的合约安排是一种帕累托改进。

综合结论①和结论②，命题 2-2-2 暗示了风险分担和激励之间的冲突：当作为代理人的融资者是风险厌恶者时，虽然投资者会分担一部分风险，但为了对融资者提供激励，合约也将安排他承担一定风险，这意味着风险分担不是“最优”（first-best），而是次优（second-best），即合约安排的风险配置格局将偏离帕累托最优风险分担。如何有效地权衡风险分担与激励，在交易双方之间进行合理的风险分配，是金融合约安排的关键问题。

（三）合约交易的背景因素与风险分担的约束条件

在实践中，合约主体对风险分担和激励效应的需求取决于合约交易的背景因素，何者更为突出，决定着风险配置的侧重取向。合约主体的风险态度和项目的风险水平决定着对风险分担的需求，而激励的预期收益、努力效率和监督成本决定了对激励效应的需求，合约安排能够实现的风险分担程度是合约交易背景条件的函数。

1. “风险分担”需求的影响因素与帕累托最优风险分担

合约主体对风险分担的需求是其风险承担成本的增函数，而风险承担成本（即承担风险导致主体的预期效用下降）取决于主体的风险态度 r 和合约项目的风险水平 σ。给定主体的风险态度是风险厌恶，主体感知的风险水平越高，对风险分担的需求越强烈；给定项目风险水平，双方的风险分担需求的相对强度取决于其风险厌恶度的对比[①]。如果不存在信息不对称，委托人可以无成本地观察代理人的努力水平，风险分配只考虑交易者的风险分担需求，这意味着合约安排可以忽略激励相容约束，即式（2-2-5）中的 $\mu=0$，委托人在确保满足代理人的参与约束下寻求最大化自身的预期效用，则帕累托最优风险分担应具备以下特征：

$$\frac{v'(x-s(x))}{u'(s(x))}=\lambda \tag{2-2-8}$$

根据式（2-2-8），合约主体效用函数的导数之比决定着最优风险分配的格局，而效用函数的特征隐含着主体的风险态度，这意味着主体承担的风险和风险容忍度成比例，也即风险态度的对比决定双方之间的帕累托最优风险分担。为演绎风险配置的这一特征，式（2-2-8）对 x 求导，得到：

$$\frac{\mathrm{d}s}{\mathrm{d}x}=\frac{r_p}{r_A+r_p} \tag{2-2-9}$$

① 为简化分析，假定合约主体的风险认知和风险暴露无差异，其风险倾向主要取决于风险态度。

其中，$r_p=-\frac{v''}{v'}$，$r_A=-\frac{u''}{u'}$，分别是委托人和代理人的绝对风险厌恶度[①]。式（2-2-9）意味着合约分配规则取决于双方风险厌恶度的比率[②]。

基于该特征，在不存在信息不对称的情况下，给定项目风险水平，合约主体风险态度的对比决定了合约交易的帕累托最优风险分担，其各自承担的风险和其风险厌恶度成比例。项目风险越高，厌恶风险的合约主体对风险分担需求越强烈。

2. “激励效应”需求的影响因素

在信息不对称下，合约交易对激励效应的需求取决于以下因素。

1）对代理人提供激励的预期收益

在信息对称的环境中，委托人可以在合约中规定代理人应付出的最优努力水平 a^*[③]，而若存在信息不对称，即使合约规定了努力水平，代理人也不会照此行事，而是以自身预期效用最大化为目标选择其行为。在前面给出的不考虑对代理人提供激励的最优风险分担格局下，令 a^0 表示代理人选择的努力水平，由于委托人难以实时监督，代理人存在机会主义倾向，其实际努力必然低于帕累托最优努力，即 $a^0<a^*$。与这一努力水平对应，项目产出的概率密度函数为 $f(x;a^0)$，预期产出为 $\bar{x}_0$。令 $f(x;a^*)$ 表示当 $a=a^*$ 时，给定 θ 的分布，项目可能实现的“最优”产出分布，此时预期产出为 $\bar{x}^*$。由于 $\partial x/\partial a>0$，必然有 $\bar{x}^*>\bar{x}_0$，令 d 表示 $\bar{x}_0$ 和 $\bar{x}^*$ 的差距，d 越大，激励的潜在收益就越大，对激励的需求越强。

2）代理人的努力效率

在给定激励收益的条件下，合约交易对激励的需求还取决于代理人努力的效率，即他的边际生产力。如果代理人努力水平是 a，其效率指数是 η，产出 x 的概率密度将是 $f(x;\eta a)$。假定当 $\eta a\to\infty$ 时，该密度函数均匀地收敛于概率密度 f^*。由于不考虑激励约束的最优风险分担不能激励代理人付出充分努力，要对其提供激励，合约的可行解就不会是最优风险分担。不过，当 η 较高时，代理人的努力具有较高的边际生产力，如果要使产出分布接近最优水平 f^*，只需促使代理人付出较少的努力就可以实现该目标。合约安排只需要稍许偏离最优风险分担，就可以提供对代理人努力的足够激励，这意味着合约交易对激励效

① 风险容忍度是风险厌恶度的倒数。

② 如果代理人是风险中性者，即风险厌恶度 $r_A=0$，这意味着他没有风险分担的需求，则风险将全部由代理人承担，也就不存在和激励之间的冲突。

③ 根据合约设计的目标函数和约束条件，构造拉格朗日函数 $L(a,s(x))$，可推导出最优努力水平的特征为 $E\left[v'\frac{\partial x}{\partial a}\right]=E\left[\frac{v'}{u'}\frac{\partial c(a)}{\partial a}\right]$，由此式决定的 a^*为帕累托最优努力水平，在该努力水平上，代理人增加 1 单位努力给委托人带来的边际收益等于边际成本。

应的需求较小。当$\eta \to \infty$时，合约安排的可行解和最优风险分担的差距将趋于0。

3）委托人的监督成本

激励需求是激励收益的增函数，同时又是监督成本的减函数。除了合约激励，委托人还可以监督代理人，督促其按照委托人的利益采取行动。委托人对代理人的监督在本质上是对其在各种情况下行为选择的抽样，委托人付出的监督水平越高，意味着样本越大，对代理人努力程度的估计偏差越小。不过，监督需要付出成本，当监督成本$C_m > 0$时，为节约成本，委托人会通过合约的风险分配来构造对代理人的激励机制，这意味着合约的可行解不是信息对称下的最优风险分担。不过，如果监督成本较低，委托人可以用直接监督一定程度上替代合约激励，风险配置就能更多地考虑代理人的风险分担需求，从而使合约安排的可行解接近于最优风险分担。

在现实中，监督成本取决于监督难度和监督能力。监督成本随监督难度递增，后者取决于项目复杂程度和信息环境的透明度。首先，如果项目规模庞大且涉及多项生产环节，工艺流程复杂，委托人监督的难度相当高，不得不更多地依靠合约的风险分配机制对代理人提供激励。其次，投资项目运行环境的透明度和委托人监督的有效性之间存在天然关系。在稳定透明的环境中，委托人很清楚代理人应该做什么，并可以通过观察代理人付出的努力来判别其行为是否符合委托人的利益。然而在不透明的环境中，委托人的监督面临较大的噪声，他对代理人不当行为的怀疑和真实情况之间的关联不再像透明的背景环境中那么清晰。因而，在透明度较差的环境中，委托人对代理人的努力水平进行监督和业绩评估的效力较差，就需要通过业绩报酬合约来激励代理人。项目运行环境不透明所导致的监督难度可以用$|f_a(x;a)|/f(x;a)$衡量，即x和a的“似然率”，反映着项目产出承载的关于代理人实际行动的信息量。如果监督面临的噪声干扰较小，似然率对产出是单调的；反之，如果合约交易环境充斥着噪声，似然率不具有对产出的单调性，则产出就不是代理人努力的“充分统计量”（sufficient statistic），意味着监督难度较大。

除了合约项目的“复杂性”和“透明度”所决定的监督难度，监督成本还取决于委托人自身的监督能力。如果委托人具备较强的信息处理能力和丰富的相关经验，则意味着他的监督效率较高，只需付出相对较低的成本，就可以对代理人的行动实施有效的监督。反之，委托人将难以胜任监督工作，而不得不借助合约激励。

3. 实现充分风险分担的前提条件

上述分析阐述了合约交易的背景因素和风险配置的双重动机之间的关系，合约设计者需要综合考虑一系列背景因素，对风险分担的好处（即提供激励的成本）

和提供激励的好处（即风险分担的成本）进行权衡，确定适当的风险分配规则。合约安排所能实现的风险分担程度是合约交易背景因素的函数，给定项目风险水平 σ，合约主体的风险态度 r 决定了信息对称下的最优风险分担，而激励收益 d、努力效率 η 和监督成本 C_m 则决定着信息不对称下对最优风险分担的偏离度。如果委托人能无成本地观察代理人的努力，最优风险分担和最优努力水平就可同时实现，否则，为了激励代理人付出努力，合约安排不得不在一定程度上牺牲风险分担的充分最优性，这意味着风险分担只能是“次优”。不过，如果代理人努力效率较高，或合约交易的信息环境透明度较高，使委托人的监督成本较低，则风险配置就可能趋近于最优风险分担。

第三节　风险配置优化驱动下的金融创新与多元化风险配置机制

一、优化风险配置——金融合约设计和交易结构创新的重要动因

在金融合约交易中，优化风险配置的基本准则是在维持必要激励的前提下，提供适度的风险分担机会。风险分配规则是对风险分担的收益和提供激励的收益的权衡，根据第二节的分析，合约的具体风险分配格局取决于背景条件。可以将合约交易的背景要素分为以下若干维度（表 2-3-1）。在对称信息环境下，帕累托最优风险分担和代理人的最优努力水平可以同时实现。在不对称信息环境下，如果代理人是风险中性者，也可以通过合约安排达到使双重目标同时得到最优满足的理想状态；如果代理人是风险厌恶者，则风险分担和激励之间的冲突将导致风险难以实现充分分担，合约双方需根据双方风险态度、项目风险水平以及信息不对称程度和监督难度（成本）等因素综合考虑，对风险进行合理配置。

表 2-3-1　金融合约交易的背景要素

<table>
<tr><td>信息结构</td><td colspan="6">信息不对称</td></tr>
<tr><td rowspan="3">信息对称</td><td colspan="4">交易者
风险态度/风险识别</td><td colspan="2">投资项目
风险特征</td></tr>
<tr><td colspan="2">委托人</td><td colspan="2">代理人</td><td rowspan="2">高
风险</td><td rowspan="2">低
风险</td></tr>
<tr><td>风险厌恶
风险中性</td><td>乐观
悲观</td><td>风险厌恶
风险中性</td><td>乐观
悲观</td></tr>
</table>

在各种不同背景下，合约双方谈判协商后形成的均衡风险分配模式也会有所

不同，从而在现实中形成了多元化金融合约并存的格局和多层次的风险配置体系。在经济发展的进程中，随着投资项目风险特征发生改变，要求金融体系提供新的合约设计和交易结构，满足经济主体对风险分担的需求。优化风险配置是推动金融创新的重要动因，创新不仅提供更充分的风险分担机会，同时也提供了解决信息不对称与代理问题的多种方法。

Arrow（1964）描述了一个能够实现最优风险配置的“或有要求权证券”市场。在一个纯粹交换经济中，存在 I 个主体，有 S 种可能的未来状态，在状态 s 下，商品 c 的产出量为 x_{sc}（存在 1, 2, ⋯, C 种商品）。每个主体根据对状态发生的主观概率判断采取行动，第 i 个人认为第 s 种状态发生概率是 π_{is}。令 x_{isc} 表示第 i 个人在状态 s 发生时要求得到的商品量，其要求受到可得资源的限制，即

$$\sum_{i=1}^{I} x_{isc} = x_{sc} \tag{2-3-1}$$

要实现各主体风险承担的最优配置，就是在可得资源约束条件下，选择 x_{isc}，在此配置方案下，没有其他的方案可以让每个主体的境况都得到改善，即最优风险配置是个体对未来商品产出的要求权的帕累托均衡配置。在金融市场上，风险配置不是通过出售对未来商品产出的或有要求权，而是通过证券（金融合约）的发行得以实现。证券是一种当未来状态发生时以货币支付的或有要求权，如果状态 s 发生，持有证券的主体将得到一定的货币收入，可用于购买各种商品（不限于某种特定商品），即个体首先购买与各种状态对应的各类证券，然后在一定状态发生后，根据证券的规定，获得相应的货币收入，并用其收入实现对各类商品的购买，从而通过这种渠道实现商品的分配。Arrow 证明，如果每个主体都是风险厌恶者，通过完全竞争的证券市场可以实现风险承担的最优配置，每个主体都可以根据其风险厌恶程度承担相应的风险。只要证券市场数量等于未来状态的数量 S，即可实现最优配置。如果没有证券市场，人们需要 $S \times C$ 个商品要求权市场来实现对风险的配置，借助以货币支付的证券，可以节省市场的数量，从而极大地节省交易成本。

根据 Arrow 的设想，将个体之间对特定商品的或有要求权交易转化为以货币作为支付手段的或有要求权（证券）交易，可以提高风险配置效率、节约配置成本。如果存在和未来状态数量一样多的证券品种，则完备的竞争性证券市场体系可以根据个体的风险厌恶程度，实现风险承担的最优配置。

不过，Arrow 是在完全竞争市场假设下得出上述结论的，和现实存在某些不一致：首先，在现实世界中，存在信息不对称和交易摩擦，在金融合约交易中，风险分担面临激励约束，因而难以实现完全的风险分担；其次，在 Arrow 构造的证券市场中，没有金融中介机构的角色，但在现实经济中，需要金融中介利用专业信息收集和处理技术来缓解信息不对称问题，并节约交易成本。因而，随着金

融合约不断创新，种类日益丰富，市场会趋于完备，为经济主体提供更充分的风险分担机会，但同时风险分担也始终受到现实约束，而且金融中介机构在风险配置机制的运行中具有重要作用。

二、现代金融体系风险配置机制的总体框架

在市场创新力量的推动下，金融体系的风险配置机制不断改进和扩充。在现代金融体系中，风险配置机制是由各类参与者共同构造的立体系统，包括风险初级配置和再配置的多个层级，每个层面都包含着多种风险配置模式，各层面相互关联，互为支撑。

（一）融资合约的风险初级配置

融资合约的性质是资金转移合约，其核心功能是在资金供需方之间转移资金，由于资金使用权的让渡是有偿的，资金供给者要求在未来得到偿付，因而融资合约安排是对未来不确定性现金流在合约主体之间的分配。在实践中，人们设计出各种不同类型的融资合约，如债务合约、股权合约，或兼具二者属性的混合合约，分别具有不同的风险配置模式。

金融中介和金融市场是融资合约交易的两大平台，资金供给者可以和银行达成存款合约，由银行与经过其筛选的资金需求者达成贷款合约，也可以在金融市场上直接达成融资合约。金融市场形成了合约主体自主选择、相互匹配的分散式风险配置机制，而金融中介则提供以合约转换为特色的集权式风险配置机制。

（二）风险的再配置

如果融资合约的持有者需要调整风险敞口，可通过两条途径对风险进行再配置。

一是融资合约的二级交易。合约初始持有者退出，由合约买方替代其成为风险承担者。具体的交易方式既可在二级市场直接出售合约，也可利用证券化技术，将基础合约的未来现金流植入资产支持证券，将风险转让给证券投资者。

二是和第三方缔结纯粹风险转移合约（pure risk transferring contracts），融资合约的持有者仅转让风险暴露。风险转移合约包括多种类型，保险和担保合约是传统的损失补偿型合约，而衍生合约则是参数型合约，远期和期权合约是风险交易衍生化的代表形式。

风险再配置机制的发展是对风险分担的改进。在金融市场中，股票和债券的二级市场为标准化证券的持有者提供了风险再配置的渠道，而银行这类金融中介持有的非标准贷款合约流动性较低，贷款出售市场的成长、证券化技术的应用，以及信用衍生合约的创新，为银行提供了灵活的风险再分配手段，使银行可以在金融市场上出售风险暴露，从而使金融市场和金融中介这两种原本平行的风险配置机制趋于融合。

第三章　融资合约的风险初级配置——分配模式与交易结构比较

第一节　债务与股权合约的风险分配模式与合约绩效

作为融资合约的基本类型，债务合约与股权合约代表着两种不同的风险分配模式。对投资项目未来的不确定性现金流，债务合约使用分段式分配规则，而股权合约则使用单调线性分配规则，从而具有不同的风险分担与激励效应。

一、债务合约风险配置模式的选择与绩效

（一）债务责任与风险承担的历史演化和市场选择

原始社会末期，在私有制逐步萌生和社会出现两极分化的双重条件下，出现了财富盈余者和短缺者之间的实物借贷行为，其后出现的货币借贷进一步便利了资源余缺的调剂。然而，在相当长的历史时期内，根据法律和社会习俗，债务人必须承担无限债务责任，无力清偿债务者不仅个人财产受到清算，甚至面临人身处罚。在罗马法中，债（obligatio）的含义是“法锁”。早期罗马法对债务违约的处罚极其严酷，公元前5世纪中期颁布的《十二铜表法》第三表“执行篇”规定，如果债务人未完成约定的偿债义务，为保障债的履行，债权人可以对债务人施加拘禁和羞辱，如果债务人仍不清偿，又无人为其担保，债权人可以把债务人卖为奴隶，或者将其处死。后期的罗马法废除了债奴制度，并逐步从人身执行转向财产执行，在确定赔偿范围时，根据债务人的过错程度区别对待：在债务人主观无过错的情况下，只对债权人的直接损失进行赔偿；在债务人主观有过错的情况下，对包括间接损失在内的全部损失进行赔偿。此外，在对那些以全部财产承担责任的人做出判决时，不剥夺其全部财产，留下一部分让其维持生活。

虽然罗马法在后期建立了违约救济机制的雏形，但欧洲进入中世纪后，教会将欠债不还视为不可宽恕的罪恶，严厉的债务处罚重新占据主导。各国法律都规定了强制执行程序，将欠债不还者宣告为破产，剥夺全部财产和公共权利，并将其监禁。1166年，英王亨利二世颁布《克拉灵顿条令》，规定监狱的作用之一是拘禁债务纠纷中败诉的债务人，迫其偿债。维也纳城法律规定，债权人有权剥夺

违约债务人的财产，包括其穿着的衣物。14 世纪德意志一些国家的法律规定，债权人有权掀掉无力偿债者住所的房顶。由于债务人承担着极高的风险，债务融资大多是满足临时性消费需要，对生产和技术创新的贡献十分有限。

10～11 世纪，欧洲生产力迅速增长，农业和手工业的繁荣刺激了贸易发展，十字军东征扩大了地区交流，进一步促进了远距离贸易。远洋贸易的预期利润十分可观，但需要大量资本用于购买船只、装备、货物和雇用船员，而且面临着海难事故、强盗抢劫和船货被敌对国扣押等天灾人祸，新兴的商人阶层迫切需要构造新型的债务责任承担规则，以便拓展贸易。在市场内生需求的推动下，12 世纪的威尼斯和热那亚等商业中心出现了集融资与保险功能于一身的“航海贷款”（sea loan）①，广泛应用于和君士坦丁堡、叙利亚、北非等地的贸易活动。合约规定，贷款人向商人提供项目所需部分或全部资金，如果船只安全返航，不论项目实际收益或高或低，商人均对贷款人偿付约定的固定金额，假如发生海难或敌对方扣船等超出商人控制范围以外的事件，他对贷款者的偿付限于所能挽回的收入，而无需偿付项目残值和初始投资之间的差额，这意味着商人的“下部风险”被部分保险。航海贷款满足了商业发展的迫切需要，从借款人角度看，当船货因海难发生损失时，商人或船主的损失只限于他对船或货的收益份额，而他的其他财产和人身自由不会因无力偿债而被剥夺，否则，鉴于远洋贸易风险的沉重负担，多数商人将不敢贸然借款；从贷款人的角度看，他们通常可以承担偶然发生的损失，因为其资金来源于某种经济剩余，因而他们愿意对借款人提供针对海难事故的保险，以便贷出其闲置资金，同时作为补偿，他们可以基于自己提供的资金和保险得到可观收益②。这样，项目损失的风险就从在经济上无力承担的一类主体转移到能够承担的一类主体，商业活动得到了积极的支持。

继航海贷款之后，又出现了另一种类似股权合约的海上贸易融资方式“康曼达”（Commenda），它复制了前者的“有限责任”条款，将贸易项目的失败区分为可避免的错误和不可避免的错误两种情况，当海难或敌对国的行动等不可控因素导致船货损失时，不参与经营的投资者免除超出可挽回金额以外的偿债责任，不过商人对债务需承担无限责任。随着时间推移，康曼达逐步被引入陆上贸易，并在 16 世纪演变成为有限责任和无限责任并存的“两合公司”，财力丰厚的投资

① 实际上，航海贷款早在商贸兴盛的古希腊时代就已问世，后传入东罗马帝国和伊斯兰教国家，并在中世纪的意大利得到复兴（Hoover，1926）。不过，不同于古代法律的硬性约束，中世纪海上贸易融资的合作规则是通过自治性“商人法庭”的判例而确立的，使商业规则可根据变化的环境作出灵活调整。

② 当时无风险贷款（债务人承担无限责任）的平均利率是 20%，而航海贷款的利率是 25%～50%，这意味着航海贷款的保险成本为 5%～30%。航海贷款的利率具体取决于海难事故发生的可能性（如航程长短）、事故发生后的项目残值和双方的讨价还价能力，对风险较高、残值较低的项目，债权人收取的利率通常比相对安全的投资项目高出 33%～40%（de Lara，2003）。这充分表明，航海贷款的债权人向商人提供了一定程度的下部风险保险，相应通过利息中的风险溢价得到补偿。

者提供资金而不参与经营，不对投资以外的债务承担责任，企业家对公司进行管理和经营，并以个人财产对经营所欠债务承担无限责任。为了支持殖民地贸易的发展，1600 年，经英国女王特许成立的东印度公司首次实行了完全意义上的股东有限责任制。1855 年，英国颁布《有限责任法》，明确规定具备法定条件的登记注册公司的股东只对公司债务负有限责任，责任限度为其所持股份的名义价值。德国也于 1892 年制定了《有限责任公司法》。到今天，股东对企业债务的有限责任原则已经成为现代公司最基本的法律特征，在各国现代公司立法中均有所体现。

从无限人身责任到有限财产责任，债务责任承担方式的历史演化不仅反映了社会进步和文明的发展，其深层含义反映了经济发展过程中投资者和企业家对债务合约风险分配模式的共同选择。

（二）标准债务合约的风险配置规则

在经济发展过程中，经过长期的市场选择，附有限责任条款的债务合约已经成为现代企业普遍使用的融资合约，“标准债务合约”（Standard Debt Contracts，SDC）的基本特征是将投资项目的未来收入状态集合分为两个区域，分别对企业的现金流和控制权采用不同的分配规则：一是非破产区域，如果债务人报告的项目收入大于双方预先约定的本金与利息，意味着企业家作为债务人有充分清偿力，向债权人支付固定本息，并拥有对企业的控制权；二是破产区域，如果债务人声称无法履行偿债义务，则要求企业宣告破产，由债权人接管企业，以便尽可能从企业剩余资产中挽回债权价值，企业家被豁免未清偿的剩余债务，即对债务负有限责任。标准债务合约的基本属性可以归结为：

（1）非破产状态下债务偿付对项目业绩的不敏感性；

（2）违约触发破产清算的确定性；

（3）破产状态下债务偿付责任的有限性。

下面用模型演示这种合约结构的风险分配模式。设想经济中存在两个主体，主体 1 是拥有闲置财富的投资者，主体 2 是持有某项有风险的生产项目的企业家，他们的效用函数分别用 $U_I(w)$和 $U_E(w)$表示，w 是主体拥有的财富。项目在 $t=0$ 时投入资金 I，在 $t=1$ 时得到随机收入 y，$y=f(\theta,a,I)$，其中 θ 表示未来不确定的自然状态，a 表示企业家投入的努力，$f(0,a,I)=f(\theta,0,I)=f(\theta,a,0)=0$。$y$ 的累积分布函数为 G，概率密度函数为 g，y 在区间$[0,\overline{y}]$上是连续的，而且二阶可导，$f_\theta>0$，$f_a>0$，$f_I>0$，且 $f_{\theta\theta}<0$，$f_{aa}<0$，$f_{II}<0$。项目的外生风险分为两种情况：一是下部风险（downside risk），指由于极端不利事件（比如，新产品试制的次品率过高，或产品市场价格急剧下跌，也可能是自然灾难或政治动荡）导致项目收入小于投资（$y<I$），遭受亏损的可能性；二是上部风险（upside risk），

项目收入大于投资（$y \geqslant I$），但仍存在波动性，可能得到较低收益，也可能获得较高收益。假定项目预期收益大于投资成本，即

$$\int_0^{\overline{y}} y\mathrm{d}G(y) > I \tag{3-1-1}$$

这意味着项目的预期净收益（NOI）是正值，即具有潜在投资价值。企业家在 $t=0$ 时的初始财富为 $w_{E0} \geqslant 0$，投资者的初始财富为 $w_{I0} > 0$。企业家希望向投资者筹集外部资金，其原因可能是自有资金小于项目所需投资额，或试图和投资者分担项目风险。双方在 $t=0$ 签订融资合约，通过合约安排将风险暴露在彼此之间进行分配①。如果采用标准债务合约，其分配规则可以用公式表述如下：

$$r(y) = \begin{cases} D, & y \geqslant D \\ y, & y < D \end{cases} \tag{3-1-2}$$

其中，$r(y)$是对投资者的偿付安排，D 是在非破产状态下企业家向投资者支付的固定金额，可理解为投资者的债权面值②。

如果用图 3-1-1 描述标准债务合约的偿付函数，可以看出，其风险配置模式是“分段式”的：在非破产区域（$[D,\overline{y}]$），投资者得到的偿付是非状态依赖的固定金额，投资项目的上部风险由债务人承担；在破产区域（$[0,D)$），投资者得到的偿付完全依赖于项目产出状态，虽然可以得到项目的全部产出，但不足以抵偿债权价值，这意味着在企业亏损的极端状态下，投资者以自身债权损失为代价，向企业家提供了一定程度的保险，也即分担了企业家面临的下部风险，企业家拥有的个人剩余财富（初始财富扣除企业家对项目的资金投入）和未来财富受到保护。企业控制权的分配与合约主体风险承担的分配格局是对应关系，承担风险较大的一方相应拥有控制权。

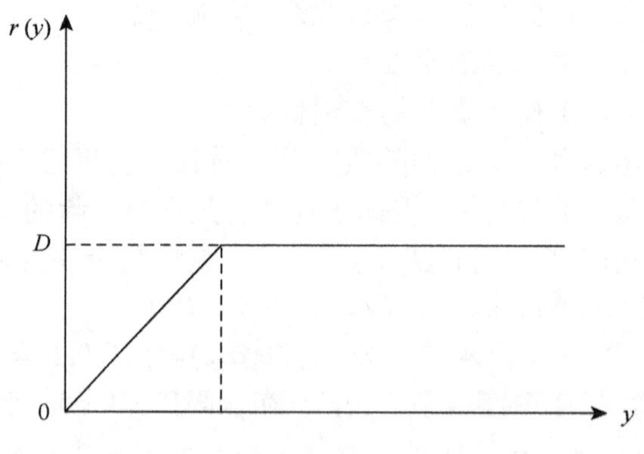

图 3-1-1　标准债务合约的偿付函数

① 为简化分析，假定双方对项目的风险具有相同的认知（信念）。

② 这里所说的“面值”是指包括本息的债务合约的票面价值。

（三）标准债务合约风险配置的绩效

根据合约主体优化风险配置的双重动机，可以从“提供激励”和“风险分担”两方面对标准债务合约风险分配模式的效率进行评价。

1. 风险分担效应

根据债权人是否承担风险，债务合约可分为“无风险债务合约”(risk-free debt)和“风险债务合约”（risky debt)，前者规定债务人不论在何种状态下都必须全额清偿本息，债权人不承担风险，而后者则要求债权人承担一定风险。理论上，风险债务合约可以设计成向债务人提供充分保险的“反向债务合约”（inverse debt contract)，或者是只向债务人提供部分保险的标准债务合约。为了比较这三类债务合约的风险分担模式的差异，下面分别描绘不同类型合约下债务人的消费曲线，以便展示企业家风险承担水平的不同。

在无风险债务合约下，不论项目产出的实际水平如何，都要确保投资者得到的偿付是非状态依赖的固定金额，在破产状态下，债权人保留对债务人未来收入的追索权，也即对于任一的 $y \in [0, \overline{y}]$，都有 $r(y) = D$。为简化分析，假定企业家的初始财富水平 $w_{E0} = 0$，项目完全依赖投资者的外部融资，则企业家在期末的财富水平（消费水平）$w_{E1} = y - D$。图 3-1-2 用向右上方倾斜的企业家消费水平曲线描述了企业家的风险暴露特征。债权面值 D 是破产和非破产区域的分界点，如果项目收入 y 大于债务本息 D，企业家得到项目收入扣除 D 之后的剩余，其消费水平随项目产出水平的变化在区间 $[0, \overline{y} - D]$ 上波动；如果产出 y 小于 D，则企业家将面临破产，这意味着未清偿的剩余债务必须用其未来收入偿还，将之折为现

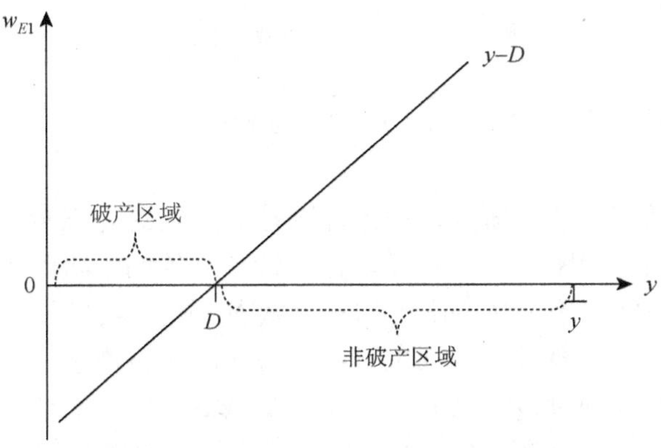

图 3-1-2 无风险债务合约下企业家的风险暴露

值，使其消费水平在图中表现为负值。显然，无风险债务合约是无限责任的债务合约，企业家独自承担项目产出波动的全部风险，其当期消费（甚至未来消费）都暴露于风险中。

和债务人独担风险的无风险债务合约相反，在反向债务合约下，债权人向债务人提供充分的保险。合约规定，当不利事件发生时，债权人应确保债务人得到既定的基本生活保障。合约的分配规则可以表述为

$$r(y)=\begin{cases}D, & y\geqslant D+\varepsilon\\ y-\varepsilon, & y<D+\varepsilon\end{cases} \tag{3-1-3}$$

其中，ε 是企业家的最低生活补贴。这种合约安排意味着，不论项目实际收入水平如何，都要确保企业家消费水平不低于 ε。只要产出 y 扣除 D 后的剩余低于 ε，项目产出就要优先用于对债务人支付生活补贴，投资者只能得到扣除企业家生活补贴后的剩余。当 $y<\varepsilon$ 时，投资者不仅一无所得，甚至还要向债务人提供消费融资，从而形成了债权人对债务人的“反向债务”，前者相当于承担了对后者的无限责任。图 3-1-3 描述了反向债务合约下企业家的风险暴露，即使在破产状态下，企业家的消费水平也可以得到稳定的保障。

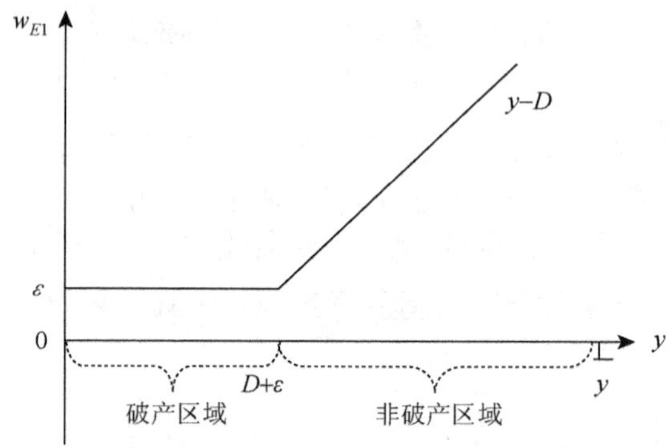

图 3-1-3 反向债务合约下企业家的风险暴露

作为另一种类型的风险债务合约，标准债务合约的有限责任条款相当于对企业家提供了部分保险。图 3-1-4 描述了标准债务合约的风险配置模式：在非破产区域，企业家的消费水平依赖于产出的实际状态，也即项目收入 y 扣除 D 之后的剩余，意味着企业家独自承担上部风险；在破产区域，产出归投资者所有，企业家消费水平为 0，这同时也意味着企业家被免除偿付债务面值超过项目残值的金额 $D-y$，企业家只以其当期消费承担项目亏损的部分下部风险，债权人对企业家的未来收入不拥有追索权。

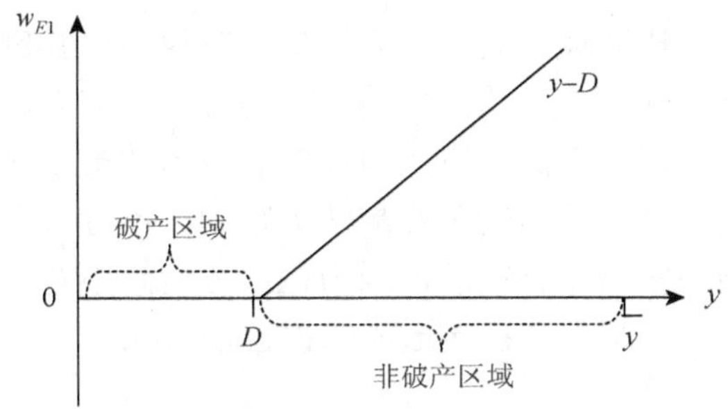

图 3-1-4 标准债务合约下企业家的风险暴露

由图 3-1-4 可看出，在非破产区域，企业家消费曲线是重合的，即在项目运营的正常状态下，企业家独担上部风险，投资者获得固定金额，是债务合约风险配置的共同特征。然而在破产区域，企业家消费曲线存在显著差异，三类债务合约各具特色。具体表现如下。

（1）无风险债务合约未对企业家提供下部风险的保险，致使企业家的消费水平在非破产和破产区域之间面临较大的波动。

（2）标准债务合约和反向债务合约向企业家提供了针对下部风险的保险，降低了企业家消费水平在破产和非破产区域之间的波动幅度。在这两类合约下，企业家的消费曲线和看跌期权买方的盈亏分布曲线的形状颇为相似。债务人持有违约或不违约的选择权，当项目价值低于债务价值时，债务人会选择违约，将项目所有权转交给债权人，以便豁免全额偿债的义务，因而可将违约选择权视为企业家持有的对项目价值的看跌期权①。

（3）标准债务合约和反向债务合约对企业家的保险程度不同，后者高于前者。反向债务合约确保企业家消费水平不低于最低生活标准，而标准债务合约只保障其消费不低于 0。

如果双方都是风险中性，即 $A_E(w)=A_I(w)=0$，则单纯从风险分担的角度看，双方对上述三种债务合约是无差异的。如果双方都是风险厌恶者，且绝对风险厌恶度相同，即 $A_E(w)=A_I(w)>0$，投资者和企业家将达成无风险债务合约，即投资者不会接受风险债务合约，因为这种合约安排使投资者面临企业家违约下的债权损失。如果借贷双方的风险厌恶程度不对称，假定企业家的个人财富有限且只能将货币资本和人力资本投入单一项目，其行为倾向是风险厌恶者，而投资者财力雄厚且持有充分分散的投资组合，可以将其视为风险中性者，即 $A_E(w)>0$，$A_I(w)=0$，则投资者愿意承担更大的风险，因而可以接受风险债务合约。在标准

① Merton（1974）提出的资产价值理论分析了债权的“期权”属性。不过，和典型的期权交易不同的是，债务人并未在签订合约时向债权人预先支付期权费，因而可以视为债权人对债务人提供了“免费”的期权。

债务合约下，债权人向厌恶风险的债务人提供有限保险，其风险分担效应优于无风险债务合约，弱于反向债务合约。单纯从风险分担角度看，标准债务合约并不是帕累托最优的，为了降低合约双方风险承担总成本的最小化，由投资者承担全部下部风险的反向债务合约显然优于标准债务合约。不过，在现实中债权人对债务人的完全保险承诺通常是不存在的，因为在双方信息不对称的情形下，将引发债务人的道德危害，并使其对债权人造成的损害最大化。

2. *激励效应*

假定企业家和投资者都是风险中性者，双方存在信息不对称，实现激励相容是债务合约设计的核心任务。融资合约交易的信息不对称可分为几种情况[①]：其一，在项目运营过程中，投资者不能随时无成本地观察企业家付出的努力；其二，企业家在期末可以观察到项目的实际产出，而投资者不能直接观察项目产出；其三，企业家私自将资金投入高风险项目，而投资者不知情。第一种情况属于隐蔽行为，后两种情况属于隐蔽信息，分别对应三种形式的道德危害：卸责（shirking）、谎报产出（misreporting）和风险转嫁（risk shifting）。

下面的分析将基于不同的信息结构假定，考察标准债务合约的激励效应：首先，假定项目风险水平是在合约中明确规定的，企业家无法改变，即不存在风险转嫁问题，分别讨论存在企业家卸责或谎报产出问题下的标准债务合约的最优性；最后，放松项目风险水平给定的假设，讨论标准债务合约潜在的风险转嫁问题。

1）对预防企业家卸责的激励效应

Harris 和 Raviv（1979）探讨了存在企业家卸责的道德危害的可能性对合约安排的影响。他们证明，如果投资者能无成本地观察到项目产出，而且企业家的财富供应无限制性约束，为激励企业家付出努力，最优合约应该规定企业家在各种自然状态下都对债权人给予固定偿付，从而使其道德危害导致的损失内部化。如果企业家的财富存在限制性约束，那么不论在什么情况下都保证固定偿付就不再可行了。Sappington（1983）、Bester 和 Hellwig（1989）证明，如果存在和企业家努力水平有关的道德危害问题，最优合约是预先确定固定偿付金额的债务合约，如果在坏状态下企业家不能履行固定偿付，应将所有财物都交付给债权人。Diamond（1984）指出，如果监督成本极高以至于是不可行的，合约应规定在企业家不能履行约定偿债义务的情况下，投资者可以对其施加非货币性惩罚，并拿走全部产出。

我们可以通过模型来描述标准债务合约对激励企业家付出努力的作用。项目

① 为简化分析，这里只考虑事后信息不对称的情形。

收入不仅取决于自然状态和投资规模，还取决于企业家的努力水平。在 $t=0$ 时，企业家选择努力水平 e，根据项目收入函数的设定，给定 θ 和 I，企业家投入的努力越多，产出水平越高。不过，企业家要付出努力成本 $c(a)$，且 $c'(a)>0$。假定投资者不能无成本地监督企业家的行为，虽然他可以在 $t=1$ 时直接观察到项目的最终产出 y，但由于不确定性自然状态和企业家行为对项目产出的影响是混合的，这意味着信号 y 不是 a 的充分统计量，投资者无法根据 y 精确地推断 a。由于投资者对企业家的监督成本很高，以至于实施监督是不经济的，而且存在外部风险因素的噪声干扰，企业家就产生了偷懒卸责的机会主义倾向。为了促使企业家付出努力，融资合约必须设计适当的激励机制。根据委托-代理分析框架，当以下条件得到满足时，融资合约是激励相容的：

$$\int u(y-r(y))\mathrm{d}G(y;a)-c(a)\geqslant\int u(y-r(y)\mathrm{d}G(y;a')-c(a') \qquad (3\text{-}1\text{-}4)$$

其中，a 和 a' 分别是企业家付出努力和卸责的行为，$G(y;a)$ 是在给定企业家行为的条件下，项目收入的累积分布。该不等式意味着，如果企业家选择卸责，其所得预期收益将不会高于付出努力的预期收益。融资合约需要通过适当的风险分配，实现激励相容。

命题 3-1-1：如果企业家是风险中性者，最优帕累托合约安排是企业家得到项目收入减去一个常数（投资者所得固定金额）后的剩余，即 $r(y)=y-D$。

在这种合约安排下，通过令企业家承担项目产出波动的风险，将道德危害的成本内部化，消除了企业家卸责的潜在动机，可以激励其付出最优努力水平 a^*，投资者无需对企业家施加额外的监督，从而节约了监督成本。由此可见，标准债务合约规定对投资者给予固定偿付，而企业家的收入是状态依赖的，可以有效地预防企业家卸责的道德危害。

2）对预防企业家谎报产出的激励效应

前面讨论了在“有成本的监督”下标准债务合约能否预防企业家卸责的道德危害，接下来考察信息不对称的另一种情形：假定投资者可以无成本地观察企业家在项目运营中的行为，即后者无法通过隐瞒行为侵害前者利益，但是当 $t=1$ 时，只有企业家可以直接观察到项目产出的状态，而投资者需要付出一定成本才能观察到产出，即这种观察是“有成本的状态验证”（costly state verification）。在此背景下，企业家的道德危害倾向是谎报项目的实际收入。Townsend（1979）、Gale 和 Hellwig（1985）探讨了有成本的状态验证情形下，为了实现激励相容，最优债务合约应具备的特征。不过，Townsend 未专门考察标准债务合约，他的“债务”概念允许在破产状态下任意的收益分担安排，Gale 和 Hellwig 则认为最优债务合约应该是企业家以自有财富最大化参与投资和有破产条款的标准债务合约。

当企业家和投资者签订融资合约时，需要确定在何种情况下对产出进行验证，以及在非验证区域和验证区域对投资者的偿付金额。合约可以用（$L,O(\cdot),r(\cdot)$）表示，其中 L 是由外部投资者提供的资金，$O(\cdot)$ 是投资者根据企业家报告的项目产出状态做出是否进行观察的决策函数，如果投资者决定进行验证，取值为 1，否则取值为 0，$r(\cdot)$ 是对投资者的偿付函数。这里假定企业家的初始财富 $w_{E0}>0$，企业家对项目的自有投资 $E=I-L\leqslant w_{E0}$，如果企业家未将其全部财富投入该项目，剩余财富将被投资于安全资产（毛收益为 1）。如果 $L\geqslant I-w_{E0}$，而且满足：

$$w_{E0}+L-I+y-r(y)\geqslant 0 \tag{3-1-5}$$

则融资合约就是可行的。合约的可行性条件意味着，不论项目收入如何，企业家的期末消费水平都必须是非负的。

令 c_V 表示投资者观察项目产出所需付出的验证成本[①]，由于 $c_V>0$，尽量避免投资者为了观察产出而不得不付出验证成本，合约安排应该抑制企业家说谎的潜在动机，促使其如实披露信息，即合约必须是激励相容的。如果项目的实际收入是 y，而企业家报告的项目收入实现值是 z，当合约满足以下条件，就实现了激励相容：

$$w_{E0}+L-I+y-r(y)-O(y)E\geqslant w_{E0}+L-I+y-r(z)-O(z)E \tag{3-1-6}$$

合约的激励相容意味着，如果企业家如实报告项目收入，他所得到的消费水平 $w_{E1}(y)-O(y)E$ 不低于误报项目收入下的消费水平 $w_{E1}(y,z)$，这样企业家就不会有谎报项目收入的动机。根据该条件，可以推出以下命题。

命题 3-1-2：融资合约实现激励相容的充要条件是：①存在一个常数 D，只要 $O(\cdot)=0$，投资者得到的偿付是 $r(\cdot)=D$；②对于 $z\geqslant D$，$O(y)=0$，对于 $z<D$，$O(z)=1$，且 $r(z)\geqslant c_V$。

条件①的含义是十分明显的：如果在投资者不对项目产出进行验证的情况下，他获得的收益 $r(\cdot)$ 不是预先约定的常数，而是依赖于企业家报告的产出状态，企业家就会产生向投资者报告一个较低产出水平的动机，从而将未申报的部分据为己有，因此合约应规定，如果投资者决定不对项目产出进行验证，企业家必须向投资者支付固定的金额。条件②意味着，如果企业家报告的项目收入大于约定的固定金额，投资者不会对项目进行验证，否则，投资者就必然进行验证，即对企业进行清算，合约应允许投资者尽可能从企业的资产中得到对其贷款的补偿，这意味着企业家将损失自有投资 E，而且投资者得到的收益至少要能够吸收验证成本。

标准债务合约显然具备命题 3-1-2 所描述的属性，借款人在非破产区域对投

① 狭义的验证成本指进行验证所涉及的法律和会计成本，广义的验证成本可以视为破产成本，不仅包括对借款人进行审计的成本，还有时间成本、律师费用、丧失的商誉，以及执行法律程序中发生的费用。

资者的偿付义务独立于项目的实际产出，即项目运营的上部风险由借款人承担，如果他不能偿付预先约定的固定金额，将启动破产程序，赋予投资者进行状态验证进而没收企业资产的权利，以确保债权人收益最大化。根据命题3-1-2，这种风险分配模式实现了借贷双方的激励相容，可以有效地预防企业家谎报项目产出的道德危害问题，降低代理成本。首先，当企业未发生违约事件时，投资者无需耗费可观的资源对项目产出进行验证，就可得到固定偿付，只有在企业家违约的情况下投资者才需要对产出进行观察，通过缩小“验证区域”，节约了对产出的观察成本。其次，合约规定在投资者进行验证的情况下借款人将一无所获，可以确保借款人努力将验证发生的可能性降到最低，并因此使预期验证成本最小化。鉴于验证威胁的可信性①，借款人不会恶意地给出一个错误的报告，宣布项目产出低于他承诺对债权人的固定偿付，因为这样做将引发债权人的验证和项目资产控制权的转移，借款人将丧失自有投资和对项目产出的要求权，从而不可能从谎报产出中获得收益。因而，虽然破产的发生对于合约当事人双方而言都是“坏结果”，但破产的可能性是最优合约安排的必要组成部分，将自己暴露于破产可能发生的风险，是债务合约双方主体的共同选择。

3）潜在的风险转嫁问题

根据上述分析，在给定投资项目风险水平的条件下，标准债务合约的第一项和第二项属性形成的激励结构是最优的：基于对债权人的固定偿付和违约下破产清算的规定，标准债务合约可以有效地预防债务人卸责和谎报产出的道德危害。然而，如果放松项目风险水平不可改变的假定，企业家可以在签订融资合约之后私自改变投资方向，即项目风险水平是内生的，标准债务合约的第三项属性“有限债务责任”可能会鼓励企业家在一定条件下承担较大的风险，从而产生“风险转嫁”问题②。

根据有限责任条款，企业家不对超出其投资额以外的债务负责，这意味着，不论他选择的项目风险暴露水平如何，他在期末的最终消费水平下限是$w_{E0}-E$。作为理性的决策者，企业家会选择实现其预期效用最大化的风险暴露。如果债权人能对企业家的行为进行实时监督，就可以将其索要的贷款利率和企业家行为的实际风险水平挂钩，有限责任导致的代理问题就不存在了。然而，由于实时监督的成本过高，通常不具备可行性，有限责任条款就会给予企业家相当于免费的看跌期权，如果项目运行良好，他可以得到大部分收益，如果项目业绩

① 如果债权人的验证威胁是不可信的，借款人就有动机在企业产出相当高时违约，且债权人将遭受严重的违约成本。因而，贷款人需要让借款人重视验证威胁，如和现有借款人进行重复性交易。

② Jensen 和 Meckling（1976）提出债务合约下的风险转嫁（又称“资产替代”）问题，将之作为企业所有者和债权人之间的一种利益冲突。Gollier 等研究了有限责任对债务人风险承担行为的影响。Eisdorfer（2008）为财务困境企业的风险转嫁行为提供了实证证据。

糟糕，债权人承担大部分损失。

命题 3-1-3：如果投资者不能随时监督企业家的行为，基于有限债务责任，企业家将会有强烈的动机从事预期收益较高的投资项目，即使成功的概率很低。

为了说明有限责任条款的负面激励效应，可以通过模型加以演绎。假定企业家在 $t=0$ 时有可供选择的两种投资机会，每种投资机会在 $t=1$ 时得到随机收入 y_j（$j=1,2$），该变量服从对数正态分布，投资的预期收入为 $E(y_j)$，方差为 σ_j^2，投资机会的总市场价值为 V_j。假设两个投资项目的预期收入和总市场价值相同，但 $\sigma_1^2<\sigma_2^2$。如果企业家完全用自有资金投资，而且是风险中性者，他对两项投资是无差异的，如果企业家是风险厌恶者，显然会选择风险较低的项目，即投资和项目收益波动性呈负向关系。然而，如果企业家可以首先签订附有限责任条款的债务合约，然后再决定举办哪项投资，他的投资选择就会有所不同。企业家可以向债权人承诺经营低风险项目，在获得资金后，转而经营高风险项目，以便形成财富转移效应，即将债权人的财富转移到自己手中，如此一来，企业家的投资取向就和项目收益波动性呈正向关系。令 D 表示债务合约的面值，B_1 和 B_2 分别表示在企业家举办投资项目 1 或项目 2 下，债权的市场价值；S_1 和 S_2 分别表示在举办两种投资项目下企业家的自有投资（内部股份）的市场价值，企业总价值 $V=S+B$。债权人相当于对企业家出售了一个针对企业总价值的欧式看跌期权（Merton，1974），执行价格等于债务面值 D，如果在债权到期日（$t=1$），企业价值 $V<D$，企业家将行使期权，将企业转让给债权人，企业价值小于债务面值的差额是企业家被豁免的偿付义务。同理，企业家持有的股本可以看作对企业总价值的欧式看涨期权，如果在债务到期日，$V>D$，他就会行使期权，即向债权人“买回”企业，其交易价格为 D，企业家得到企业价值超出债务面值的差额。可以利用 Black-Scholes 的期权定价模型，确定每种投资选择下的债权价值和企业家持有的股本价值。根据期权定价公式，企业家持有股权的价值为

$$S=VN(d_1)-FV\mathrm{e}^{-rT}N(d_2) \tag{3-1-7}$$

其中，$N(\cdot)$ 是标准正态分布的累积分布函数，$d_1=[\ln(V/D)+(r+\sigma^2/2)T]/[\sigma\sqrt{T}]$，$d_2=d_1-\sigma\sqrt{T}$，$r$ 是无风险利率，T 是债务的期限。当项目产出分布的方差 σ^2 提高时，股权价值 S 将随之提高。根据前面的设定，两种投资机会的总价值相同，只是收入分布的方差不同，由于 $\sigma_1^2<\sigma_2^2$，所以 $S_1<S_2$。已知 $B_1=V_1-S_1$，且 $B_2=V_2-S_2$，而 $V_1=V_2$，可以推出 $B_1>B_2$，这意味着，如果企业投资于风险较低的项目 1，债权价值将大于投资于风险较高的项目 2 下的债权价值，而企业家的股权价值将小于项目 2 下的股权价值；反之，当企业投资于风险较高的项目时，债权价值下降，而企业家的股权价值上升。如果债权人相信企业家将会承办风险较低的项目 1，企业家就可以对债权人出售面值为 D 的债务合约，并得到债权人

支付的价格 B_1。在签订债务合约后，如果企业家履行承诺，将筹集到的资金投入项目 1，他持有的股权价值将是 S_1，但由于 $S_2 > S_1$，企业家可以通过改变投资方向，转而承办风险较高的项目 2 来改进自己的福利，从而对来自债权人的财富进行再分配，将之转移给自己，$(B_1 - B_2)$ 就是从债权人转移到企业家的财富，对于债权人而言，这是有限责任导致的代理成本。

现在修改前面的设定，假设两种投资机会的预期收益不同，$E(y_2) < E(y_1)$，由此可以推出 $V_1 > V_2$，这意味着，如果企业家投资于风险较高的项目 2，相对于风险较低的项目 1，不仅导致债权价值降低，而且企业总价值也将下降。在两项投资下，企业家持有的股本价值的差距为

$$S_2 - S_1 = (B_1 - B_2) - (V_1 - V_2) \tag{3-1-8}$$

如果企业总价值的下降幅度小于债权价值的下降幅度，那么 $S_2 - S_1$ 将是正值，这意味着，即使投资于高风险项目会导致企业总价值下降，但企业家拥有的股本价值可能得到提升，因而他仍然会做出如此选择。

上述分析证明，有限责任会引诱企业家投资于超出债权人意愿的高风险项目。对于企业家而言，有限责任下的最优风险暴露大于无限责任下的最优风险暴露，这意味着，有限责任使企业家的效用函数产生凸性变形（convex transformation），使原本是风险厌恶者的决策主体表现出某种风险爱好的倾向。当企业面临财务困境，企业家的风险转嫁动机将更加强烈，可能会铤而走险，孤注一掷，投资于高风险项目，以求赢得转机，投资一旦失败，主要损失将转嫁给债权人。企业家转嫁风险的道德危害倾向随着企业破产可能性的提高而上升。企业的破产概率可以用违约距离（Distance-to-Default，DD）加以度量：

$$\mathrm{DD} = \frac{V - D}{\sigma} \tag{3-1-9}$$

当企业经营陷入困境，企业价值 V 距离违约触发点（债务面值 D）较近时，企业的破产概率较高。在此情形下，企业家选择投资项目的门槛将随项目收益波动性的提高而下降，与财务健康的企业相比，风险转嫁动机导致的投资扭曲更加严重。

3. 对标准债务合约风险配置绩效的综合评价

融资合约安排是对投资者偿付函数 $r(y)$ 的选择，从另一个角度看，也可理解为对企业家（融资者）的消费函数 $w_{E1}(y)$ 的选择。在线性分配规则下，企业家消费函数的一般形式为 $w_{E1} = \alpha + \beta y$，其中，企业家消费水平相对于项目收入的变化率（$\beta = \frac{\mathrm{d}w_{E1}}{\mathrm{d}y}$）反映着他承担的风险水平，当该比率等于 1 时，意味着项目风险完全由企业家承担，当该比率为 0 时，企业家得到保险，其保险水平由消费函数

的截矩（α）反映。根据上述分析，合约的激励效应是β的增函数和α的减函数，而合约的风险分担效应与α和β的关系则相反。

债务合约的基本属性是在非破产状态下对债权人支付固定金额，这意味着在区域$[D,\overline{y}]$上，通过设定$\frac{\mathrm{d}w_{E1}}{\mathrm{d}y}=1$来激励债务人采取符合债权人利益的行为，是债务合约的核心目标。然而，在破产状态下如何分担风险，标准债务合约和无风险债务合约、反向债务合约则有所差异。在合约双方存在信息不对称的情况下，为了全面预防债务人的道德危害，最优债务合约的结构安排应该是非破产状态下的固定偿付和破产状态下的无限责任，也即从提供激励的角度看，无风险债务合约是帕累托最优的。然而，无限责任下的固定偿付虽然对债务人提供了充分的正面激励效应，但缺乏风险分担功能。在合约双方风险厌恶度不对称的情况下，从风险分担的角度看，反向债务合约对企业家面临的下部风险提供充分的保险，保障了企业家的基本消费水平，但同时也可能引发企业家严重的道德危害。

如果向债务人提供激励，会导致对最优风险分担的偏离，而为了分担债务人面临的风险，又会导致激励相容约束的松弛。风险分担程度越高（表现为债务人在破产和非破产状态下的消费差距越小），激励相容约束的松弛度就越高。面对合约设计的两难，标准债务合约的风险配置模式提供了对“最优风险分担”和“最优激励供给”的一种折中，一方面，通过对债权人施加固定偿付要求（在$[D,\overline{y}]$上，$\frac{\mathrm{d}w_{E1}}{\mathrm{d}y}=1$）和违约下的破产清算威胁，促使其对项目经营投入努力，并预防其谎报项目收入；另一方面，通过有限责任条款对企业家提供一定程度的保险（在区域$[0,D)$上，$\frac{\mathrm{d}w_{E1}}{\mathrm{d}y}=0$），降低企业家过度承担风险的成本，提高其预期福利。总体上看，在标准债务合约下，风险配置绩效的综合特征是：侧重于对企业家提供激励，同时也对企业家提供一定程度的下部风险分担。表 3-1-1 概括了标准债务合约的风险分担与激励效应。

表 3-1-1　标准债务合约的风险配置绩效

合约属性	激励效应	风险分担效应
固定偿付	+（预防卸责/谎报产出）	0
破产清算	+（预防卸责/谎报产出）	0
有限责任	－（鼓励风险转嫁）	+（分担下部风险）

注：“+”表示正效应，“－”表示负效应。

在项目经营的正常状态下，标准债务合约通过将上部商业风险全部分配给企业家，对企业家施加强有力的正面激励效应，可以有效地预防企业家卸责和谎报产出的道德危害。在项目业绩遭遇外部冲击的不利状态下，债权人向企业家提供对下部风险的保险，分担企业家的风险负荷，这种保险之所以是非充分的，不仅是为了避免激发企业家过高的道德危害倾向，同时也可以降低企业家的融资成本。如果外部投资者承担的下部风险过高，他们将索要很高的风险补偿，为此，企业家愿意在项目失败时将项目全部收入交给债权人，以便在项目成功时得到更多的收益。不过，虽然有限责任只是部分保险，它对企业家的风险分担仍然造成了激励相容约束一定程度的松弛，在企业家投资行为不可直接观察的情况下，潜伏着企业家转嫁风险的道德危害，当企业面临不利形势陷入财务困境时，尤其可能导致企业家的风险承担行为发生扭曲。尽管如此，从历史发展的视角看，相对于最初的无风险债务合约，标准债务合约显然是对前者的进化，虽然对破产者施加严厉的处罚有助于预防成本高昂的破产事件的发生，但有限责任条款满足了企业家希望和投资者分担部分风险的内在需求，扩大了融资合约的可接受性，债权人兼具投资者和保险者的双重身份是生产力发展驱动下风险配置机制自然演进的结果。由此，可以解释航海贷款何以在中世纪地中海远洋贸易中如此流行，以及标准债务合约在现代社会中的使用何以如此普遍。

4. 缓解风险转嫁的债务合约设计

为了减轻有限责任对企业家的负面激励效应，投资者可能会将一些附加条款植入标准债务合约中。债权人可以附加限制性契约条款，规定如果企业不能满足一定的财务标准（例如，最小资本资产或流动性比率），将对管理者或企业家施加惩罚，或是允许债权人接管企业；对企业的投资活动施加限制，以便约束企业家的风险转嫁行为。

此外，债权人还可以要求债务人提供担保品，以便增加企业家对项目承担的风险，并且确保债权人在出现违约事件时能收回部分资产。不过，担保品的稀缺也会导致债权人实施信贷配给，即按照给定的合约条件，对借款人提供少于其希望得到的资金。

二、股权合约的风险分担效应与激励问题

根据股份是否由企业管理者持有，可分为内部股份和外部股份。非管理者拥有的外部股权合约和债权人持有的债务合约代表着企业家与外部投资者之间两种不同的风险分配模式。

（一）股权合约的起源与演进

在一个中世纪意大利商人家族的资料中，经济史学家发现了由两代人撰写的商业信件。Pietro Corner 在 1158 年的信函中称自已即将进行一次航海贸易，临行前收到了对方交付的一笔资金，并承诺在归来后将向对方偿付约定的金额（本金加利息），同时也提醒对方注意，他的资金处于因海难或人祸导致损失的风险中。大约 50 年后，该家族的继承人 Giovanni Corner 也在出海前向对方筹措了一笔资金，约定将利润的 3/4 交付给对方，自己保留剩余的 1/4，如果发生海难或人祸，对方的投资将受到损失。Pietro Corner 是利用“航海贷款”合约为其贸易活动融资，而下一代商人 Giovanni Corner 则使用了“康曼达”合约，投资方在当时被称为 Commendator 或 Stans，商人被称为 Tractor。投资方提供资本，用于购买商船、货物或承担其他航海开支，商人通常不投入资本[①]，而是提供劳动、专业知识、商业信息，并承受出海远航的人身风险。这两种融资合约的共同之处在于船货发生损失情况下的偿付安排，如果船中途沉没，商人无需向投资者（贷款人）偿付，如果货物发生损失，对投资者（贷款人）偿付剩余的货物价值。二者的区别在于船只安全返航后外部投资者获得的偿付不同，贷款的债权人获得固定偿付，康曼达的投资者按约定的比率获得商业利润的一部分[②]，这部分收益是不确定的，这意味着他不仅分担下部风险，也分担上部的商业风险。可以看出，康曼达具有更充分的风险分担功能。康曼达于 10 世纪从伊斯兰国家流传到意大利[③]，到 12 世纪末 13 世纪初，康曼达合约取代航海贷款，成为当时最流行的远洋贸易项目融资方式。康曼达类似有限合伙组织[④]，是股本合约的雏形，不过，这种形式的合伙具有投资短期性和组织不稳定的特点，每次航行前募集一次资本，结束后将资本退还投资者。

15 世纪以后，由于地理大发现和新航线开辟，贸易规模成倍增长，地域范围加速延伸。由于远距离贸易的需要，贸易企业需长期占用大量资金，中世纪地中

---

① 在某些康曼达合约中，商人也投入货币资本，一般占投资的 1/3，这会影响对利润的分配。

② 当时常见的利润分配安排是商人得到利润的 75%，投资者得到 25%，不过，也存在其他安排，如各得 50%，或商人得到利润的 2/3、1/3，或 1/4。

③ 关于康曼达的起源，学术界存在争论。一些研究欧洲史的学者认为它源于罗马法，在古罗马时期就已经存在多个投资者利润共享、风险共担的融资方式，当时要求至少有一方对债务承担无限责任。研究伊斯兰法律历史的学者认为具有康曼达完整特征的类似组织最早出现在阿拉伯半岛。

④ 在康曼达组织中，商人对债务承担无限责任，投资者承担有限责任。当时还存在一种合伙组织，被称为“索塞特”（Societas），也是由商人和投资者分享利润，和康曼达不同的是，索塞特的成员均对债务承担无限责任，而且组织的存续期由合约规定。

海沿岸贸易中出现的短期松散的合伙组织不再适应全球贸易发展的需要，在此背景下，永久性股份公司诞生了[①]。1600 年，英国成立东印度公司，该公司被授予在印度全部贸易的垄断权，从商业贸易企业逐渐转变成英国操纵印度经济命脉的代表。1602 年，荷兰东印度公司成立，由 14 家以东印度贸易为重点的企业合并而成，被政府授予殖民地贸易的垄断权，是世界上首家跨国公司和发行股票的公司，其股票在阿姆斯特丹交易所交易，因而被认为是第一家真正意义上的股份有限公司。该公司的第一项协议只是一次航行有效，返航后分享利润，随着公司的逐步扩张，组织关系随之趋于紧密。1720 年，政府对该公司颁发永久特许状，成立永久性公司，完成了从临时性合伙经营合约到现代股份公司合约架构的演变。

（二）股权合约的风险分配模式和风险分担效应

股本融资的风险分担涉及两个层面：一是单个外部股东和企业家通过股权合约形成的风险分配模式；二是多个外部股东通过持股结构彼此形成的风险分担模式。

企业家与单个外部股东之间的风险分配模式表现为股权合约的分成式线性分配规则。与债务合约预先设定非状态依赖的固定偿付额不同，股权合约是对风险按投资比例分担的“分成合约”，企业家对股东的偿付完全依赖于投资项目的实际产出。假设企业家向多个股东筹集资金，为其项目融资，项目在 $t=0$ 时投入资金 I，在 $t=1$ 时得到随机收入 y，$y=f(\theta,a,I)$，其中 θ 表示自然状态，a 表示企业家投入的努力，股东 i 对企业的投资份额是 k_i，则其得到的投资收入为

$$r_i(y)=k_iy \qquad (3\text{-}1\text{-}10)$$

股权合约的偿付对项目实际收益是单调依赖关系，不论在正常或亏损状态下，股东都按其投资比例分享收益和承担损失。在这种单调线性风险配置模式下，股东不仅分担企业发生极端损失的下部风险，也分担企业非亏损状态下的上部风险，因而风险分担功能更加充分。图 3-1-5 描述了股权合约的偿付函数，图中的 45°斜线 y 表示当投资者持有全部股份时得到的收入，斜线 k_iy 的斜率是股东 i 的持股比率 k_i，决定着他对投资项目风险的承担份额。

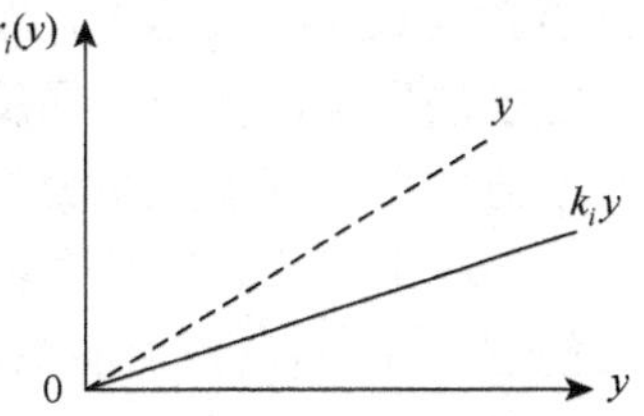

图 3-1-5　股权合约的偿付函数

多个外部股东之间的风险分担模式取决于持股结构，从整体上看，公司的股

---

① 关于公司（corporation）的起源，学术界也存在争论。有人认为公司制度起源于罗马法，早于康曼达，主流的观点是公司在康曼达出现后的 3～4 个世纪才问世。

份结构反映着风险在股东之间的配置格局。股东承担风险的分散度和持股集中度是反向关系，持股分散化程度的差异会导致企业表现出不同的风险偏好。如果股份公司由众多股东持股，而且每个股东都持有分散化投资组合，企业作为一个决策群体的风险态度将接近风险中性，从而能够向企业家提供更大的风险分担空间。

显著的风险分担效应是股本融资的核心功能，企业家引进外部股东的目的不只是为了得到投资，还出于寻求分担风险，股本合约的分成安排同时实现了对下部风险和上部风险的分担，扩大了风险分担区域，可以对企业家提供比债务合约更为充分的风险分担，众多外部股东持股可以使企业的风险厌恶度下降，甚至可能接近中性，大型广泛持股公司尤其具有风险分担的规模效应。

（三）股权合约的激励不足问题与缓解——无限期的合约设计

Townsend（1979）、Diamond（1984）、Gale 和 Hellwig（1985）在合约主体是风险中性者、外部人验证投资项目的实际收益需付出成本等假定下，研究了最优激励相容合约的特征，并得出了一致结论：在有成本的状态验证下，对债权人给予固定偿付的债务合约是最优的。如果使用股权合约，企业家对股东的偿付依赖于项目收益，而外部股东难以直接观察项目的实际收益，将产生较高的验证成本，因而股权合约是缺乏效率的。

单纯从激励效应的角度看，外部股权合约的存在似乎难以解释。Hellwig（2001）扩展了前期提出的模型，引入借款人风险厌恶。他证明，如果借款人风险厌恶度较高，考虑到对风险分担的需求，将使债务合约不具备最优性。不过，即使放弃合约主体都是风险中性者的假定，并不能必然推出股权合约是最优安排的结论。如果只有借款人是风险厌恶者，而贷款人是风险中性者，借款人将倾向于由贷款人承担尽可能多的风险，从而选择反向债务合约，而不是股权合约。根据这一逻辑，只当合约双方主体都存在风险分担的需求时，采用比例分成的股权合约才是适合的。实际上，在现实中反向债务合约很少使用，因其缺乏对代理人的激励，难以解决道德危害问题，而股权合约为弥补在状态验证方面的激励不足，采用了独特的合约构造。和债务合约的有限期限不同，股权合约普遍采用无限期设计，借此强化股东对企业家的约束力，可以一定程度上缓解外部股东对代理人监督乏力的问题。

Fluck（1998）提出基于控制权的外部股权合约期限设计理论，认为股权合约的支撑点是股东拥有无条件解雇企业管理者的权利和股权合约无事先规定的到期期限。他证明，没有投资者会愿意持有预先规定期限的外部股权合约[①]。首先，股

① 在以前的证券设计模型中，假定股权合约的期限是有限的，模型给定股东拥有 T 期的现金流要求权和控制权，在 T 时点，公司清算，资产出售的收入在所有者之间分配。

东无法执行基于公司现金流或利润的分配规则，因为法院不能验证它们的实际水平。其次，无法实现对公司管理者的激励。当企业家（管理者）拥有将现金流转化为私人利益的潜在能力时，向其提供与现金流挂钩（按一定比率）的报酬并不能提供任何激励。当股权有预先规定的到期日时，即使是外部股东的解雇威胁也不能约束管理层。然而，基于双方利益的长期股权融资安排是可行的，这种合约安排之所以为双方所接受，是因为双方都有强烈地延续其商业关系的动机，从而可以实现激励相容，具有无限期寿命的外部股权合约就是这种安排。

设想一个企业家为其项目寻求融资。投资者和企业家使用相同的折现因子 δ 估计未来收益，$\delta>0$。项目在未来产生现金流 $\tilde{\upsilon}$，可能的取值为 $\upsilon+x>0$ 和 $\upsilon-x>0$，两种结果发生的概率相同。项目需要得到投资 I，以便购置生产设备，其经济寿命是两期。

项目可以不断地重复运作，只要该项目被允许持续下去，生产设备须两期一换。如果投资者选择在注入投资后立即清算项目，该设备的清算价值为 $0<L_1<\delta I$，如果投资者选择在第 1 期的现金流实现后清算项目，则设备清算价值为 $L_2<L_1$。生产设备在第 2 期期末的清算价值是 0。假定项目的运营现金流总是大于设备的清算价值，即 $(1+\delta)(\upsilon-x)\geqslant L_1$，且 $(\upsilon-x)\geqslant L_2$。

企业家会定期在每个生产周期开始时为重置生产设备寻求外部融资，或者，他也可以预留数额为 $\alpha=\dfrac{\delta I}{1+\delta}$ 的资金作为折旧，$I=\sum_{t=0}^{1}\alpha\left(\dfrac{1}{\delta}\right)^t$，以便在第一个生产周期结束后为项目进行内部融资（假定项目能够在第一个生产周期后进行内部融资，即 $\upsilon-x\geqslant\alpha$，项目产生的现金流不低于内部融资需求）。通过建立该折旧账户，使投资者可以在清算资产时收回其投资的更大比率。如果管理者在第 1 期保留 α，而且公司在第 1 期现金流实现后立即清算，则公司的清算价值是 $L_2+\alpha$，假定它小于 δI。其后，公司清算价值在时点 2 进行分配。同理，如果公司在两期都保留了折旧提成 α，而且公司在第 2 期现金流实现后立即清算，则该折旧账户在时点 3 上的累积金额将等于 I（即收回初始投资），并进行分配。

一旦投资被注入项目中，管理层可以将每期的现金流转化为私人利益。假定第三方无法验证现金流的实际值，即项目现金流由法院进行验证的成本极高，以至于不能验证。同样，管理层对折旧提成的操纵也不能由第三方验证，除非公司进行清算。只有偿付的收据（如股利偿付、债务偿还，以及和资产清算有关的偿付）可以无成本验证，假定对其他财务及会计变量的实际值的验证成本极高，以至于不能验证。

企业家（管理者）可以向外部投资者发行股本筹集资金。外部股东对公司的现金流 $\tilde{\upsilon}$ 拥有要求权，并有权无条件解雇和撤换管理者，或是清算公司。股权合约可以采用任何可能的期限，或者无限期。如果股权合约是有期限的，投资者向企业家提供资金 I，作为交换，投资者得到持续 T 期的权利，包括对公司现金流的要求权和解雇企业家（管理者）或清算企业的权利。在时点 T，公司被清算，收入在所有者之间分配。清算后，企业家可以再次寻求融资，重新启动该项目。模型以公开发行外部股的大公司为重点研究对象，故假定产品市场垄断程度较高，这意味着如果项目被清算，对于企业家来说重启该项目是有利可图的。他可以将现金流转化为私人利益，使外部股东的要求权变成对现金流扣除折旧和企业家私人利益后的剩余的要求权，以股利 $d_{\upsilon t}$ 的形式支付（下标 υt 表示当期的现金流实现值）。

外部股本合约的时间次序是：在时点 0，外部股东将资金 I 投入项目。在每一期，股东决定是否让企业家（管理者）留任或将其撤换，或者清算企业。企业家可以选择预留折旧提成 α，并向股东报告项目收益。然后，报告的收益将以股利形式支付给股东。只要没有股东提出解雇或撤换管理者的动议，外部股东将得到 $d_{\upsilon t}$，企业家则得到 $\upsilon_t - \alpha_t - d_{\upsilon t}$。如果股东要求清算，企业家将得不到报酬，股东得到实物资产的清算价值。如果股东要求解雇企业家，企业家将得不到报酬，外部股东承担撤换管理者的成本，随后，具有相同能力的新管理者继任。只要投资者实现盈亏平衡，就愿意为项目提供资金。

如果企业家和投资者的博弈只进行一次，唯一的纳什均衡是清算企业，因为在任何纳什均衡上，管理者提供的股利都总是小于公司的清算价值。不过，如果融资关系随时间推移持续，则股东的解雇或清算威胁可以确保管理层自愿限制其对公司进行控制的私人利益，向股东支付足够的股利，并保留适当的折旧提成。其推理过程如下：只当投资者相信他们对现金流的要求权在未来得到尊重时，才会持有外部股。由于现金流是不可验证的，潜在的外部股东会理性地预见到管理者将现金流转化为私人利益。外部股东诱使管理层自愿地限制其占有私人利益的唯一方法是可信的解雇威胁，它诱使管理者自愿限制自己因控制企业而得到的私人利益，以维持在未来对企业资产运营的控制。然而，除非股东准备执行这一威胁，否则该威胁是不可信的，使该威胁具有可信性的是外部股权合约的期限设计。在股权合约到期前，现任企业家（管理者）和未来的新管理者都不会愿意支付相当于公司清算价值或超出清算价值的股利。如果解雇管理者的成本较高，股东将不会将其解雇，他们的最优回应是清算项目，其结果是，在投资项目的末期企业被清算，企业家得不到任何偿付，股东最终得到 L_2。

在项目终止的前一期，企业家知道项目将在最后一期清算，他将一无所得，他意识到最后一期的前一期实际上是他可以谋取私利的最后一期，因此，他的行为和在最后一期相同。同样，如果解雇企业家的成本较高，股东不会解雇企业家，因为如果这么做只会使他们受到损失，即使更换管理者，未来的新管理者在项目最后一期的行为取向不会有别于前任。因此，股东在最后一期的前一期的最优回应是清算项目。按这一逻辑回溯，将导出这个动态博弈的唯一子博弈完美均衡：股东在第 1 期就清算项目。只要 $\delta I \geqslant L_1$（项目在第一期的清算价值不超过投资者提供资金的机会成本，即外部股东投资于无风险资产的收益大于清算项目的收入，这意味着提前清算项目对于股东是不划算的），股东的解雇或清算威胁就是不可信的，因而不能支撑预先规定期限的外部股权合约。由此可以得出以下命题。

命题 3-1-4： 不会有投资者愿意持有预先规定期限的外部股本。

只有投资者的要求权具有无限期限，才能形成对管理者可信的解雇威胁。当决定是否解雇管理者时，投资者会比较公司的未来收益和解雇管理者的一次性成本，由于投资者对公司拥有永久利益，因而其未来收益在任何时点上都超出了撤换不称职管理者的成本，这使管理者相信，股东会执行其解雇威胁。因而，可以推出命题 3-1-5。

命题 3-1-5： 投资者愿意持有的外部股本只有无限期的股权合约。

外部股东的控制权和无限期设计的结合减轻了管理者的道德危害问题。债务合约通过承诺对债权人支付固定金额，并赋予债权人基于违约（企业未支付固定利息）的或有控制权，来避免对投资项目现金流的验证问题。股权合约则是通过给予股东无条件控制权来避免验证问题，外部股东可以对企业家（管理者）施加潜在的解雇威胁，由于外部股东的控制权没有期限限制，他们的威胁是可信的。企业家（管理者）面临着随时间推移而持续的解雇威胁，而企业家希望企业能得以存续，股东清算威胁的可信性和企业家谋求存续的动机对企业家形成了约束。因而，即使存在现金流不可验证性以及管理层将现金流转化为私人利益的潜在能力，无限期寿命的外部股权合约也可以实现激励相容。

第二节　混合型融资合约风险配置结构的独特性——以可转债为例

混合型融资合约是介于标准债务合约与股权合约之间的融资方式，如可转换债券、优先股、认股权证等。本节以可转债作为代表，分析混合型融资合约风险配置结构的特点。

一、可转换债券在风险投资中的广泛应用

可转换债务合约是股本转换期权与债权的组合。美国风险投资业发展迅速，许多高科技企业都在成长初期得到风险投资的支持。不过，要为初创企业的高风险商业计划提供融资，面临着风险分担和激励的突出矛盾。在风险资本融资工具

的选择中，风险资本家通常不是使用传统的债务或股权合约，而是普遍使用可转换债券。Fenn 等（1996）在 107 家美国高科技公司（医疗设备和软件行业）样本中，发现 3/4 的风险投资家的投资活动通过优先股或可转换债券实现。在对风险投资的实证研究中，可转换债券占考察样本融资安排的 90%（Kaplan and Strömberg，2003）。虽然早在 1843 年，美国纽约 Erie Railway 公司就首次发行了可转换债券，但直到 20 世纪六七十年代，随着欧美国家市场利率上扬，可转换债券由于利息低于普通债券，才得以在资本市场中受到重视和发展，而风险投资之所以大量使用可转债，关键在于它具有不同于纯粹股权或债务合约的风险分担与激励结构。

二、引入转换期权的风险分担与激励结构

项目商业计划的风险性是风险资本家重点关心的问题。在新兴产业中，企业家在项目启动后有多种可能途径提高风险，最常见的是在产品尚有待进一步检测的情况下将其推向市场；改变项目经营范围，进入合约中未注明的领域；执著于过于雄心勃勃的设计从而导致技术风险上升。虽然风险资本家可以通过向企业家提供建议和施加监督来发挥积极影响，但他们通常难以同步观察企业家经营策略的改变。因而，企业家有可能通过私自提高项目风险对投资者进行“风险转嫁”，即存在关于风险选择的代理问题。

同时，相对于企业家，风险资本家的风险容忍度也可能较低。因为他们筹集新资金的能力取决于基金的前期业绩记录，如果基金遭受重大损失或破产，风险资本家筹措下一笔资金的机会将很小，而在他们投资的特定行业，破产率相当高。投资项目极高的破产率和由此导致基金破产的货币/声誉损失使风险资本家的风险厌恶度较高（Chemmanur and Fulghieri，1999）。虽然企业家将其人力资本投入项目中，因而往往也是风险厌恶者，但是通常企业家在一项失败的创业项目中所遭受的损失远低于风险资本家，因此，在项目实现最低水平收入的不利状态下，企业家可能比风险资本家的风险容忍度高。

基于上述情形，风险投资的融资合约设计应同时考虑两个因素：一是风险资本家要求和企业家分担风险，二是避免企业家在签订合约后转嫁风险。可转换债券提供了独特的现金流分配结构，使企业家分担项目失败的下部风险，同时防止他在签约后提高投资项目的风险，在实现风险分担的同时避免风险转嫁。下面通过模型对可转债的合约结构进行分析[①]。

---

① Green（1984）、Biais 和 Casanatta（1999）研究了可转债减轻企业家风险转嫁问题的作用，不过，他们未考虑可转债的风险分担效应。

（一）模型的基本框架

模型包括两期，$t = 0,1,2$。企业家拥有一个风险投资项目的"创意"。投资项目需要在时点 0 注入一定金额的投资 I[①]。企业家本身没有财富，依赖于风险资本家提供投资。在时点 2，项目产生随机收入 $y \geqslant 0$。假定企业家是风险中性者，其目标是追求预期财富最大化[②]。风险资本家（VC）[③]是风险厌恶者，其目标是实现预期效用最大化，其效用函数是 $\upsilon(.)$，严格下凹，$\lim_{y\to 0}\upsilon'(y) = \infty$。

项目的风险度取决于企业家在时点 1 对行动方案（经营策略）的选择。为简化分析，假设有两个互斥的策略 a_L 和 a_H。后者的收益分布的风险大于前者。对于 $i \in \{H, L\}$，令 $F_i(y)$ 表示行动方案 i 的收益分布函数，其连续可导的概率密度函数为 f_i，可用以下假定来界定两顶经营策略的风险：

$$\int_0^\infty y f_H(y)\mathrm{d}y = \int_0^\infty y f_L(y)\mathrm{d}y \tag{A1}$$

$$\int_0^\infty F_H(y)\mathrm{d}y > \int_0^\infty F_L(y)\mathrm{d}y \tag{A2}$$

假定（A1）和（A2）意味着 F_H 是 F_L 的均值保持展形（mean preserving spread），两种策略的预期收益相同，但行动方案行动 a_H 导致项目收益分布的风险更大。

合约的分配规则是函数 s（y），如果项目实现的收入是 y，则风险资本家得到 $s(y)$，企业家得到 $y - s(y)$。假定企业家负有限责任，对 VC 的偿付不会超过项目的实际产出水平：

$$0 \leqslant s(y) \leqslant y \tag{3-2-1}$$

下面用时间轴（图 3-2-1）说明事件发生的次序：

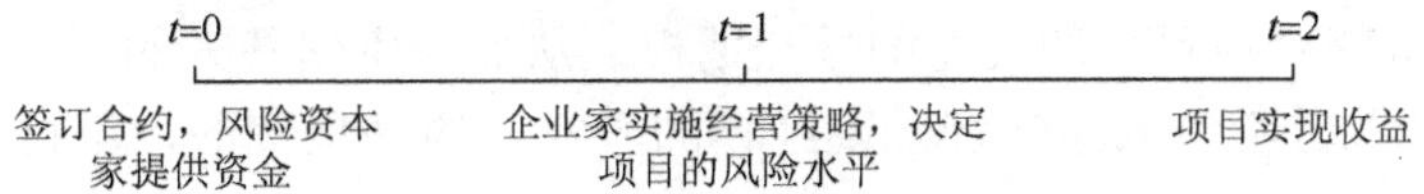

图 3-2-1 事件发生次序的时间轴

合约设计面临的基本问题是在实现有限责任下的风险分担和控制企业家在签订合约后提高投资风险的动机之间进行权衡。最优合约必须诱使企业家选择低风险的经营策略，同时对厌恶风险的 VC 尽可能提供保险。

如果企业家在均衡状态下采用策略 a_i，则均衡合约是选择 s（y），以便实现风险资本家预期效用 V_i（s）最大化：

---

① 风险资本家通常分多阶段提供融资，这里为简化分析，假定在项目启动时一次性提供资金。

② 假定企业家是风险中性者是为了简化分析。

③ 下面以 VC 代表风险资本家。

$$\max V_i(s_i(y)) \equiv \int_0^\infty \upsilon(s_i(y)) f_i(y)\mathrm{d}y \tag{3-2-2}$$

约束条件：

$$U_i(s) \equiv \int_0^\infty (y - s(y)) f_i(y)\mathrm{d}y \geqslant w \tag{3-2-3}$$

式（3-2-3）是企业家的参与约束，其中，w 是企业家从事其他活动的平均收入。此外，合约设计还受到有限责任约束，见式（3-2-1），以及自我选择约束，任合约交易都要求双方是自我选择匹配的交易对手，最优合约必须满足自我选择约束，并且要诱使企业家选择低风险策略。

（二）只考虑风险分担的合约选择

如果不存在企业家选择项目风险水平的代理问题，假设可以在合约中规定企业家对经营策略的选择，合约设计的唯一考虑是风险分担。如果 VC 厌恶风险而企业家是风险中性，最优合约是在项目任何实际收入水平下都对风险资本家给予固定偿付，即无风险债务合约。若企业家厌恶风险，在有限责任约束下，最优合约应该是标准债务合约，即当项目收入较高时，VC 得到固定偿付，项目失败时，残值归 VC 所有，不要求企业家偿还剩余债务。

（三）可转换债务合约对风险分担和激励的兼顾

现在假定 VC 不能在合约中规定企业家采取特定的经营策略，企业家会选择使其预期收入最大化的策略。在使用有风险的标准债务合约的情形下（即合约是有限责任，债权人面临违约风险），企业家会偏好高风险经营策略，其原因是，企业家相当于持有对项目预期收益的看涨期权，从而产生债务人的“风险转嫁”问题①。如果只考虑避免风险转嫁，则纯粹的股权合约是最优的，不过又无法满足 VC 要求企业家分担风险的需要。

如果引入在未来将债权转换为股本的期权，合约的偿付规则可以用下式定义：

$$s_{m\pi}(y) = \max\{\min\{y, m\}, \pi y\} \tag{3-2-4}$$

其中，$s_{m\pi}(y)$ 是合约对 VC 的偿付函数，m 是 VC 持有的债权的面值（本息和），可转换债务合约规定，如果 $y < m$，VC 获得项目的全部收益。股本转换期权通过 π 加以规定，即债权人有权将其债权转换成项目股本的比率。当项目收益 $y \geqslant m/\pi$ 时，VC 会执行转换期权，并放弃其债权，以获得收益 πy。否则，如果项目收益不理想，VC 不会行使转换期权，而是保留债权。纯粹债务与股权合约在这里成为特例：$m = 0$ 对应纯粹股权合约，$\pi = 0$ 对应纯粹债务合约。图 3-2-2 展示了 VC

① 关于标准债务合约下的风险转嫁问题，参见本章第一节。

来自可转债的收益结构。可以看出，该合约安排将项目收入分为三个区间，分别对应不同的分配规则。当项目收入落在区间[0，*m*]时，VC 保留债权，并得到全部项目收入（遭受违约损失）；当项目收入落在区间[*m*，*m*/*π*）时，VC 保留债权，得到固定的本息；当项目收入处于区间[*m*/*π*，∞]时，VC 会执行转换期权，并放弃其债权，以获得收益 πy，即与其持股比率相对应的项目收益份额。

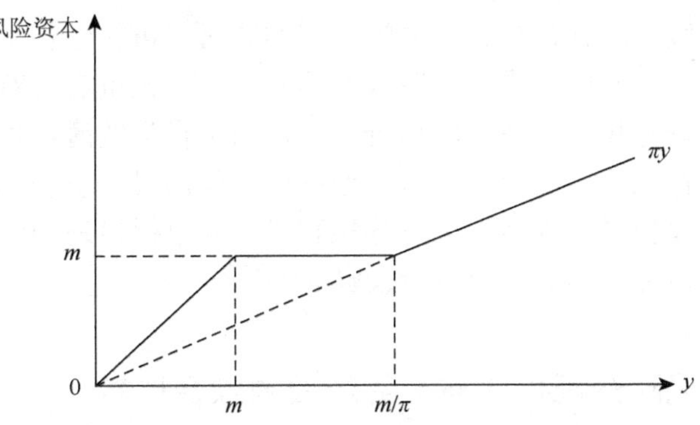

图 3-2-2　可转换债务合约下 VC 的收益曲线

在该合约安排下，如果企业家采取策略 a_L，VC 得到的预期效用为

$$V_L(s_{m\pi}) = \int_0^m \upsilon(y) f_L \mathrm{d}y + \int_m^{\frac{m}{\pi}} \upsilon(m) f_L \mathrm{d}y + \int_{\frac{m}{\pi}}^{\infty} \upsilon(\pi y) f_L \mathrm{d}y \tag{3-2-5}$$

企业家的参与约束是

$$U_L(s_{m\pi}) = \int_m^{\frac{m}{\pi}} (y-m) f_L \mathrm{d}y + \int_{\frac{m}{\pi}}^{\infty} (1-\pi) y f_L \mathrm{d}y \geqslant w \tag{3-2-6}$$

用 $W(s_{m\pi})$ 表示企业家采取策略 a_L 和策略 a_H 得到的预期效用的差距，即 $W(s_{m\pi}) \equiv U_L(s_{m\pi}) - U_H(s_{m\pi})$，根据自我选择约束，要求满足以下条件：

$$W(s_{m\pi}) = \int_m^{\frac{m}{\pi}} (y-m)(f_L - f_H) \mathrm{d}y + \int_{\frac{m}{\pi}}^{\infty} (1-\pi) y (f_L - f_H) \mathrm{d}y \geqslant 0 \tag{3-2-7}$$

当策略 a_L 使企业家得到预期效用不低于策略 a_H 时，企业家才会主动选择低风险的经营策略 a_L。因而，可转债的最优合约设计问题是选择合约参数 $m \geqslant 0$ 和 $\pi \in [0,1)$，实现 $V_L(s_{m\pi})$ 最大化。

引入转换期权是可转债的核心设计，如果投资项目成功，VC 可以将债权转换为股本，分享高风险投资的收益，这意味着企业家选择高风险经营策略将提高期权的价值，因而会减弱企业家选择高风险策略的动机。在纯粹债务合约下，之所以会产生风险转嫁，原因在于只有企业家可以从提高项目风险中获益，而一旦项目失败，债权人将面临违约损失。由于可转债附有转换期权，如果企业家选择高风险投资，对于 VC 而言，债权面临的下部风险增大可能被转换期权价值提升带来的好处抵消。从企业家的角度看，一方面，他持有对企业股本价值的看涨期权多头，同时，他也持有看涨期权的空头，因为引入转换期权相当于企业家向 VC 出售了对项目收入的看涨期权，其执行价格是 m/π。通过选择适合的合约参数 (m, π)，可以使企业家持有的看涨期权多头与空头的价值抵消，从而消除企业家通过提高项目风险实现风险转嫁的动机。

在通过引入股本转换期权抑制风险转嫁的同时，可转债也满足了风险资本家希望和企业家分担风险的要求。在股权合约安排下，投资者要对企业家提供上部和下部风险的充分分担，而在可转债合约中，当项目失败时，投资者可以放弃股权而保留债权，得到项目的全部收入。通过给予外部投资者相机抉择的权利，可转债同时兼顾了投资者要求实现风险分担和对企业家提供适当激励的双重目标，比纯粹的股权和债务合约更适合风险投资的特征。

三、融资合约风险分配模式与合约绩效的综合比较

前面分别解析了三类代表性融资合约的风险分配模式，并评估了不同风险配置格局下的风险分担效应和激励效应，表 3-2-1 是对分析结果的综合比较。

表 3-2-1　风险分配模式与合约绩效比较

合约类型	风险分配规则	风险分担效应	激励效应
标准债务合约	两区间分段式风险配置（基于项目价值的看跌期权）	投资者分担下部风险	• 预防代理人卸责和谎报产出 • 诱发风险转嫁（通过限制性契约条款和担保品加以缓解）
股权合约	单调线性风险分配（基于项目价值的看涨期权）	投资者分担上部风险和下部风险	约束代理人道德危害的激励不足（借助无限期合约设计加以缓解）
可转换债券（混合型合约）	三区间分段式风险配置（看涨期权多头和空头组合）	对风险分担和抑制风险转嫁的平衡	

如果投资者想节约监督成本，而投资项目的边际报酬率较高且具有中度风险水平，或企业家是中度风险厌恶者，希望和投资者分担部分风险，标准债务合约是比较适宜的选择。如果项目风险高且企业家风险承担力较低，对风险分担的需求比较强烈，而投资者监督能力较强，或信息环境透明度较高，采用股权合约可以对企业家提供更充分的风险分担。可转换债券在抑制风险转嫁和满足风险分担需求之间寻求平衡，更适合创业型风险投资的需要。合约主体应基于交易背景条件，选择适当的合约类型，实现风险配置的综合绩效优化。

第三节　金融中介和金融市场在风险初级配置中的角色比较

各种类型的融资合约提供了多种风险分配模式，单项合约交易形成合约主体之间的双边风险分配结构。在金融体系中，存在数量庞大的参与者群体，他们可以通过金融中介或金融市场两种交易平台进行股权、债务或混合型合约交易，从而使风险分担超越双边交易的局限，在众多参与者之间形成两类各具特色的风险配置机制。下面将分别考察二者提供的融资风险交易与分配机制的特征，并比较二者在市场主体之间分担风险的功能。

一、金融市场：合约主体自我选择和匹配的“分散式”风险配置机制

金融市场的交易结构是多对多的公开交易，投资者群体和企业家群体内部存在竞争，通常由企业家向众多投资者批量提供标准化的股权、债务或混合合约，由每个投资者自行选择其资产组合结构（安全资产与风险资产的比例），基于融资合约的分散交易，即通过每个投资者和企业家的自主选择与彼此匹配，形成多个参与者之间风险配置格局的市场均衡。众多不同类型的投资者在各自与资金需求者通过签订合约形成风险分配的同时，也在彼此之间形成了横向风险分担格局。图 3-3-1 描述了金融市场的风险分配结构。

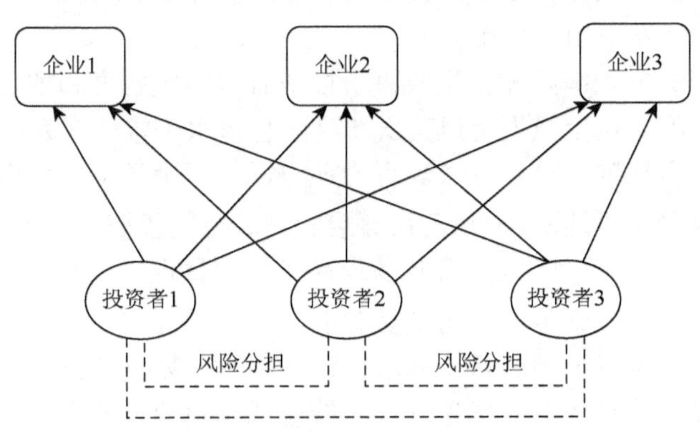

图 3-3-1　金融市场的风险分配结构

（一）“一对一”选择约束下投资者和企业家的匹配与风险配置

在金融市场的竞争均衡状态下，投资者和企业家通过彼此选择，形成类型匹

配。本书在这里借用 Becker（1973）提出的“匹配理论”，对金融市场参与者的选择和匹配过程加以描述[①]。在金融市场上，投资者群体和企业家群体都由多个异质主体构成，即双方各自在风险态度和风险认知倾向上具有不同的类型，投资者和企业家会进行自我选择与内生匹配，合约交易实际上包括两个阶段：首先，各种类型的参与者在市场上寻找与之匹配的交易对手；其后，相互匹配的交易者对融资合约进行设计并达成交易。

下面用模型演示金融市场的匹配均衡。在投资者和企业家双边异质的融资市场中，给定投资者用 I 表示，其特征指标是风险厌恶程度 r，均匀分布于区间$[r_L, r_H]$，下标 H 和 L 分别表示最高与最低风险厌恶度；企业家用 E 表示，特征指标是其持有的投资项目风险水平，用项目收益的方差度量，其方差均匀分布于区间$[\sigma_L^2,\sigma_H^2]$，下标 H 和 L 分别表示最高和最低风险项目。假定一个投资者只能选择一个项目，如果投资者 I_i 选择了项目（企业家）E_j，则他的风险承担成本将是 $r_i\sigma_j^2$。假定所有投资者能够接受的最高风险承担成本是相同的，用 $\overline{r\sigma}$ 表示，给定投资者的风险厌恶度，他可以接受的项目风险范围是$[0,\overline{r\sigma}/r]$。显然，风险厌恶度较低（风险容忍度较高）的投资者对项目风险水平拥有较大的选择余度，而风险厌恶度较高的投资者的选择范围较狭窄。假设不存在隐蔽信息，双方了解彼此的特征，在此背景下，双方有两种可能的匹配模式。

（1）正聚类匹配（Positively Assortative Matching，PAM），即投资者风险厌恶度和项目风险水平是正向匹配。

（2）负聚类匹配（Negatively Assortative Matching，NAM），即投资者风险厌恶度和项目风险水平是负向匹配。

金融市场形成的均衡匹配类型取决于投资者风险厌恶度和项目风险水平的总体特征。如果金融市场上投资者风险厌恶度的总体水平较低（表现为 r_H 较低），且（或）投资项目风险总体较低（表现为 σ_H^2 较低），则风险厌恶程度相对低的投资者选择与高风险项目匹配，而风险厌恶度相对较高的投资者与低风险项目匹配，即形成 NAM。如果 $r_L\sigma_H \leqslant \overline{r\sigma}$，意味着最高风险项目也可以被投资者接受，所有项目和投资者都各自找到了适合的交易对手。

如果市场上投资者风险厌恶总体水平较高，且（或）投资项目风险总体较高，则风险厌恶程度低的投资者会优先选择和持有低风险项目的企业家匹配，即形成 PAM。在这种情况下，风险厌恶度较高的投资者将退出市场，而高风险项目难以得到资金支持。

---

① Becker 用内生匹配解释了婚姻中的择偶行为，后来被广泛用于分析经济生活中存在的相互选择现象。

（二）“多对多”选择下的风险配置和风险分担的规模效应

在一对一的选择约束下，单个投资者能承担的风险有限，可能导致部分投资者和企业家无法找到适合的交易对手。在现实的金融市场中，企业家可以选择同时和多个投资者达成融资协议，使项目风险由多个投资者分担；一个投资者也可以同时选择多个项目，形成分散化投资组合，如此一来，匹配的范围将大为扩展。以风险最高的项目为例，假定该项目和多个投资者达成股权合约交易，首先假定单个投资者只投资一家企业，每个投资者持有的股份比例为 $k \in (0,1]$，即使投资者都具有最高风险厌恶度，只要 $k \leqslant \dfrac{\overline{r\sigma}}{r_H \sigma_H^2}$，项目风险就可以被这些投资者接受，这意味着，当投资者数量达到相当规模时，高风险项目也可以得到融资支持。如果每个投资者可以同时投资多个企业，假定这些企业的风险分布是独立的，投资者就可以通过形成投资风险分散化来降低自己承担的组合风险。给定投资者拥有的资源禀赋，根据 Markowitz 的资产组合理论，将资源分别按一定比例投入多项收益波动性不完全正相关的资产，和将资源全部投入单项项目相比，可以降低投资风险，这将进一步提高项目风险的可接受性，使分布范围更大的投资者和企业家能够彼此匹配。可供选择的项目数量越多，投资者越易于实现投资组合的分散化。

基于上述分析，可以看出，众多类型各异的投资者和企业家汇集于金融市场，形成“多对多”交易结构，不仅使投资同一家企业的投资者彼此实现风险分担，而且使同时投资于不同企业的投资者可以分散风险，随着参与者数量和项目数量的增加，金融市场提供的风险分担能力随之提高，从而形成风险分担的“规模效应”。

二、金融中介：基于合约转换的“集权式”风险配置机制

金融中介机构使用“多对一”加“一对多”的融资合约交易模式，首先由众多投资者和中介机构达成融资交易，继而中介机构和众多企业进行融资交易，在此过程中，形成了不同于每个投资者分别与企业家达成融资合约的风险汇聚和分散机制。商业银行、投资基金等金融中介业务运作的关键环节是对融资合约形式的转换。银行将低违约风险、高流动性的存款合约转化为高违约风险、低流动性的贷款合约。投资基金则是将信托合约转化为债券合约或股权合约。这种以中介为核心、以合约转换为特征的风险配置机制的主要贡献表现在两方面。

（一）弥合投资者流动性风险厌恶和企业家长期资金需求的落差

个体投资者对流动性风险的厌恶和企业家对长期投资的需求之间存在显著落差。通过将分散的投资者汇集起来，利用众多投资者对流动性需求的时间差和大数定律，中介可以对每个投资者提供保险，同时向企业家提供长期流动性，具体表现为商业银行承诺存款人可随时支取，和企业家则签订中长期贷款合约；开放基金向投资者提供可随时赎回基金份额的承诺，并持有长期债券或股权合约。

Diamond 和 Dybvig（1983）提出经典的银行挤兑模型，阐释了银行对存款人提供流动性保险的机制。他们构造了一个时间跨度为 $t=0$，1，2 的模型，在时点 0，主体不能确定自己在时点 1 的未来流动性需求。在时点 1，每个主体将得知自己的类型，类型 1 要求在当期消费，而类型 2 更看重在时点 2 的消费水平。如果主体在时点 1 的类型可以公开观察，两个主体就可以在时点 0 构造保险合约，对流动性风险进行分担，使他们在时点 1 或时点 2 的消费水平得到平滑。然而在现实中，主体类型是每个人的私人信息，他人无法观察，因而排除了达成保险合约的可能性，而银行则可以提供这种保险。主体在时点 0 将资金存入银行，活期存款合约给予每个主体在时点 1 提取存款的要求权 r_1，银行按随机顺序满足提款要求，直到银行用尽其资产。存款人在时点 1 分为两种类型，类型 1 面临流动性需求，要求当期提款，类型 2 则会等到时点 2 得到全部利息。令 V_1 表示银行在时点 1 对存款人 j 提取存款的支付，它取决于存款人 j 在时点 1 提款人排队中的位置。V_2 是银行在时点 2 对到期存款的支付，取决于时点 1 的提款情况。

$$V_1(f_j,r_1)=\begin{cases} r_1, & f_j<r_1^{-1} \\ 0, & f_j\geqslant r_1^{-1} \end{cases} \tag{3-3-1}$$

$$V_2(f,r_1)=\max\{[R(1-r_1f)/(1-f)],0\} \tag{3-3-2}$$

其中，f_j 是在存款人 j 之前的提款占总存款的比率，f 是 1 期提款总量占总存款的比率，r_1 是活期存款合约在 1 期的本息，R 是投资在第 2 期的产出。如果只有类型 1 的存款人在 1 期提款，类型 2 的存款人等到 2 期再提款，存款人的这一均衡决策就实现了彼此的最优风险分担。

（二）填补投资者和企业家风险认知和风险偏好的落差

在现实中，相当一部分投资者对风险认知具有悲观倾向，同时高度厌恶风险，而许多企业家具有轻度乐观主义和中度（或低度）风险厌恶[①]。如图 3-3-2 所示。投资者

① 参见第一章第一节、第二节。

对企业家可能选择风险较高的项目或经营策略心存顾虑，同时缺乏判别和监督企业家的能力，导致企业家难以得到融资支持。在合约转换过程中，中介机构实质上以“集权式”的投资组合决策替代了众多投资者的分散决策。中介机构之所以充当替代公众分散决策的“集权者”，换言之，公众之所以将投资决策权转交给中介，可以用公众和中介在风险识别的先验信念与信息处理能力（成本）的差异性来解释。稳健经营的中介机构通常是客观主义者，能够保持对风险相对理性的判别，同时拥有专业信息分析技术，可以更精确地评估风险水平；而且作为企业，银行的风险承担力高于个人投资者，因而可以充当最终投资者和企业家之间的桥梁，使二者实现间接合作。

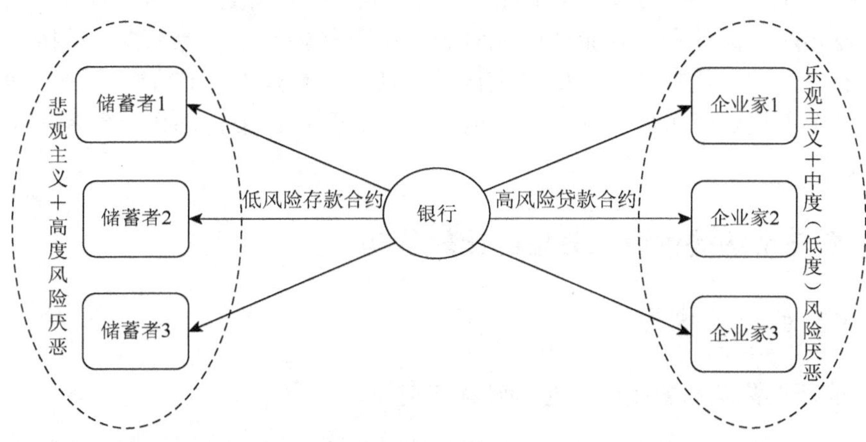

图 3-3-2　以银行为中心的风险配置结构

1. 商业银行：对存款人提供低风险储蓄合约和跨期收益平滑

商业银行的资产和负债表现出显著的信用风险错配，存款人得到银行提供的低违约风险储蓄合约，而银行则汇集了借款企业的违约风险。作为专业的风险管理者，银行可以发挥作为“代表性监督者”的功能，凭借筛选和监督能力控制贷款风险（Diamond，1984），当贷款组合达到相当大的规模时，银行不仅可以降低单位监督成本，而且可以抵消非系统风险。不过，系统性风险难以通过组合风险分散化消除，银行可以在经济繁荣时期提取坏账损失储备，在贷款组合收益水平较低时，可以动用储备冲销损失，形成“跨期补贴”。基于风险判别、筛选、监督、补偿等多种管理手段的综合运用，银行就可以为存款人提供固定的合约收益，该收益独立于银行贷款组合的当期实际收益，从而使存款人实现跨期收益的平滑。

2. 投资基金：小股东风险分担和监督企业家的平衡

根据经典资产组合理论，许多个人投资者都持有广泛分散化的投资组合，与此相应，投资者在单个公司中只持有很小的股份比率，持股分散化会削弱股东对企业管理者的监督动机。提高股东对管理者的监督强度和实现风险分担之间存在潜在冲突，前者随股东所有权的集中而提高，后者则要求采用分散化的持股模式。大股东可以通过监督企业家来而提高所有股东的预期收益，但存在小股东对大股东监督“搭便车”的潜在问题，即小股东试图分享大股东监督的收益，但不需为此付出成本。如果个体投资者将资金交给共同基金，由其负责对企业进行筛选和监督（基金的角色类似银行的代表性监督），作为回报，基金投资者向资产管理者支付报酬，就可以避免对信息生产的搭便车，同时实现基金投资者之间的风险分担。Porter（1992）曾经认为，美国企业流行由小股东分散持股的所有权模式，使美国企业相对于德国和日本企业的竞争力有所下降。不过，他忽视了美国公司股东结构的另一种变化趋势，投资基金日益活跃，在企业中拥有大量股份。通过这些基金，个人投资者可以实现投资分散化，同时又可以委托基金管理者对企业施加监督。

三、中介与市场提供风险分担的比较优势

（一）中介的比较优势

1. 节约交易成本和减轻信息不对称问题

在 Arrow-Debreu 均衡状态下，如果经济中存在一个完备的或有要求权市场体系，有效风险配置就可以实现，不需要银行或其他中介机构对证券进行再包装，市场可以对投资者提供分担企业风险的机会，同时他们彼此相互为对方提供关于未来消费需求时间的不确定性的保险。关于或有证券市场的 Arrow-Debreu 模型忽略了信息不对称和市场摩擦。在理论上，虽然每个主体可以和所有主体签约，彼此对冲未来不确定流动性需求的风险，但由于直接签约的成本十分高昂，中介机构可以视为扮演着造市者的角色，为分散的存款人提供了彼此抵消流动性风险的平台，并节约了交易成本。同时，投资者和企业家之间存在信息不对称问题，使前者可能不愿意分担后者的项目风险，由中介替代个体投资者对投资组合进行决策和管理，可以更好地兼顾风险分担和对企业家的监督。

2. 提供跨期风险分担

当主体面临意外的流动性需求时，如果他们不得不在金融市场上提前变现自己持有的金融资产，只能获得较低回报；即使主体持有分散化金融资产组合，也可能由于经济低迷的系统性冲击而使资产回报大幅度下降，这意味着竞争性的金融市场虽然可以提供横向风险分担，即个体之间在给定时点上的风险分担，但无

法提供跨期平滑消费水平的风险分担机制。银行可以向存款人提供流动性保险，并将经济冲击的风险在经济繁荣和经济低迷时期之间进行分摊，向存款人提供具有固定收益且可以随时提款的存款合约，从而为其提供更平滑的跨期消费模式（Diamond and Dybvig，1983；Allen and Gale，1997）[①]。例如，20 世纪 70 年代，石油价格飞涨对美国企业造成重大影响，纽约股票交易所的股价急剧下降，导致资产组合中包括大量股票的投资者财富缩水，如果投资者低价变现股票，将导致其后期消费水平下降。而在德国，公众多将储蓄存于银行，可以获得固定收益，不需盯住市场，故而未像美国投资者遭受财富损失，因此无需减少消费。两相对比，以银行为主导的德国金融体系更有效地平滑了油价冲击，而不是将之传递给投资者。

3. 降低参与成本

经济主体直接参与市场交易会面临较高的参与成本（Allen and Santomero，1999），即学习有效利用市场以及每日参与市场的成本。随着金融市场广度的加宽，提供了更多风险保值机会，但复杂的交易也使参与成本日益提高，使普通的经济主体产生对合约“模糊性”的厌恶，造成参与市场的障碍。金融中介向客户提供简单的合约，以自身积累的专家技术为提供服务，可以将参与成本在众多客户之间分摊。

（二）市场的比较优势

金融市场的突出优势首先是横向风险分担的规模效应，当市场广度达到相当规模时，风险分担的水平将十分显著，而银行的贷款组合规模和分散化程度受到业务范围的限制。

其次，在金融市场上，即使投资者对项目风险的判别不一致，由于投资者各自独立进行投资决策，基于自我选择，实现和企业的匹配，不影响对项目资金的供给。金融中介的优势在于通过代表性决策在众多投资者间分摊信息成本，但中介管理者对项目收益的看法和投资者可能不同，如果投资者认为管理者的决策不能代表自己的看法，就可能不愿意提供资金。

此外，合约双方直接交易，可以无需向中介支付“保险费”和“信息费”，不同类型的交易者会在“市场参与成本”与“中介保险和服务成本”之间权衡，根据自身的实际情况和偏好，对市场和中介作出选择。

---

① 风险的跨期平滑是指在给定时点上不能分散的风险可以以一种降低风险对个人财富影响的方式被跨期平均。

第四章　风险再配置机制的创新与金融中介的角色嬗变

风险再分配是对初始融资合约交易形成的风险配置格局进行动态调整，风险暴露的持有者之所以将风险转移给第三方，可能出于风险判断发生变化或事后风险管理等多种原因。经济主体可以通过多种方式和交易渠道调整其风险敞口，近年来，信用风险转移手段的创新尤其令人瞩目，不仅使银行在风险配置机制中的传统角色产生重大转变，对融资合约的一级市场交易也具有潜在影响。

第一节　风险再配置的动因与配置机制

一、初始风险承担者对风险暴露再分配的动机

在现实中，可以观察到许多对初始融资合约的风险进行再次交易的现象，比如，股东或债权人在二级市场上出售股票或债券，将风险转让给买方；银行在发放贷款后将之出售给其他机构，或是和第三方达成风险转移交易[①]。风险暴露的二级交易改变了风险在市场主体之间的分配格局，由此引出一个值得深入研究的问题：在资金需求者和供给者达成双方一致接受的融资合约，并形成均衡的风险分配结构之后，合约当事人为何会对其面临的风险暴露进行再分配？主要有以下几种原因。

（一）合约主体的风险倾向或风险暴露发生变化

主体承担风险的行为倾向取决于风险态度和风险认知二维要素的综合影响。影响个体风险偏好的教育程度、性格特征等因素相对稳定，其个体风险态度的转变主要是由于财富水平的变化，企业则可能是由于资本实力、股东结构、预算约束等因素的变化使风险偏好发生改变。

风险认知的变化则通常表现为主体对新出现的信息的反应，基于贝叶斯法则，

---

① 为突出研究主线，本书研究的风险类别以信用风险为重点，关于利率风险、汇率风险等市场风险的转移和对冲，这里不作专门阐述。

新的信息产生后，可能改变主体对项目预期收益和风险概率分布的先验判断，形成后验判断。基于前期信息积累，结合新信息，主体会不断调整对风险的认知。如果主体新观察到的信息（如投资项目的财务状况）和先验信息相反，决策者会修正风险判断，进而作出转让风险的决策。

主体面临的风险暴露状况也可能动态变化，比如，当达成初始融资合约时，投资者持有的资产组合是分散化的，随着同类投资比例增加，对特定资产的风险暴露集中度上升，投资者就有减持风险暴露的动机。

（二）融资交易采用风险分担合约的成本过高

在初始融资交易中，如果信息不对称程度很高，投资者难以验证项目的实际产出，如果采用股权合约，虽然可以充分地在资金供求方之间分担风险，但投资者面临的验证成本过高。如果专业的保险机构得以发展，产生规模效应，使保险成本下降，则融资双方可以签订债务合约，以减少验证成本，再由第三方对债权人提供保险，使债权人可以适当放宽债务合约的条件，对债务人提供一定的风险分担。

（三）金融中介机构在事后对信贷组合的积极管理

传统金融中介理论认为银行可以对众多借款人发放贷款以实现信贷组合分散化，降低贷款违约的损失（Diamond，1984）。然而，信贷市场存在不完全性，由于地域、监管和信息方面的信贷障碍，信贷市场被分割，银行难以在事前形成分散化信贷组合。在事后对过度集中的风险敞口进行积极主动的调整，以便实现贷款组合分散化，是以银行为代表的金融中介进行风险再交易的重要动机。

1. 银行在风险初级配置中实现贷款组合分散化的客观限制

理论上，银行可以在放贷时有意识地选择不同类型的项目和借款人，形成多样化的贷款组合，通过贷款风险暴露的负相关实现“自然保值”。信贷限额是银行常用的一种贷款管理手段，通过对单一客户、行业、区域、授信品种等在贷款组合中的比例设定上限，对贷款集中度进行事前控制。然而在实践中，虽然银行在改进信贷限额管理方面作了不懈努力，但单纯使用信贷限额并不足以达到限制风险集中的目的，因其在实际操作中受到各种因素的限制。

（1）银行所在地区有限的客户多样性。银行（尤其是区域性银行）开拓信贷业务受到其所在地区“自然市场”的限制。许多地区产业结构单一，当地经济依赖于少数作为经济引擎的支柱产业，贷款集中于这些行业在所难免。

（2）银行希望建立对特定客户的业务优势和长期关系。首先，通过信贷目标市场集中化，与特定客户保持紧密联系，可以形成专有信息优势。在关系贷款模式下，借款人会向贷款人披露比在纯粹交易性融资模式下更多的信息，银行也可以通过与企业的持续交易和长期接触获取财务报表以外的内部软信息，使银行信贷专家对客户拥有更加全面、深入的分析能力。其次，通过对特定客户提供量身定制的配套服务，可以培养客户对银行的依赖性和忠诚度，提高客户转换主办银行的成本，增加银行对大客户的竞争优势。此外，凭借向客户提供信贷供给的长期承诺，可以对存款、结算、代理等其他业务产生拉动效应，实现银行业务之间的相互支持和交叉补贴。为此，银行信贷部门大都倾向于根据特定的目标市场细分集中发展基本客户群，而不对自己不熟悉的客户和领域开展信贷业务，并向重点客户给予信贷倾斜。

（3）顺应行业发展周期的信贷取向。信贷多样化要求银行将贷款分布于不同行业，以平滑特定行业的周期波动带来的风险，而银行往往希望把握市场时机，集中信贷资源重点投入朝阳产业或热门产业，发挥信贷业务的规模效应，以期产生可观的收益。

在上述因素综合影响下，银行通常会将贷款投向重点客户或特定行业，同时又试图设置信用额度警戒线以管理信贷集中的风险，从而面临两难境地。由于银行难以在事前形成充分分散化的组合，就需要在事后对风险敞口进行再调整。

2. 信贷组合积极管理理念的兴起

信贷管理模式创新的外部驱动力来自银行经营环境的改变对传统信贷理念日益严峻的挑战。早在 20 世纪 50 年代，Markowitz 就提出了现代资产组合理论（MPT），投资者可利用收益负相关的资产相互抵消非系统风险，调整资产组合结构，使之移向“有效边界”。在此边界上，投资者可结合其风险态度选择风险回报率最高的资产组合。MPT 理论被投资基金等机构广泛应用于证券组合管理，但由于银行贷款合约缺乏流动性，银行难以将 MPT 理论直接引入信贷管理的实践操作。当时的银行业普遍奉行客户关系导向的经营原则，以提供信贷支持作为支点，致力于与客户发展长期稳定的关系，以便形成对特定客户开展业务的比较优势，向客户出售系列化产品和服务，实现客户关系盈利性最大化。银行信贷模式相应表现出两个特征：一是侧重客户关系管理，通常只考虑单笔贷款的盈利水平，忽略从信贷组合的视角进行风险收益分析和决策；二是银行对客户发放贷款后，就持有贷款直至到期，而不主动对信贷组合结构进行调整。进入 20 世纪 60 年代，随着直接融资市场的发展，信用状况较好的企业倾向于利用证券和票据市场融资，银行信贷优势面临威胁。70 年代后，信贷市场竞争日趋激烈，银行为争取为数不多的大客户竞相降低贷款利率，贷款集中度不断上升而边际收益下降。这种使信贷组合严重偏离有效边界的信贷模式在 80 年代遭遇重创，银行业对房地产、能源、拉美国家的巨额贷款均损失惨重。90年代以来，世界政治经济形势更加复杂多变，银行业屡因信贷组合结构失衡陷入困境。

信贷组合缺乏有效管理的严重后果引起了监管者高度重视。巴塞尔资本协议Ⅱ的内部评级法强调对信贷组合风险的研究，美国通货监理署和美联储建议银行建立信贷组合风险管理程序。同时，发达国家银行业也在对传统信贷模式深刻反思的基础上，提出以信贷组合风险——收益有效权衡为导向的积极管理理念，目标是在将风险控制于可承受限度内的前提下，谋求信贷组合的风险调整收益率最大化，银行不是在恪守信贷限额的前提下消极地持有贷款组合，而是积极地调整和优化组合结构，减少风险较高而相对收益较低的信用暴露，添加对组合风险回报率产生正面贡献的信用头寸，改善组合风险收益状况。

要将信贷组合积极管理的理念付诸实践，银行需具备三项基本条件：严谨的组合风险分析技术、完备的组合管理信息系统、灵活的组合管理工具。20世纪90年代以来，西方金融界基于MPT的理论框架，针对贷款收益（损失）非正态分布、贷款违约率和损失率等历史数据匮乏等问题，从不同角度寻求突破，提出了Portfolio Manager、Creditmetrics、Creditrisk+等各具特色的信贷组合风险度量模型，为优化信贷组合提供了技术可行性。与此同时，欧美国家的银行业着手构建信贷组合管理信息系统，下层是数据库，存储借款人和贷款信息以及组合分析所需统计数据；上层是分析系统，从事组合风险估值、风险回报率计算等，并形成分析报告。在此基础上，银行应根据信贷组合的风险收益状况，适时调整组合结构，实现组合优化。为此，银行需要拥有灵活的信贷头寸交易手段，突破贷款缺乏流动性的操作困难。

二、风险再配置的交易机制

（一）融资合约的二级市场交易

1. 证券流通转让中的风险再配置

证券转让的典型情况是市场主体的风险认知存在异质性。当市场上出现新信息时，保值者、投机者对证券的风险判断产生差异，发生证券转手。比如，企业宣布股利政策或公布财务报告后，现有股东可能对企业前景持悲观态度，而其他潜在投资者报有乐观态度，双方就可达成交易[①]。当市场主体对证券的风险判断和

① 另一种情况是，存在两类投资者，在好状态下（公司当期发放股利十分可观），类型2比类型1更加乐观，在坏状态下（公司当期未支付股利），类型2比类型1更加悲观，类型1会利用这种信念的差异，在坏状态下以高于类型2的报价买进股票，以期在好状态下以高价出售给类型2，从而得到投机的溢价。

估值重新达到一致时，风险再配置实现均衡。

2. 非标准化信贷合约的直接出售与证券化交易

银行对大客户信贷倾斜导致信贷组合过度集中，需要减持风险暴露，贷款出售市场的发展为风险转移提供了渠道。不过，贷款合约的定制化对二级交易造成障碍，证券化技术对贷款交易提供了便利，将贷款转换为标准证券，扩大了风险转移的交易范围。

（二）风险转移合约的传统形式与交易结构创新

“纯粹风险转移”交易允许基础合约的持有者（出让风险的保值者）维持和交易对手的合约关系，第三方则可获得自己愿意持有的风险暴露，而不必承担基础合约的管理成本。

1. 传统形式：损失补偿型合约

代表形式是保险与担保合约，要求保值者拥有“可保险利益”，只有遭受实际损失方可获偿。由于确定是否赔偿的变量由被保险方直接控制，存在道德风险，需设置保险限制、免责条款等对其施加约束。

2. 创新形式：参数型衍生合约

参数型风险转移合约的偿付基于反映参考实体或参考债务信用品质的变量，不要求保值者拥有可保险利益，保值者可不因实际遭受损失而获偿，合约设计具有很大灵活性。信用衍生合约为信用风险二级交易提供了全新的思路，相对于常规信用风险转移交易（贷款出售、证券化），不仅可以灵活地对风险进行重塑，而且避免贷款出售对客户关系的损害，对银行的风险再配置模式产生了革命性的影响。

20 世纪 80 年代以来，在充满活力的金融创新的推动下，发达国家的信用风险转移市场（Credit Risk Transferring Market，CRT 市场）成为风险再配置机制中成长最迅速的板块，形成了对风险暴露的多元化交易机制，突出的变化趋势是从传统的私下交易转变为资本市场公开交易。图 4-1-1 描述了 CRT 市场的基本框架。

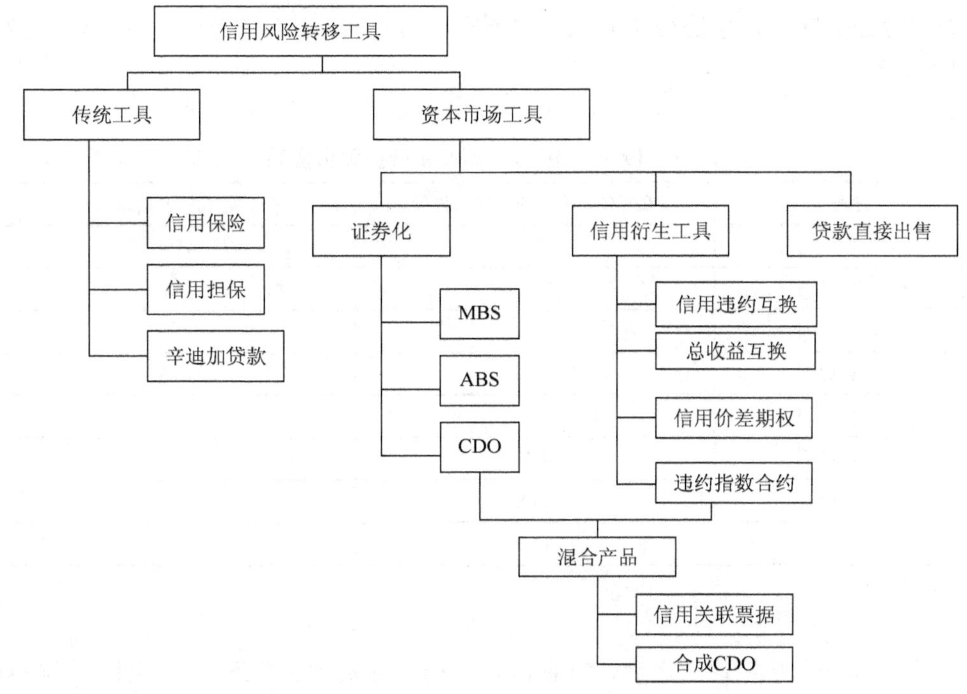

图 4-1-1　信用风险转移市场的基本框架

第二节　融资合约的二级市场交易与风险再分配

一、贷款出售市场的兴起与风险分担结构

（一）贷款出售市场的成长

与股票、债券等标准化证券通过公开资本市场的流通转让实现风险再配置不同，在传统观念中，由银行和客户一对一谈判达成的贷款协议是难以在二级市场上交易的非流动性合约。虽然贷款出售对于银行并非一种全新的行为①，其历史可追溯到一个世纪以前，但是在 20 世纪 80 年代之前，贷款出售的金额可以说微不足道。由于市场规模过小，未引起关注，贷款出售量的统计数据比较粗略。美联储只是在一段较短时期内收集了一些贷款出售的数据，见表 4-2-1。自 1970 年 11 月到 1976 年 2 月，银行体系内贷款出售量只增长了 17%，在 1970 年末和 1974 年中之间（美联储的报告期），对银行体系外的出售量基本未增长。另一个

① 广义的贷款出售包括贷款直接出售和证券化，这里特指前者。

数据来源是美国银行家协会（ABA）的调查，据其估计，1977 年贷款总出售量为 170.1 亿美元。

表 4-2-1　1970-1976 年的商业银行贷款出售额　（单位：亿美元）

时间	银行体系内部的贷款出售量	对非银行机构的贷款出售量
1970 年 11 月	37.8	18.2
1970 年 12 月	31.7	18.5
1971 年 12 月	28.5	16.2
1972 年 12 月	26	17.8
1973 年 12 月	43.5	18
1974 年 12 月	48.2	—
1975 年 12 月	44.8	—
1976 年 12 月	44.2	—

数据来源：美联储。

自 20 世纪 80 年代初之后，贷款出售市场迅速扩大。监管部门和业内组织对贷款出售量数据的定期收集始于 1983 年，此时该市场的成长已经足以吸引银行家和监管者的关注。除了美联储组织的“贷款实践调查”（Lending Practices Survey，LPS）[①]，联邦存款保险公司也统计贷款出售的相关数据，见表 4-2-2。从 20 世纪 70 年代末到 1988 年初，贷款出售的规模增长到约 2400 亿美元。尤其是 1983 年第 2 季度到 1988 年第 1 季度，贷款出售量增长幅度达 784%。从该表中可以看出，最大的 25 家银行主导着市场。

表 4-2-2　1983-1988 年银行（接受联邦存款保险）的贷款出售额（单位：亿美元）

时间	所有银行	排名前 25 位的银行	排名前 50 位的银行
1983 年第 2 季度	267	125	145
1983 年第 4 季度	291	114	125
1984 年第 1 季度	328	147	163
1984 年第 4 季度	502	280	300
1985 年第 1 季度	546	329	338
1985 年第 4 季度	757	512	540
1986 年第 1 季度	654	431	458

① 调查的对象是 60 家大银行（包括 6 家位于纽约联邦储备区的最大银行）。

续表

时间	所有银行	排名前 25 位的银行	排名前 50 位的银行
1986 年第 4 季度	1118	766	857
1987 年第 1 季度	1629	1334	1405
1987 年第 4 季度	1980	1709	1744
1988 年第 1 季度	2363	2101	2149

*未包括消费贷款和抵押贷款，以及附有回购协议或对卖方追索权的贷款。

数据来源：FDIC Call Report。

在此期间内，银行工商业贷款组合被出售的比率迅速增长。表 4-2-3 列出了贷款出售量对工商业贷款量的比率。最大的 25 家卖方银行每季末清偿贷款出售量对工商贷款总量的比率在 1983 年初还小于 5%，到 1988 年初该比率超过 85%。

表 4-2-3　贷款出售额和工商业贷款未清偿余额的比率

时间	排名前 25 位的银行	排名前 50 位的银行
1983 年第 2 季度	0.0469	0.0481
1983 年第 4 季度	0.0425	0.0407
1984 年第 1 季度	0.0535	0.0519
1984 年第 4 季度	0.0736	0.0932
1985 年第 1 季度	0.1233	0.1079
1985 年第 4 季度	0.1979	0.1748
1986 年第 1 季度	0.1669	0.1487
1986 年第 4 季度	0.2939	0.2744
1987 年第 1 季度	0.5332	0.4671
1987 年第 4 季度	0.6946	0.5801
1988 年第 1 季度	0.8571	0.7053

数据来源：FDIC Call Report。

另一项关于贷款出售市场兴起的间接证据是银行资产销售部的出现和银行对贷款出售业务投入的不断增长。据 1985 年 6 月 LPS 报告，与货币中心银行的访谈显示，在过去 1 年中，有 8～10 家大银行投入了大量资源来扩大销售贷款的能力。与此同时，越来越多的银行着手对贷款合约进行修订，试图将贷款文件标准化，使之更适于销售。1986 年 2 月的 LPS 报告，只有 5%的被调查银行和 9 家最大银行中的 22%对贷款协议进行重构，到 1987 年 7 月，LPS 再次报告，这两项比率分别达到了 42.9%和 88.9%。

（二）市场参与者与贷款出售的动机

1. 贷款出售市场的买方和卖方

20 世纪 80 年代早期以前，贷款买卖交易仅局限于代理银行网络内部，代理行是指为其他银行提供服务的银行，被代理行通常是较小的银行。当一家代理行购买由被代理行发放的贷款时，称为“上游参与”（upstream participation）；代理行将其发放的贷款份额出售给被代理行称为“下游参与”（downstream participation）。根据美国银行家协会的调查，贷款出售的原因大多是由于银行超出了对单一借款人的法定信贷限额。在 1977 年被出售的 171 亿美元贷款中，112 亿是以“上游参与”的形式，即小银行对大银行出售贷款份额，这或许是因为小银行客户来源单一，更可能超出信贷限额。

自 20 世纪 80 年代中期以来，在贷款出售市场迅速扩张的同时，买方和卖方的身份也趋于多元化。表 4-2-4 展示了 1986 年 2 月 LPS 报告的数据，被调查的银行报告了出售的工商业贷款未清偿总额，以及对不同类型购买者的出售比率。在卖方群体中，大银行是主导者，而不再以小银行向大银行出售贷款为主。9 家大银行的贷款出售量占比超过 50%，其中每家的出售贷款未清偿余额都在 2 亿美元以上，有几家银行的出售量超过 10 亿美元，而资产在 50 亿美元以下的银行的贷款出售额均未超过 1 亿美元。不过，随着时间的推移，参与贷款出售的银行数量逐步增加。在买方群体中，1985 年末，主要的购买者是国内银行，然而到 1987 年，外国银行成为最大的买方，其购买金额约占 38%。国内大银行既是主要的卖方，也是重要的买方，这反映出他们在发挥对特定类型贷款的专长的同时，也需要实现贷款组合的分散化。贷款买卖不仅超出了传统的代理行网络，而且出售到银行体系外的贷款金额显著上升，购买贷款的非银行金融机构主要是保险公司和养老基金，此外还有各类非金融企业。到 1987 年 3 月，5%的出售贷款未清偿余额是由非金融公司持有，其类型分布呈现多样化。

表 4-2-4　被调查银行的美国国内工商业贷款出售额　（单位：亿美元）

买方	所有被调查银行		9 家最大的银行[①]		其他银行	
	1985 年 12 月 31 日	1987 年 3 月 31 日	1985 年 12 月 31 日	1987 年 3 月 31 日	1985 年 12 月 31 日	1987 年 3 月 31 日
购买（出售）总额	261	387	147	251	114	135
国内大银行[②]	95	107	28	33	67	74
国内小银行	33	27	9	10	24	17
外国银行	117	148	99	112	18	37

续表

买方	所有被调查银行		9家最大的银行[①]		其他银行	
	1985年12月31日	1987年3月31日	1985年12月31日	1987年3月31日	1985年12月31日	1987年3月31日
储蓄机构	9	18	6	16	2	2
非金融企业	NA	19	NA	19	NA	1
其他	7	67	4	61	3	6

数据来源：LPS报告。

①根据1985年底的总资产规模，它们是花旗银行、美国银行、大通曼哈顿银行、摩根担保信托公司、汉诺威制造、化学银行、信孚银行、Security Pacific银行、芝加哥第一国民银行。

②大银行被定义为总资产超过10亿美元的银行。

2. 贷款出售动机的理论假说和实证研究

1）理论假说

贷款二级市场的迅速扩展引起了学术界的关注，银行为何出售贷款？研究者对此提出了多种解释，最具代表性的是"比较优势假说"和"风险分散化假说"。

比较优势假说认为银行出售贷款是为了发挥其拥有的比较优势。该假说由Pennacchi（1988）提出，银行可以出售贷款获得融资，卖方银行的特征是具有发放贷款的比较优势而吸收存款存在比较劣势，买方银行具有相反的特征。虽然银行的传统融资模式是吸收存款或发行股票筹集资金，但由于资金成本不断上升，加上监管部门要求银行缴纳存款准备金、不得突破存款/股本比率的法定上限等约束，贷款出售相对于这些融资来源可能是一个有利可图的安排[①]。银行可以通过出售贷款来降低融资成本，因为银行无需为出售贷款得到的资金持有准备金，也不必发行相对更加昂贵的股本来保持资本充足度。在此基础上，他解释了为何有些银行在市场上主要作为卖方，而其他银行则作为买方。那些在存款融资上具有优势，但发放贷款的机会相对有限的银行会成为潜在的贷款买方，拥有贷款发放机会多于吸收核心存款的机会的银行则成为卖方。Carlstrom和Samolyk（1995）假定银行在识别其当地有价值的贷款项目方面具有比较优势，并证明持有这些贷款项目但面临融资约束的银行会将贷款出售给无此约束的其他地区的银行，因而，受到融资约束而面临旺盛贷款需求的银行更可能致力于出售贷款，贷款购买者则具有相反特征。

风险分散化假说认为银行出售贷款的动机是利用二级市场实现贷款组合的分

① Gorton和Pennacchi（1995）具体解释了贷款出售市场迅速成长的原因。Q条例取消、存款竞争加剧、银行面临的资本要求增加，使存款融资成本大幅度上升，与此同时，由于贷款出售合约安排的改进，银行通过贷款出售获得融资的成本下降，两方面因素的共同作用推动了贷款出售规模的增长。

散化。那些缺乏实现贷款组合分散化机会的银行（可能是由于规模或地区扩展的局限）更可能参与贷款二级市场。虽然风险分散化动机似乎可以视为比较优势假说的一个特例（对特定领域具有比较优势的银行往往难以形成贷款组合分散化），但二者对银行出售贷款的直接目的提出了不同的解释，风险分散化假说强调银行将贷款出售和购买作为风险管理的手段；比较优势假说则认为银行出售贷款是为了获得融资，难以对银行同时作为贷款买方和卖方的行为作出解释。

2）实证研究

Berger 和 Udell（1993）、Demsetz（1994）、Haubrich 和 Thomson（1996）的实证研究为比较优势假说提供了一些证据，他们都发现具有低资本水平和高融资成本的银行是更积极的贷款卖方。Demsetz（1994）还发现，银行所在地区的贷款机会对银行出售贷款的数量也有正面影响。不过，Haubrich 和 Thomson（1996）发现银行资本水平和贷款购买行为是负相关的，而这和比较优势假说的预想相反。同时，研究者也对风险分散化动机进行了实证检验，Pavel 和 Phillis（1987）发现贷款出售与银行贷款组合集中度存在正相关。Berger 和 Udell（1993）考察了贷款出售和银行风险的关系。他们认为贷款出售可能是由风险分散化的需要所驱动的，并研究了位于允许广泛设立分支机构和限制设立分支机构的各州的银行的贷款出售行为。不过，Pavel 和 Phillis（1987）、Berger 和 Udell（1993）都只考察了贷款出售，而没有考虑贷款购买，这意味着他们对风险分散化动机的研究是不全面的。

Demsetz（1999）将贷款出售与购买的决定因素结合起来加以考察。他将银行分为四类：①既出售又购买贷款；②只出售贷款；③只购买贷款；④既不卖也不买贷款。比较优势假说意味着，如果银行拥有充裕的发放贷款的机会，但面临融资约束，银行属于“只卖贷款”类的可能性较大。风险分散化假说则意味着，如果银行实现分散化放贷的机会受到限制，银行落入“既买又卖”类的可能性较大。此外，银行规模对银行的二级市场参与也可能会产生影响，由于贷款交易存在规模效应，大银行可能会频繁地同时作为市场的卖方和买方。他分别考察了不同的银行特征对银行类别归属的影响。实证结果为比较优势假说提供了证据，拥有旺盛放贷机会的银行归于“只卖类”的可能性大于“只买类”；融资能力较强的银行（具有较高的资本比率和低融资成本）更可能归于“只买类”（相对于“只卖类”）。同时，实证结果也为风险分散化假说提供了证据。如果存在州内设立分支和州际扩张限制，约束了银行分散化放贷的机会，则银行归于“既卖又买类”的可能性增加。

理论研究和实证检验表明，虽然银行出售贷款可能有多种具体动机（这些动机彼此并不矛盾，可能同时并存），但风险转移和实现贷款组合分散化无疑是一项重要动机。贷款出售市场不仅使银行得以彼此交换放贷机会和融资能力的比较优势，同时，也有为银行提供了调整贷款组合结构、实现风险分散化的运作机制。

（三）出售贷款的类型演变

随着贷款出售市场的发展，出售贷款的类型发生显著变化。从贷款质量看，在贷款出售市场的发育初期（20 世纪 80 年代初），出售的贷款一般是对投资级借款人发放的工商业贷款。他们大多是知名度较高的上市公司，根据 LPS 在 1985 年 6 月的报告，70%的被调查银行出售的贷款是借给可以进入商业票据市场的企业。根据 LPS 在 1985 年 12 月底的报告，2/3 的出售贷款是对具有公开评级的投资级借款人的放贷。然而，1987 年 3 月的 LPS 调查显示，被出售贷款的质量发生了变化。投资级借款人比率下降到 45%，主要是由于货币中心银行出售的贷款中投资级贷款的比率下降所致（从 80%下降到 50%）。同时，被出售贷款的期限也发生变化。20 世纪 80 年代早期，银行主要出售 90 天以下的短期工商业贷款，随着市场发展，出售贷款的平均期限有所延长。根据 1993 年 6 月 28 日 Newsletter 的“资产出售报告”，该机构跟踪调查的 9 家主要银行出售贷款的未清偿余额为 589.4 亿美元，其中只有 64.6 亿美元的期限小于 1 年。

从贷款目的看，调查显示，并购贷款在贷款出售市场中占较大比重，1986 年，超过 1/3 的出售贷款和并购融资有关。同时，银行出售的贷款中有相当一部分是在“竞争性投标选择权”（competitive bid option）下发放的贷款。在这种投标安排下，借款人邀请一群“参与银行”对全部或部分贷款投标，参与行（通常是较大的银行）和它的“分销网络”（包括小银行、外国银行、养老基金、保险公司等）进行协商。然后，参与行提交对所有或部分贷款的投标，借款人选取最低的报价，胜出的银行中标并发放贷款，随后将其持有的贷款份额出售给分销网络的成员。为了成功地参与投标竞争，大银行必须能够在中标后出售巨额贷款，以便和其他金融机构分担融资压力和信贷风险。根据 1987 年 7 月 LPS 的报告，多数货币中心银行都会将其在竞争性投标选择下得到的贷款出售给多家金融机构，从而形成间接式的辛迪加贷款①。辛迪加贷款的发展成为推动贷款出售市场成长的重要驱动力量。

（四）贷款出售的交易方式和对卖方银行的隐性激励

1. 贷款出售的基本方式

贷款出售的方式可以分为三种类型，在转移权利和义务方面有所不同。

① 辛迪加贷款可分为直接式和间接式两类。所谓间接辛迪加贷款（indirectly Syndicated loan），是指牵头行单独与借款人签订贷款合同，然后将部分贷款转让给其他愿意提供贷款的银行，由牵头行和受让贷款的银行共同组成银团，并由同时兼任代理行的牵头行负责贷款管理。

（1）更新（novation），将贷款合约项下的全部权利和义务从放贷银行转移给买方，卖方银行完全退出，被新的债权主体取代，这种贷款出售需要征得借款人的同意，除非贷款合约预先对此有约定。

（2）转让（assignment），将直接的债务人—债权人关系从放贷银行转移给贷款买方，由此将放贷银行的权利转移给了买方。受让方不只是得到贷款偿付的现金流，而且还有在违约事件发生下直接对借款企业采取行动的权利。不过，转让并未将放贷银行对借款人的义务（如贷款承诺）转移给买方。因而，转让相当于将初始贷款合约分成了两部分，债权的主体部分被转让，没有创造出新的合约。

（3）参与（participation），又称二级贷款参与，银行和借款人之间的初始贷款合约法律关系不变，将基于贷款合约的借款人承诺支付的未来现金流（全部或部分）给予第三方。这一交易行为创造出了一项新的“参与合约”，它只存在于卖方银行和买方之间，买方没有针对借款企业的权利，后者甚至可能不知道参与合约被出售[①]。贷款银行继续持有和借款人的正式合约，贷款参与没有转移初始贷款合约的权利和义务，由于买方和借款人没有法律关系，必须依靠卖方银行运作初始贷款合约，即使后者可能不承担贷款最终结果的风险。

贷款更新是最完全的贷款出售，由于其交易成本较高，贷款出售最初通常采用转让的方式。20世纪80年代后期，更为灵活的贷款参与成为主导交易方式[②]，放贷银行普遍采取向买方出售基础贷款产生的现金流的形式。贷款出售的具体形式一般使用“Bids”或“Strips”。“Bids”是短期贷款承诺额度（short-term loan commitment lines）。借款企业的贷款期限大多为3～90天，银行通常参与对这笔短期贷款的全部或部分的竞争性投标，在中标后将贷款的现金流出售。“Strips”是将较长期限的贷款转化为一系列更适于销售的短期贷款，银行基于长期基础贷款，构造期限较短的参与合约，对贷款现金流分段切块，将之出售给买方。

2. *维持卖方银行激励的交易安排*

贷款参与合约是从基础贷款合约派生出的二级交易合约，减少了交易成本，使贷款现金流的拆分和转让更加灵活，但也强化了买方面临的潜在道德危害。参与协议通常声明，“银行将如同未出售贷款参与一样发放并处理每笔贷款”，但是“买方要对每个借款人的资信做出自己的评估”，而且银行“不应对清偿、财务状况或借款负债的合法性和可执行性负责”，除非是故意的或明显的疏忽。如果借款人违约，买方对卖方银行无显性追索权，同时买方也没有对借款人的显性追索权。卖方银行和借款人仍然保持债权债务关系，但在出售贷款后，放贷银行可能会缺

① 如果放贷银行将贷款出售的事宜通知借款企业，这项交易是“被披露的参与”（disclosed participation），否则就是“沉默的参与”（silent participation）。

② 1986年7月LPS报告，被调查银行以转让方式出售贷款的不足10%。

乏对违约的借款人采取行动的激励（比如，就贷款合约进行再谈判），因而，其行为选择可能不同于贷款未出售时（银行仍处于风险中）的情形。在买方对此具有理性预期的情况下，贷款出售将面临阻碍，如何维持对卖方银行的激励，使其主动地对贷款合约进行管理，减少出售贷款的代理成本，是贷款出售市场成长中的关键问题。

如果放贷银行没有将贷款风险完全转移，就会有动机对借款人采取行动，买方对卖方银行的依赖可以通过让后者仍然对基础贷款承担一定风险来实现，在实践操作中，可以有以下几种交易安排。

（1）只有部分贷款份额被出售，卖方银行保留剩余的贷款份额。卖方银行保留的份额越多，尽职评估和监督借款人的激励越强。例如，1986 年，Republic Health 向 Security Pacific 银行牵头、其他 8 家银行参与的辛迪加贷款借入 26500 万美元，Security Pacific 银行将部分贷款份额出售给参与行，自己持有对贷款剩余现金流的要求权。1987 年，Republic Health 停止支付贷款利息，由于参与行不具备投票权，Security Pacific 银行作为参与行的代表出席了谈判会议。有关证据显示，不少卖方银行保留了一定比例的贷款份额。不过，参与合约未明确要求卖方保留部分贷款，这一合约特征是隐性的，由市场力量保证执行，而非法律。

（2）令基础贷款合约的期限长于参与合约的期限，由卖方银行持有对借款人的长期贷款承诺。卖方银行出售的对长期贷款的短期“Strips”就是这种交易设计。银行和借款企业达成一项为期 1～10 年的贷款承诺，然后，放贷银行向买方出售期限 1～3 个月的“Strips”，为这项长期贷款提供融资。当 Strip 到期时，买方没有义务更新该项短期融资。虽然买方在短期内暴露于“Strips”到期之前的违约风险，但放贷银行保留了更长期间内的违约风险暴露（承诺对借款人提供再融资），因而这种交易安排可以维持银行对借款人的监督激励。

（3）由卖方银行支持第三方保险。如果卖方银行将贷款全部出售，在不附带追索权的情况下，就会没有管理贷款和控制风险的动机，这会使买方对贷款出售的道德风险望而却步。如果为了消除买方对“柠檬市场”的恐惧，在贷款出售合约中附加追索权，联邦监管当局会认为追索意味着卖方银行仍然承担资产风险，根据监管会计实践（Regulatory Accounting Practices，RAP）对贷款出售标准的规定，贷款将可能无法移出表外，即使贷款在名义上已经出售，卖方银行仍须对该项贷款持有资本以抵御风险，不能得到绕过监管资本要求的好处。为了增加对买方的吸引力，同时规避监管约束，卖方银行采取了变通的方式。比如，银行出售没有直接追索权的贷款参与合约，同时令一家保险公司为对买方的偿付给予保险，一旦发生赔付事件，由银行偿还保险公司的损失，从而用隐性追索替代显性追索。

（4）设置卖方银行回购贷款的隐性承诺。由于监管当局禁止银行在贷款出售合约中附加显性担保，银行可能向买方提供隐性担保。买方很关心当自己需要现金时能否出售贷款参与份额，卖方银行可能非正式地承诺回购贷款。该做法是否构成隐性保险，引起了监管者的注意。如果买方期望在贷款质量恶化的情况下由放贷银行回购问题贷款，银行就提供了实际上的贷款担保。虽然公开报告显示卖方银行否认有隐蔽协议承诺回购出问题的参与贷款①，但根据研究者和银行家以及贷款买方的访谈，买方和卖方有时会发生贷款回购。

图 4-2-1 中的（a）、（b）、（c）、（d）分别描述了维持卖方银行激励的几种交易结构。通过上述安排，卖方银行（或辛迪加贷款的牵头行）可能会对贷款参与的买方负有义务，尤其是监察贷款、收取并分配贷款偿付的现金流、监控担保品和借款企业财务状况、执行贷款合约，这些义务通常是隐性的，因为参与合约通常不包括对卖方银行的追索，并且未将债权人对借款人的权利转移给买方。虽然在法律上，卖方银行没有保护参与买方利益的义务，买方不能强迫银行对借款人采取行动，只要卖方银行和借款人的利益牵涉大于参与交易，卖方银行就仍然具有维持贷款价值的动机。

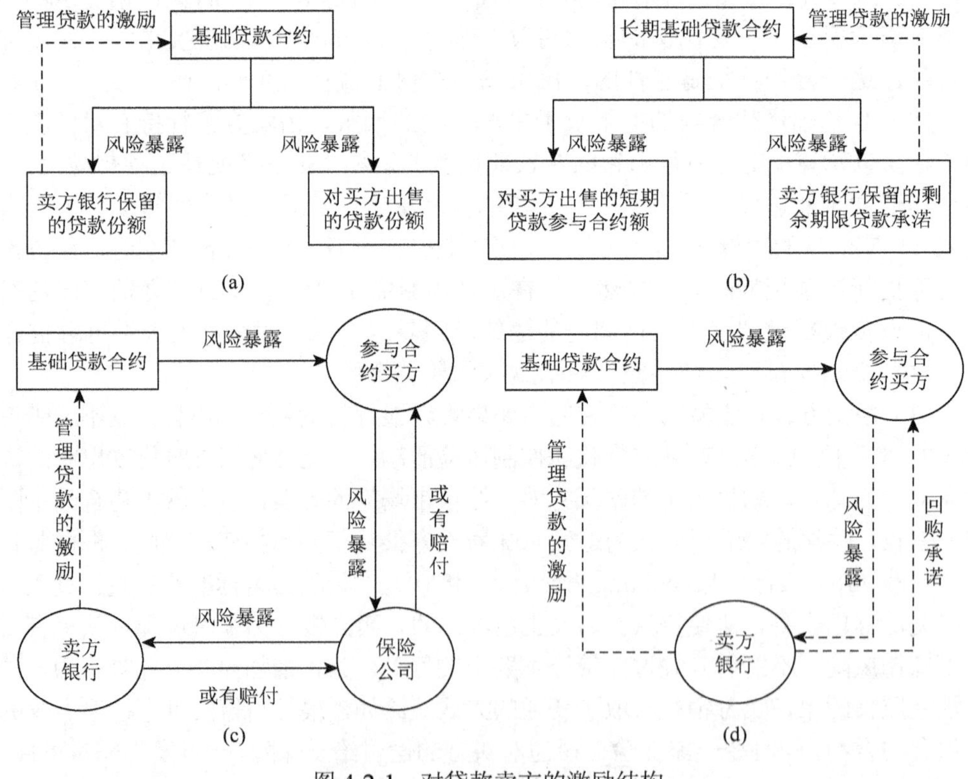

图 4-2-1　对贷款卖方的激励结构

① 例如，根据联邦存款保险公司前任董事的报告，Penn Square 银行是一家当时在贷款出售市场上相当活跃的卖方银行，该银行的主席声称他们没有承诺回购问题贷款。

二、贷款证券化的风险配置结构与理论阐释

（一）贷款出售市场的起落与非标准化合约转让的障碍

贷款出售市场在20世纪80年代中期戏剧性的兴起备受瞩目，然而，贷款出售额在1989年第3季度达到2909亿美元的顶峰后，从1989年底到1991年，交易规模大幅度下滑，下降到低于峰值的50%。图4-2-2描绘了这一变化。

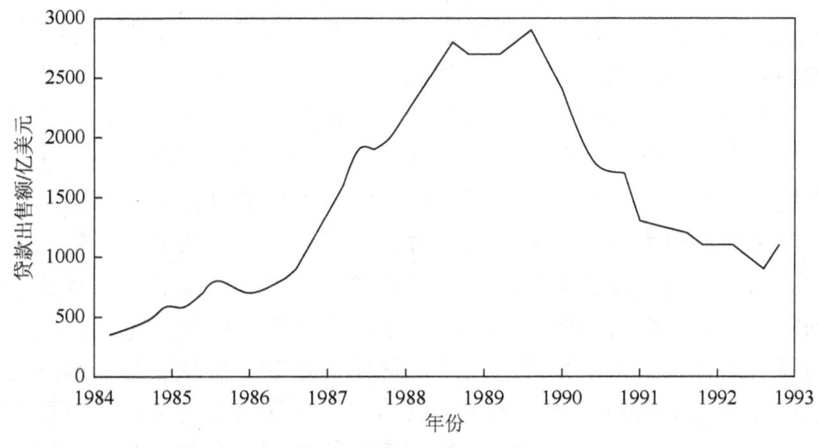

图4-2-2　贷款出售额的变化（1984～1993年）

数据来源：联邦金融机构检查委员会（Federal Financial Examination Council）。

对这一现象的解释有几种说法，一种是宏观经济形势的影响，贷款出售市场的兴旺发展发生在美国经济扩张时期，1990～1991年经济转向低迷，新增贷款量的减少势必在贷款二级市场上反映出来。然而，虽然最初的市场低迷可能是对经济低迷的周期性反应，但贷款出售量在其后的经济复苏期间仍持续下降。另一种是将贷款出售的增长和下降归因于20世纪80年代并购市场在繁荣之后的萧条，银行为这一市场提供了重要的融资来源，并通过贷款参与出售了大量并购贷款，企业并购活动（杠杆型买断）的减少表现出和贷款出售市场类似的变化模式。不过，并购贷款规模的变化并不足以解释贷款出售市场的整体变化。监管制度的改变似乎也是一项影响因素。贷款出售是美国银行业对1927年“麦克法登法”禁止跨州设立分机机构的回应，这项规定限制了银行实现贷款地区分布的分散化，贷款买卖是银行持股公司管理资产负债表的重要工具，使其可以在附属银行之间转移资产，实现存款来源和贷款发放的匹配。如果银行可以跨州设立分支，这种信贷资产的再配置将不再必要。

从本质上看，除了上述外部因素对贷款出售市场的临时性或阶段性影响，合约的非标准化是贷款出售的固有障碍。银行和借款人协商达成的贷款合约通常是根据客户的具体需求进行设计，与股票、债券这类标准化和高流动性证券存在显著差异。虽然在初始贷款合约基础上构造的贷款参与合约已经初步具有一定的证券色彩，但其流动性和交易范围仍然受到限制。

关于参与合约是否是证券，当时曾经引起争议。美国法律对证券的定义相当宽泛，根据 1933 年《证券法》的规定，任何被公认为是“证券”的金融工具将受到证券法约束，发行人必须注册并披露有关证券的信息。法庭使用四种检验来决定一项事物是否是证券，通常以交易的经济目的作为考察重点，基本检验是 Howey-Forman 检验，主要考虑对象的经济实质，并为证券设定了四个标准[①]。Howey 检验将证券定义为：①进行一项投资；②投资于一家共同企业；③预期可以得到合理的利润；④利润来自他人的创业或管理努力。表面上看，贷款参与似乎符合这些标准，但仔细推敲，这些表述具有一种排除了贷款参与的法律含义。贷款是非投机性的，不算是一项投资；没有资本增值的利息不算是利润；银行的常规信息收集和监察不算是一种管理努力。（尤其是当参与买方拥有要求撤销借款人的抵押赎回权或否决改变贷款条件的权利时。）即便如此，在实际操作中，为了避免被判定为证券，参与合约的卖方通常采用“私募”的发行方式，或是在制定参与合约时规定贷款将不得被再次出售，这些都限制了贷款参与合约的交易范围和流动性。更为重要的是，贷款出售市场的主要交易对象是工商业贷款合约，这类贷款合约的定制化特征尤其突出，每项贷款的金额、期限、利率、偿还安排等合约要素都各不相同，在当时的制度和技术背景条件下，难以打包组合出售，只限于单项交易，使之面临一定的转让障碍。

（二）贷款证券化的试验与推广

和贷款出售市场的大起大落形成鲜明对比的是贷款证券化交易的日趋兴旺。贷款证券化不同于单项贷款的现金流出售，而是将结构化技术应用于基础贷款组合现金流的转让，将非标准化贷款合约转化为标准化证券，使贷款的流动性显著提升，二级市场交易呈现空前繁荣。

1. 住房抵押贷款证券化的启动及其市场的发展

住房抵押贷款支持证券（Mortgage-Backed Security，MBS）是最具代表性的

---

① 其他几项检验分别是“商业或投资检验”（commercial/investment test）、“风险资本检验”（risk capital test）和“Weaver 检验”，侧重于 Howey-Forman 检验的不同方面。

贷款证券化产品。住房抵押贷款之所以成为贷款证券化最初的实验对象和最主要的基础资产，既有其自身的天然因素，也有来自政府扶持的外部制度因素的推动。从目前的住房抵押贷款模式看，本息偿还分摊于贷款期限内，现金流收入分布较均匀；借款人具有广泛的地域和人口统计分布；贷款抵押物有较高的变现价值；贷款合约标准化程度相对较高。和其他类型的贷款相比，住房抵押贷款显然更符合证券化对基础资产的要求。不过，这些特征并非完全是住房抵押贷款与生俱来的特质，政府对住房信贷一级和二级市场的支持具有深刻的影响。

在 20 世纪 30 年代之前的美国，早期的住房抵押贷款模式是：贷款比率一般不超过房价的 50%～60%；贷款期限不超过 5 年；采用“子弹式”还款安排，只付息不还本，到期后按新的利率水平重新签订合同。显然，当时银行业的信贷合约设计理念是十分保守和谨慎的，一方面，设置较高的首付比率，借助抬高门槛，屏蔽低收入高风险的借款人；另一方面，将长期贷款分割为一系列中期贷款，借此设置银行对是否延续贷款合约的选择权，银行可以根据借款人收入状况等因素的变化判断其还贷能力的实时状况，决定是否续约。然而，饶是如此严苛的贷款条件，也抵挡不了大危机下系统性违约的冲击。经济衰退使失业率急升，200 多万户居民因无力偿还抵押贷款而丧失住房产权，银行急于处置收回的房产回笼资金，进而使房地产市场严重供过于求，房价加速下跌，银行损失惨重，1600 多家银行和储蓄贷款协会破产。鉴于居民失业——银行倒账——房地产市场崩溃的连锁反应和严重后果，美国政府决定直接参与住房抵押贷款业务，以期恢复市场信心。

1932 年，胡佛政府成立联邦住宅贷款银行（Federal Home Loan Banks，FHLB），对从事住房信贷业务的金融机构提供融资，向房地产市场注入流动性。1934 年，国会通过《国民住宅法》，启动政府帮助低收入家庭解决住宅问题的公共住宅计划。根据该法案，罗斯福政府成立联邦住宅管理局（Federal Housing Administration，FHA），为普通居民住宅提供抵押贷款保险。FHA 对抵押贷款制定了详细标准，只要符合标准，购房者就可向 FHA 申请保险。1944 年，退伍军人管理局（Veterans Administration，VA）开始提供退伍军人的住宅抵押贷款担保，符合条件的退伍军人为购买住宅而借贷，可以得到 VA 提供的部分担保，无需付担保费。政府对风险的分担成功地推动了房地产金融市场的复苏，不仅促使银行恢复放贷，而且使银行可以调整住房抵押贷款的合约安排，首付比率下降到 10%～20%，期限延长至 25～30 年，并采取分期偿还本息的还款方式，即自摊销贷款（self-amortizing loan），住房抵押贷款的门槛随之大幅度降低，同时，为了满足 FHA 和 VA 对“合格贷款”的要求，贷款合约的标准化程度也有所提高，为方便贷款的转让和证券化打下了基础。

除了以提供资金和担保的方式支持房贷一级市场，政府还着手为缺乏流动性的长期住房抵押贷款开辟二级市场。1938 年，国会授权 FHA 组建联邦国民抵押协会（Federal National Mortgage Association，FNMA），俗称"房利美"（fannie mae），目的是为 FHA 保险的抵押贷款提供再融资。房利美通过发行债券筹资，并购买住房抵押贷款，储蓄贷款协会是主要的贷款卖方。在这一阶段，由于购买的是由联邦保险的抵押贷款，房利美实际上未承担信用风险。1968 年，由于来自越南战争的预算压力，政府将房利美移出财政预算之外，将之转化为私人持股、政府支持的企业（Government-Sponsored Enterprise，GSE），其业务重点也在 20 世纪 70 年代转向无政府保险的常规抵押贷款，并承担相应的信用风险。同时，建立政府国民抵押协会（Government National Mortgage Association，GNMA），俗称"吉利美"（ginnie mae），其目的是继承房利美的政策性任务，为政府提供担保的贷款提供二级市场，并促进抵押贷款二级市场的创新。吉利美作为美国住房和城市发展部（department of housing and urban development）的组成部分，经费由财政支出。1970 年，国会又批准建立联邦住房贷款抵押公司（Federal Home Loan Mortgage Corporation，FHLMC），俗称"房地美"（freddie mac），也是私人所有、政府支持的 GSE，任务是为储贷协会提供抵押贷款二级市场，收购联邦保险的常规抵押贷款，此后又被授权购买未经担保的住房抵押贷款。

20 世纪 60 年代后期，由于市场利率大幅波动、金融创新使 Q 条例管制下的传统金融中介面临脱媒，加之互助储蓄银行和储贷协会以期限较长的住房抵押贷款作为主要资产，使其面临很大的流动性压力，迫切需要借助更为便利的方式出售贷款，摆脱资金周转不灵的困境。1970 年，第一只贷款证券化产品——住房抵押贷款转手证券（Mortgage Pass-Through，MPT）问世。储贷协会将 FHA 和 VA 担保或保险的住房抵押贷款作为基础资产，发起贷款证券化，由吉利美对贷款支持证券的偿付提供保证。1971 年，房地美发行贷款参与证（participation certificate），基础贷款是无 FHA 和 VA 保险的常规住房抵押贷款，由房地美自行提供保证。1981 年，房利美也发行了住房抵押贷款转手证券。1983 年，房地美创造出担保抵押债券（Collateralized Mortgage Obligation，CMO）。由这三家政府代理机构主导的 MBS 市场称为"代理市场"，他们设置了多项贷款收购标准，合格抵押贷款在抵押住宅、贷款金额、期限、抵押优先权、保险要求、借款人信用评分等方面均须符合要求。1983 年，没有政府背景的"非代理机构"也开始发行 MBS，对信用评分、抵押率和证明文件等方面的要求比代理机构更为宽松，促使 MBS 市场规模进一步扩大。到 2006 年，美国约 60%的未清偿住房抵押贷款以 MBS 的形式进行交易，美国的 MBS 市场成为世界上最大的固定收益市场。

2. 证券化的标的资产与市场范围的扩展

在 MBS 市场运作取得成功后，20 世纪 80 年代中期，以不动产抵押贷款以外的其他金融资产作为担保品的资产支持证券（Asseted-Backed Security，ABS）也发展起来。1985 年，一家金融租赁公司（Sperry Lease Finance Corporation，现改称 Unisys）发行了第一只资产支持证券。同年，马林·米德兰银行（Marine Midland）发行了第一笔以汽车贷款担保的资产支持证券，也称为“汽车应收款票据”（Certificate for Automobile Receivables，CAR）。此后，住房权益贷款、信用卡应收款、学生贷款、建造房屋贷款、企业应收账款、版权专利费等相继成为证券化的标的资产，使这些曾经缺乏流动性的金融合约成为可交易的资产。这些基础资产的合约特征具有相对的同质性，较易于进行证券化操作。

1987 年，债务担保证券（Collateralized Debt Obligations，CDO）问世，并成为增长速度最快的资产支持证券。与以同类资产作为担保品和被动管理为特征的传统 ABS 不同，CDO 是以不同类型的多种固定收益资产作为担保品、由资产管理经理进行主动管理的证券化产品。根据基础资产的类型，CDO 可分为以融资合约为基础的现金 CDO（Cash CDO）、以信用衍生合约为基础的合成 CDO（Synthetic CDO）以及混合 CDO（Hybrid CDO）。

（三）证券化偿付结构的创新

除了在交易结构上规避法律风险，实现破产隔离和真实出售，证券化产品的偿付结构是证券化设计的关键。贷款支持证券的早期偿付结构是转手证券（pass-through security），服务商收取贷款本息，从中扣除服务费，将剩余款项过手转递给投资者，并按投资者持有的证券比例对现金流进行均匀分割，不对现金流进行重组。随着证券化产品设计技术的发展，贷款支持证券大多不再只是简单地将基础贷款组合的现金流平均分配给投资者，而是对现金流进行重组，创造出具有不同特点的多种证券。

在这些创新型偿付结构中，最具代表性和影响力的是顺序偿付结构（sequential tranching），即构造具有不同优先等级和期限的贷款支持证券，将基础贷款组合的现金流按次序对投资者进行偿付[①]。抵押担保债券（Collateral Mortgage Obligation，CMO）是采用顺序偿付结构的典型代表，一般包含若干组债券，比如，A、B、C 组债券和应计利息债券 Z。前三档债券本息被偿付后，资产池的剩余现金流方可用于支付 Z 债券的本息。在这种结构安排下，每种债券的投资者承担的风险有所不同，后一组债券可以为前一组证券提供保护，Z 债券存在的效应是使前几组债券的本金支付因 Z 债券利息的延迟支付而加速。

顺序偿付结构也是 CDO 经常使用的偿付安排。CDO 以多个类别的分散化资

---

① 此外还有平行偿付下的本息剥离结构、循环偿付结构等，此处不一一阐述。

产作为担保，由资产管理经理负责管理资产组合。用于购买担保资产的资金是通过发行多档债券而筹集，一般包括优先档、中间档、次级/从属档、权益档。权益档的功能是作为对前面各档的第一损失的对冲或抵消，通常不公开发行，多由发起人持有，因而不进行评级，其他各档都需要评级，优先档债券至少需得到 A 级。为了对优先档债券提供充分的保护，在对其他档债券进行支付前，需要进行测试，若未通过测试，担保资产组合的现金流将用于清偿优先档。图 4-2-3 描述了基础资产组合的风险在各档证券之间的分层。

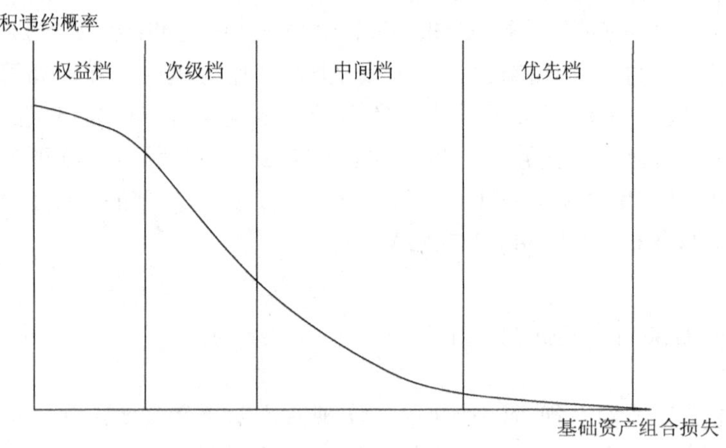

图 4-2-3　基础资产组合的风险分层

（四）结构化技术的风险配置模式与理论阐释

对基础资产的“汇集”（pooling）和“分层”（tranching）是结构化产品设计的核心技术。抵押贷款支持证券的典型构造是将大量住房抵押贷款汇聚成贷款组合，然后将贷款池的现金流分解并植入具有不同偿付次序的证券，将优先证券出售给投资者，并由发起银行持有权益档证券。自 1995 年以来，美国金融业发放的抵押贷款中超过 50%以这种方式被证券化[①]。这种首先构造资产池、继而进行证券分层的程序也被广泛应用于其他资产的证券化，如汽车贷款、信用卡应收款等。贷款证券化为何普遍采用这一结构？直接的解释是节约交易成本和满足投资者的多样化需求：证券化交易结构复杂，运作成本较高，与单项贷款逐一出售相比，将贷款汇集成资产池打包出售，可以产生规模效应；投资者具有不同的风险和期限偏好，对基础资产池的现金流进行重组，可以形成具有不同优先等级和期限的证券产品，投资者各取所需。这些解释反映了证券化设计的某些驱动因素，但忽略了资

① 数据来自美国债券市场协会（Bond Market Association，BMA）。

产支持证券设计中需要考虑的核心问题：实现风险分散化和缓解信息不对称。

由于证券化的发起银行拥有关于借款人情况的私人信息，不掌握这些信息的潜在投资者可能产生疑虑，担心卖方银行出售质量较差的贷款，自己保留优质贷款，并且在出售贷款后放松对借款人的监督。基于投资者对逆向选择和道德危害的理性预期，发起银行出售的贷款规模（从而贷款支持证券的发行量）越大，投资者的担忧也随之增大，对证券的市场需求随证券发行量的增加而递减，市场对证券的出价随之下降，卖方持有的私人信息会自然地导出市场对证券的向下倾斜的需求曲线，这意味着贷款支持证券的发行将面临缺乏流动性的问题。因而，发起银行势必要寻求突破证券发行障碍，提高证券可销性的方法。

资产支持证券的流动性在本质上取决于证券的合约构造，即证券价值对发起银行拥有的私人信息的敏感度。证券收益对私人信息的敏感度越高，投资者对信息不对称问题的预期就越强烈，证券的市场接受度越低。发起银行可以通过适当的证券设计，将基础资产分割成两种证券：一种证券是信息敏感型合约，由发起银行持有；另一种证券是信息不敏感型合约，由投资者持有。就能够减轻逆向选择和道德危害问题，降低资产证券化的柠檬溢价（lemons premium）和代理成本，提升证券流动性。如果投资者得到的是不依赖于任何私人信息的无风险债务合约，证券发行中的信息不对称问题就不会存在，然而，这要求发行人保留资产池的大部分风险，以便通过超额抵押确保对投资者的偿付，这对于发起银行显然不是最优的安排。发起银行进行贷款证券化的动机是向市场投资者出售贷款以转移风险[①]，保留过多风险会使银行的目的不能充分实现。因而，发起银行面临的证券设计问题是选择一种对基础贷款池现金流的分配方案，能够实现出售贷款的需要和提高证券流动性的平衡，即银行保留未证券化现金流的"保留成本"（retention cost）和将该现金流纳入证券化中从而使证券对银行私人信息的敏感度提高的"流动性成本"（liquidity cost）之间的权衡。

证券化产品设计中普遍采用的现金流分层结构就是将基础贷款分割成具有不同信息敏感度的多种合约的实践安排。在对基础贷款的现金流进行分层之前，首先将多项贷款汇集起来，可以通过风险分散化降低基础贷款组合的整体风险，以便提高向投资者发行低风险证券的比率，减轻证券化的发起银行保留过多风险的负担。

1. 贷款汇集的风险分散化效应

当潜在投资者对信息不对称问题心存顾虑时，基础资产价值概率分布的较低

① 除了转移风险，发起银行进行贷款证券化也可能是出于融资、资本管理等其他目的，不论具体动机是减少风险承担成本，还是降低融资成本、提高资本收益，发起银行都会面临由于信息不对称导致证券缺乏流动性的问题，都需要通过证券设计减轻事前的逆向选择和事后的道德危害。

尾部（即下部风险）的存在会导致投资者压低对贷款支持证券的报价，使发起银行面临出售证券的流动性成本。在理想状态下，如果基础资产的现金流总是大于某个正值，发行人就可以向投资者提供无风险证券，消除信息不对称导致的流动性成本。虽然在现实中难以完全消除资产现金流波动的下部风险，但证券化的发起人可以采取一定措施来降低基础资产现金流的波动性，向投资者提供低风险证券。

单项贷款的现金流只取决于该项贷款最终实现的价值水平，但在多项贷款被汇集成资产池后，总体现金流将取决于所有贷款价值的加总。如果每项贷款的风险彼此不具有高度正相关，发行人就可以利用资产汇集的风险分散化效应，在此基础上创造出低风险和高流动性的证券。因而，基础资产池中贷款的相关性结构对贷款支持证券的构造具有重要影响，通过适当分散化来降低现金流波动性，可以增加对投资者发行的低风险证券的比率，减少发起银行持有的“第一损失层”（first loss tranche）。

将多项贷款汇集成分散化资产池降低了基础资产池出现较低收益的概率，可以减少投资者对证券的压价，增加证券发行收入，这正是贷款汇集可以“创造价值”的关键所在。在本质上，基础资产分散化提供的贷款风险彼此抵消的机制可以替代一部分资产信息的生产，从而节约信息成本，是一种有效地弱化信息不对称负面影响的资产包装策略。因此我们就可以理解，在实践中，将贷款打包出售为何比分开出售贷款更受偏爱，基础资产池的分散化何以是资产支持证券设计的一项重要环节。

不过，从另一个角度看，将贷款汇集起来打包出售，对于发起银行也是有成本的。银行拥有根据私人信息选择每项贷款的出售数量的选择权，资产汇集一定程度上削弱了这种选择权。发起银行不能单纯根据自己持有的信息来选择贷款，而是将高质量和低质量的贷款组合起来混同出售，从而弱化了其信息优势，即减少了银行持有的关于特定贷款的私人信息的价值。相对于向市场出售单项贷款，这种“信息破坏效应”降低了发起银行可能得到的潜在收益，使资产汇集面临一定成本。然而，资产汇集产生的风险分散化效应对于发起银行具有重要意义，它使得发起人能够基于资产池发行低风险证券，显著提高证券的流动性。资产汇集的收益取决于它产生的分散化程度，随着基础贷款池规模的增大，风险分散化效应将超过信息破坏效应，资产汇集对于发起银行来说就是最优选择。

2. 现金流分层的合约设计：缓解信息不对称问题

如果只是简单地将贷款汇集起来，将贷款组合的现金流转付给投资者，并不能显著降低信息不对称的成本和提高贷款的流动性，资产汇集的意义是为分层创造前提条件。在形成分散化的基础资产组合的基础上，还需对贷款池的现金流进行分解，分别向外部投资者和发起银行（内部投资者）提供不同偿付次序的合约，以便增强对前者的吸引力，提高证券流动性。

1）相关理论研究

信息不对称下的合约选择理论为贷款支持证券设计提供了基本原理。Leland 和 Pyle（1977）建立了信号传递模型，企业家可以通过向外部投资者发行债务合约、同时由自身保留股本来传递自己拥有的关于企业价值的私人信息，从而减轻逆向选择问题，降低外部融资的柠檬成本。Myers 和 Majluf（1984）也证明，如果管理者拥有关于企业价值的私人信息，只有那些企业价值波动的风险较大的企业才会对外发行股本，状况较好的企业会保留其股本，由于债务合约的价值对管理者拥有的信息不那么敏感，受到逆向选择问题的影响较小，因而可能是企业偏好的一种融资方式。向外部投资者发行债务合约，由内部投资者持有股本合约，不仅具有信号传递效应，也有助于缓解证券出售后的道德危害，降低代理成本。Townsend（1979）提出有成本的状态验证理论，并证明外部融资使用债务合约可能是最优的，因为它最小化了委托人对验证的需要。Diamond（1993）和 Winton（1995）认为，企业发行具有不同优先权的证券，可以减少监督成本。

基于类似的推理，贷款证券化的发起银行也可以通过对外部投资者发行优先档债务合约、保留贷款组合剩余现金流的方法来传递关于贷款质量的信号，并减轻投资者对事后道德危害的顾虑。早期研究以单笔贷款的直接出售为对象，Pennacchi（1988）分析了贷款出售中存在的道德危害问题。银行能够通过监督借款人提高贷款收益，但是在贷款出售之后，银行对贷款进行监督和服务的激励会减弱，因此贷款出售受到道德危害问题的限制。卖方银行可以通过贷款出售合约的最优设计来解决这一问题，其特征是，如果贷款的最终收入不佳，就对卖方银行施加惩罚，如果贷款得到较高收入（未发生违约），就对银行进行奖励。这种分配规则看上去和贷款买方对贷款拥有债务头寸而卖方银行对贷款拥有股本头寸的结构十分相似，其核心是使卖方银行得到来自贷款监督的部分收益。Gorton 和 Pennacchi（1995）进一步研究了如何实现激励相容的贷款出售，指出贷款卖方可以通过两种贷款出售的合约安排减轻道德危害，使买方相信他在出售贷款后仍然会提供信用服务，一是回购不良贷款的隐性承诺，二是保留部分贷款份额。这些早期研究虽然没有直接针对贷款证券化，但已经提出了通过现金流分层减轻信息不对称问题的理念。

Boot 和 Thakor（1993）针对金融中介基于基础资产组合发行多种证券的现象，解释了为何要将基础资产现金流在多项具有不同风险特征的证券要求权之间进行分割。他们设想市场上有两类投资者：一类没有关于资产价值的信息；另一类拥有信息或可以得到信息。发行人可以将现金流分解包装为两种类型的证券：一种对信息敏感（informationally sensitive）；另一种对信息不敏感（informationally insensitive），即股本证券和无风险债券。知情投资者适合持有信息敏感证券，因为他们可以更好地理解投资的实际风险，从而对证券价值给出较高的评价，而不知情投资者应持有信息不敏感的无风险债券，因为如果他们购买有风险证券将导致证券价值被低估。不过，Boot 和 Thakor 没有考虑由证券发行人保留一部分证券的交易结构。Riddiough（1997）也考察了资产支持证券的设计，指出应将无风险证券出售给外部人，同时由内部人保留有风险证券，可以将逆向选择的风险内部化。前几位研究者都要求对投资者发行无风险证券，DeMarzo 和 Duffie（1999）指出发行人保留部分现金流可以提高证券流动性，但也使发行人面临成本，资产支持证券的设计需要在二者之间权衡。在一定条件下，对投资者发行有风险的标准债务合约是最优的。DeMarzo（2005）从综合的视角，解释了信息不对称环境下将资产汇集成池并加以分层的意义。

2）模型描述

下面构造模型来阐释贷款支持证券的分层设计与合约选择。假定银行可以通过在发放贷款前筛选和评估贷款申请人，在发放贷款后监督借款人来提高贷款的预期收益。贷款支持证券的潜在投资者无法直接观察到银行对借款人的评估和监督情况，从而使证券发行面临流动性障碍。通过适当的证券设计，可以减轻信息不对称对证券流动性的影响①。

（1）发起银行面临的证券设计问题。假定某银行拥有一个贷款组合，其中包括 n 项贷款，每项贷款 i 在未来产生非负的随机现金流 $y_i = x_i+z_i$，x_i 是银行拥有的私人信息，是银行对贷款价值的预期，z_i 是贷款价值中不确定的成分。$y_i \equiv (y_1,\cdots,y_n)$ 是贷款收入的向量，$Y \equiv \sum_{i=1}^{n} y_i$ 是各项贷款的积累收入。x 和 X、z 和 Z 的含义以此类推。假定 x_i 包含了银行知道的关于现金流 y_i 的预期值的全部信息，即

$$E[z_i \mid x] = 0 \text{ 或 } x_i = E[y_i \mid x] \qquad (4\text{-}2\text{-}1)$$

该银行打算向市场投资者出售以贷款现金流作为支持的证券 F，其偿付函数为 $F(Y)$，设定该证券是有限责任，投资者得到的偿付只限于基础资产本身的现金流，而不会涉及该银行的其他资产，即 $F(Y) \leqslant Y$。银行得到信息的时间有两种可能情况：一是该银行在设计证券时，尚未得到信息，直到发行证券时才拥有信息；二是银行在设计证券时，即已拥有信息。

假设银行对证券设计 F 的选择是在得到信息 X 之前进行的，在证券发行时，银行拥有私人信息 X。给定证券设计 F 和私人信息 X，银行估计证券的预期收入是 $f = E[F(Y) \mid X]$。假定银行对未来现金流的折现因子是 $\delta<1$，银行向投资者按市场价格 P 出售贷款组合的一定比率 q，银行得到现金 qp，并持有折现值为 $\delta(Y - qF(Y))$ 的资产，则银行的预期收入为

$$E[\delta(Y - qF(Y)) + qp \mid X] = \delta X + q(p - \delta f) \qquad (4\text{-}2\text{-}2)$$

① 为了简化分析，模型只考虑贷款出售中的逆向选择和柠檬问题，如果将道德危害问题也纳入其中，将不会影响最终得到的结论。

对于每种证券设计 F，市场对证券的需求函数是 $P_F:[0,1]\to R$，即如果银行出售贷款组合的一定比率 q，则证券 F 得到的市场价格为 $P_F(q)$，这意味着对于给定的证券设计，投资者会根据银行出售贷款的比率来给出他们的报价。在了解市场对证券的需求函数的情况下，银行面临的问题是选择贷款组合的出售比率 q，以便实现出售证券的利润最大化，即求解：

$$\prod_F(f)=\max_{q\in[0,1]} q[P_F(q)-\delta f] \tag{4-2-3}$$

其中，$\prod_F$ 是银行出售证券 F 得到的最大利润，$V(F)=E[\prod_F(E(F\mid X))]$ 是证券设计 F 产生的事前预期利润，它随证券 F 的流动性而变化，证券的流动性可粗略地想成是市场需求函数 P_F 对证券设计 F 的弹性，则银行面临的问题就转化成：

$$\max_F V(F) \tag{4-2-4}$$

即银行要确定如何设计向市场发行的证券，以实现证券出售的预期利润最大化。

（2）银行和投资者的信号传递博弈。令 f_0 和 f_1 分别是银行基于私人信息对证券预期价值得出的最好情况和最坏情况下的估值。银行会根据这一估值来决定出售贷款的比率，以实现证券出售的利润最大化，即 $q:[f_0,f_1]\to[0,1]$。银行通过向市场公开出售证券得到的利润 $\prod_F$ 是递减的，而且是下凸的，贷款出售比率 q 是递减的，即当银行对证券预期估值较高（即对投资者的预期偿付较高）时，银行会减少对投资者的证券发行比率。在给定这些属性的前提下，下面对证券的市场需求函数的特征进行分析。

给定证券设计 F，银行基于私人信息对证券的估值是 $\tilde{f}=E(F\mid X)$，它是一个非负的有界随机变量，其上下界分别为 f_0 和 f_1。投资者会根据银行的资产出售决策来推断关于银行对证券的私下估值 $\tilde{f}$。因而，证券出售比率 $q(\tilde{f})$ 和证券市场价格之间存在内生关系。假定投资者只能观察到银行对市场出售的证券比率，如果银行对证券的条件估值不存在不确定性，即 $f_0=f_1$，则对于所有的 q，都有 $p(q)=f_0$，即如果发行人对证券的私下估值是固定的，则对于任一证券发行比率，投资者愿意支付的价格都是固定的，等于该估值。否则，银行对证券的估值越高，愿意出售的证券比率就越低。基于对银行行为倾向的认知，投资者知道，银行做出的最优贷款出售决策（即证券公开发行决策）暗示着，当银行对证券的估值较低时，证券出售的比率高于他对证券估值较高时的比率。因而，投资者的理性推断自然会导出一个向下倾斜的均衡证券需求函数 P，这意味着，发行人愿意出售的证券比率越大，投资者对证券的报价越低。

基于上述分析，可以建立银行和投资者的信号传递博弈。银行拥有私人信息 X，并基于该信息估算证券的预期价值 $\tilde{f}=E(F\mid X)$。然后，银行选择向不掌握证券价值信息的投资者发行的证券比率 $q(\tilde{f})$，投资者在其后对证券出价。由于银行保留一定的证券份额会面临风险承担成本和资金成本，银行愿意保留的证券比率是关于证券价值的一个可信的信号。因而，在均衡上，投资者会基于发行人的证券发行决策，间接推断贷款池的价值，根据这一认知来确定对证券的需求和报价 $p(q)$。

最终的博弈结果是一个三维变量：$(f,q,p,)\in\Theta\equiv[f_0,f_1]\times[0,1]\times[f_0,f_1]$。银行得到的收益是$U:\Theta\to R$，即$U(f,q,p)=q(p-\delta f)$。该博弈的贝叶斯-纳什均衡是一对变量（$p$，$q$），满足以下条件：①证券出售比率 q 能够实现发行人的利润最大化，即$q(\tilde{f})\in\arg\max\limits_{q}U(\tilde{f},q,p(q))$；②投资者根据证券发行比率报出的证券价格等于给定证券发行比率下的证券私下估值的预期值，即 $p(q(\tilde{f}))=E[\tilde{f}\mid q(\tilde{f})]$；③如果投资者报出的证券价格等于银行对证券的私下估值，则该均衡就是分离均衡。根据分离均衡存在的必要条件，可以推出：令$q^*(f)=(f_0/f)^{1/(1-\delta)}$，$p^*(q)=f_0/q^{1-\delta}$，则$(p^*,q^*)$是分离均衡。

（3）证券设计的最优合约选择。根据上面给出的分离均衡(p^*,q^*)，可以看出，该均衡只通过最坏情况下的条件估值 f_0 依赖于证券设计 F。在均衡上，对于给定的证券设计 F，银行得到的利润是

$$\Pi_F(f)=U(f,q^*,f)=\Pi(f,f_0)=(1-\delta)f_0^{1/(1-\delta)}f^{-\delta/(1-\delta)} \tag{4-2-5}$$

根据式（4-2-4），银行面临的证券设计问题是选择能够实现证券发行利润 $V(F)$最大化的合约。基于对信号博弈均衡的分析，$V(F)=E[\Pi(\tilde{f},f_0)]$。证券设计最优性的一阶必要条件是，给定一项候选的证券设计 F，如果对该证券设计增加任一增量现金流，发行人得到的边际收益为 0，则该证券设计就是最优的。根据上面的博弈分析，由于信息不对称导致逆向选择问题，使市场对证券的需求曲线向下倾斜，银行可以通过选择适合的证券结构，将证券设计作为否认发行人在出售证券时可能持有不利的私人信息的担保，向投资者传递信号，从而提高证券的流动性。证券的信息敏感度是证券设计的关键，证券的流动性随证券偿付对银行私人信息的敏感度递减。证券 F 对银行私人信息的敏感度可以用 $\tilde{f}/f_0$ 作为度量指标，因为它代表着银行基于私人信息得出的对证券的实际估值相对于银行可能得出的证券最低估值的比率，该比率越低，说明证券的估值受银行拥有的私人信息的影响越小。基于银行作为证券化的“内部人”和市场投资者作为“外部人”之间的博弈，证券估值的信息敏感度越低，信息不对称对投资者收益的不利影响就越弱，则证券的流动性就越高，反之，信息敏感度较高的证券将面临发行障碍，投资者会压低报价。

不过，要降低向市场投资者公开发行证券的信息敏感度，使投资者得到稳定的预期收益，就意味着银行势必要增加由其保留的贷款剩余现金流和风险。

银行的本意是希望尽可能地出售贷款，但如果大量出售贷款，会导致“柠檬成本”，为了传递信号，银行不得不保留部分贷款现金流，又因此而承担了“保留成本”。银行面临两种相互冲突的成本：证券缺乏流动性的成本和保留资产的成本，二者的权衡取决于信息不对称的严重程度和保留证券份额给银行带来的风险承担成本及资金沉淀成本的对比。如果改变当前的证券设计，使银行对证券估值的信息敏感度相对于原来的证券估值的信息敏感度下降，由此带来的柠檬成本的下降大于银行面临的保留成本的上升，则证券设计的改变就可以增加银行发行证券的收益。

在现实中，交易双方信息不对称程度往往较高，如果银行选择对投资者发行股权合约，即 $F = Y$，将贷款组合的不确定性现金流全部出售给投资者，由此面临的柠檬成本将大于尽可能出售资产的额外收益，因而，发起银行通常不会对外发行股权合约。为了有效地权衡证券缺乏流动性的成本和保留贷款的成本，发行人会在那些具有相同的最坏情况估值的证券中寻找信息敏感度最小的证券设计。给定最坏情况估值 f_0，不论银行持有的私人信息 X 如何，标准债务合约都具有最低的 $\tilde{f} / f_0$ 比率，这意味着其合约估值的信息敏感度最低。因而，发起银行会选择向投资者发行信息不敏感的标准债务合约，即 $F = \min(Y,d)$，其中 d 是一个固定的金额；同时由发起银行保留贷款组合的剩余现金流，即持有类似股本的合约（即权益档证券）$F = Y-d$①，为标准债务合约的偿付提供支撑。

基于上述分析，在信息不对称的交易背景下，对市场投资者发行优先级标准债务合约，并由发起银行持有（准）股权合约，将基础贷款组合的风险暴露分别植入这两类证券中，通过作为内部人的发起银行承担剩余风险来为外部投资者提供担保，形成了贷款证券化最具代表性的风险配置结构。

第三节　纯粹风险转移合约的创新与风险转移机制的改进

一、从传统的损失补偿型合约到参数合约的演化

“纯粹风险转移”（pure risk transferring）不同于融资合约的二级交易，它不涉及对融资合约的现金流要求权的转让，只是将纯粹的风险暴露从初始持有者转移给第三方。

---

① 严格意义上，发起银行持有的权益档证券不同于标准股本合约，由于基础贷款合约是固定偿付的债务合约，所以发起银行能够得到的收益是有上界的。不过，权益档证券具有债和股的双重性，当贷款项目收益较高时，其持有者得到固定利息，具有债务合约的一般属性；当贷款项目收益较低时，由于权益档证券只拥有剩余求偿权，所以它具有类似股本的特性。

交易双方基于初始融资合约达成一项风险转移合约，如果风险的转让方在初始融资交易中遭受损失，风险转移合约将使他得到收益，即来自于交易对手（风险受让方）的偿付，因而，风险转移合约是“零和”游戏，这种合约规定在一定状态下使一方当事人获得正收益，另一方当事人遭受负收益，一方的收益意味着对手的损失，通过一方对另一方的“或有偿付”实现风险转移。构造风险转移机制的关键在于风险转移合约偿付结构的设计。风险转移安排包括两个维度：一是合约中规定的确定风险转移安排的基础变量，即偿付的依据；二是基础变量的变化对风险转移的合约主体的收益和损失的影响方式，即偿付的方式。基于这二维要素，可以将风险转移合约区分为不同的类型。

根据风险转移合约的基础变量是否与风险出让方（保值者）的实际损失直接相关，可以将其划分为“损失补偿合约”（indemnity contract）和“参数合约”（parametric contract）[①]。损失补偿合约的偿付依据是与保值者的损失直接相关的特定变量，在经济损失实际发生的情况下，对保值者进行支付，而参数合约的偿付则是基于一个或多个参数，只要参数的变化达到合约规定的某种水平或状态，就对保值者进行偿付，并不一定要求保值者遭受实际损失。

传统的信用风险转移合约是保险合约和担保合约，二者都是典型的损失补偿合约。在信用保险合约中，债权人作为保值者，对保险公司支付一定的保险费，以换取在债务违约下要求保险公司赔偿损失的权利。保险合约的偿付是基于实际发生的经济损失，通常要求保值者在达成合约前必须拥有“可保险利益”。这意味着，一个主体不能达成一项在其他主体发生损失的事件下要求获得补偿的保险合约，只有受损方才符合补偿条件。同样，在担保合约安排中，保证人与债权人约定，只有当债务人（被保证人）不履行债务，使债权面临损失时，由保证人按照约定履行债务或承担赔偿责任。信用衍生合约是新型的信用风险转移方式，以参考实体（或参考债务）的信用品质或某项信用指数作为合约的基础变量，其性质属于参数合约，不要求保值者一定拥有可保险利益，保值者也并不一定是因实际承受损失而获得补偿，只要规定的信用事件发生，或挂钩的信用指数达到一定水平，就会触发偿付。

由于损失补偿合约只当保值者遭受实际损失时才对其偿付，而且偿付与其损失对等，这意味着，保值者不可能通过这类合约获利。这也与可保险利益的原则相关，它在本质上禁止保值者通过使用损失补偿合约进行投机。参数合约则没有这样的约束，参与者可以利用这类合约投机，或者进行“预期保值”（anticipatory hedging），

① 风险转移合约设定的基础变量的属性（如商品价格、利率、汇率、股价指数、信用品质、财产价值等）是划分风险转移合约类型的基本标准，由于本书重点分析初始融资合约的信用风险转移，故对其他风险转移交易不作详述。

为一项在签订合约时并不存在的、计划中的未来风险暴露保值。

二、信用衍生品市场的成长与风险交易结构的创新

信用保险或担保是信用风险转移的常规手段，不过，这两种合约交易的范围都比较有限，信用保险的提供者局限于保险公司，而信用担保的提供者通常是债务人的关系人（亲友或关联企业）。而且，由于这类合约对被保险（或被保证）利益和偿付条件均有严格的规定，风险保护的覆盖面和合约设计的空间受到限制。

与基于利率、汇率、股价指数等金融资产价格波动的市场风险衍生产品相比，信用衍生合约可谓姗姗来迟，前者早在20世纪70年代就已经问世，而信用衍生工具直到90年代才诞生。然而，自20世纪末以来，信用衍生品市场呈现飞速成长的态势，成为金融衍生工具市场中备受瞩目的后起之秀。

（一）信用衍生品市场的成长

金融界对信用衍生工具的讨论始于20世纪90年代初。1991年，信孚银行（Bankers Trust）和瑞士信贷银行金融产品部（SCFP）发行和贷款质量关联的债券，成为信用衍生品交易的开端。1994年，J.P.摩根大通银行为转移贷款风险开发出信用违约互换。此后，信用衍生品逐步从零散交易形成初具规模的市场。20世纪90年代中后期，全球信用风险问题日益突出，信用衍生品市场成长加快。1998年是市场发展的转折点，信用衍生合约名义金额是1996年的7倍。2001年，市场历经考验后呈暴发之势，业内称为信用衍生品市场真正的“诞生年”。其后，信用衍生交易持续扩张，2004年超过5万亿美元，是增长最快的场外金融衍生品。此后，信用衍生市场加速扩容，到2006年底超过20万亿美元。图4-3-1展示了信用衍生品市场规模的增长。

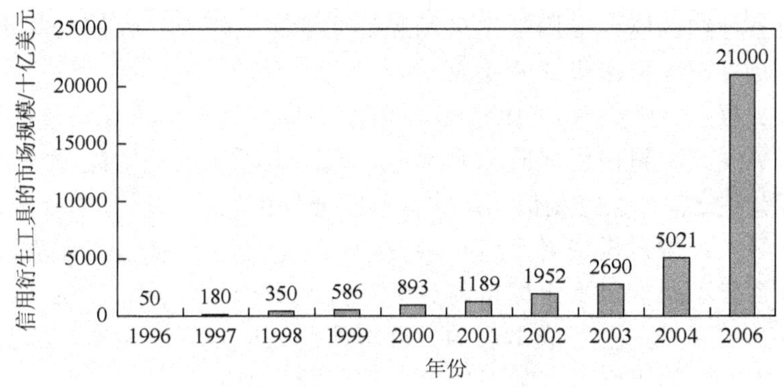

图4-3-1　信用衍生品市场规模的增长

数据来源：英国银行家协会（BBA）。

在市场规模加速扩张的同时，信用衍生工具的创新可谓层出不穷，演化出各具特色的多个品种。信用违约互换（CDS）是市场的主导品种，最初占交易额 60%以上。总收益互换（TRS）和信用价差期权（CSO）因交易结构或交易技术复杂，市场份额一直在 8%以下。信用联结票据（CLN）和合成 CDO 将信用衍生交易与证券化技术结合，后者成为近年来增长最快的信用衍生品板块之一，2006 年的市场占比达到 26.3%，信用违约指数产品后来居上，其市场份额于 2006 年达到 30%以上。与此同时，信用违约互换的市场份额有所下降，单一标的 CDS 在 2004 年占交易额的 51%，2006 年下降到 32.9%①。

信用衍生品市场的地域范围也不断扩展。美国大银行是市场先驱和主导力量，欧洲市场也相当活跃，伦敦占全球信用衍生交易的份额近 50%，其原因：一是欧洲银行之间跨国出售贷款的程序复杂，利用信用衍生品出售风险可简化交易；二是欧元区国家消除了汇率风险，侧重关注信用风险。亚洲和澳洲市场也初具规模，2004 年达 4460 亿美元，占全球市场的 9%。

（二）信用衍生品市场快速发展的推动因素

1. 信用风险市场交易的供求扩张

信用风险二级市场交易的扩张是信用衍生品市场发展的主要推动力。

从风险卖方（保护买方）角度考察，信用衍生工具是有效的保值手段。1997 年亚洲金融危机和 1998 年俄罗斯债务危机后，债权人风险态度趋于谨慎，风险策略相应调整，不再被动承受风险，而是主动转让不愿承担的风险，信用衍生工具作为积极管理信用风险的有效手段迅速崭露头角。2001 年，美国企业达到 1929 年后的违约水平，美国银行业仍保持总体稳定，信用衍生交易对贷款组合风险分散化的作用不可忽视。2002 年，违约互换市场成功地解决了安然、世通破产及阿根廷主权债务违约问题。信用衍生市场经受住了实践考验，人们对其价值的认识和信心成为新兴市场加速成长的支撑。

从风险买方（保护卖方）角度分析，信用衍生品是具有特殊价值的投资工具。首先，信用衍生品可将信用风险与利率等风险因素隔离，提供纯粹的信用暴露投资工具。其次，投资者能定制信用风险，形成现货市场难以得到的合成风险暴露，满足特殊偏好。再次，投资者可进行融资套利。总收益互换是“无需资金的”投资工具，投资者不必支付本金即可得到参考资产风险与收益的复制品，只需向保护买方支付一定利息。融资成本低的银行可能会索取较低的利率，将其比较优势租借给融资成本高的投资者（如对冲基金和证券公司）。

---

① 数据来源：British Bankers’ Association – Credit Derivatives Report 2006。

在市场成长过程中，信用风险买方和卖方数量都呈增势。从表 4-3-1 可以看到，商业银行同时是重要的风险卖方和买方。保险公司主要作为风险买方，他们专长于风险评估和定价，对信用风险提供保护是业务的自然延伸。证券公司和对冲基金在市场上也日趋活跃。参与者类型多样化使市场的广度与深度不断增加。

表 4-3-1　信用保护买方与卖方的市场份额（2003 年）

交易者	买方	卖方
银行	51%	38%
证券公司	16%	16%
保险公司	8%	20%
对冲基金	16%	15%
其他	9%	11%

数据来源：BBA。

2. 信用风险度量技术的进步

精确的信用风险度量技术是信用衍生交易的基础。交易者首先要确定需保值的风险暴露水平，并对信用保护合理定价。传统信用风险度量方法比较粗略，信用衍生合约设计和定价的难度很大，是创建信用衍生工具市场的关键障碍。自 20 世纪 60 年代末到 80 年代，学术界开始尝试将统计技术引入信用评价，先后提出了基于财务指标的信用评分模型（线性多元判别模型）、估算违约概率的回归模型（线性概率模型、Logit 模型与 Probit 模型）。90 年代后期，信用风险度量技术取得进一步突破，基于期权定价原理预测企业违约概率的 KMV 模型、估算信用风险 VaR 值的 Creditmetrics 模型、基于保险精算原理测算信贷组合损失的 CreditRisk+等计量模型为信用衍生品创新提供了技术可行性。

3. 合约标准文本的推行

市场的规范运作需要标准化的交易语言。1998 年，ISDA 出版信用违约互换确认书的标准文本，1999 年颁布“信用衍生工具定义”，2003 年，发布“信用衍生工具定义修正版”，对信用衍生市场的发展具有重要意义：①简化合约文本，提高交易效率。1998 年版文本长达 19 页，新版本将之削减一半。在此基础上，摩根大通银行等机构进一步精简交易文件，使 30 多项合约要素中的 22 项成为固定的标准合约要素。②增加交易术语透明度。信用衍生交易基本在场外进行，ISDA 为信用衍生合约提供标准范式，减少了术语界定模糊引发争端的可能。③合约标准化增进了市场流动性，鼓励更多参与者进入市场。

4. 市场基础设施的建设

信用衍生品拥有 CreditTrade 和 Creditex 网络交易平台，Markit 是全球主要信用衍生品市场报价商，有助于加快成交速度，提高市场流动性和透明度。Moody 等权威评级机构提供信用等级、信用价差、违约概率等数据。摩根大通银行等机构发布信用衍生交易的各种指数，跟踪信用保护价格的变化，为交易者定价提供参考。

（三）代表性信用衍生工具的交易结构与特点

信用衍生工具可以从多种角度进行分类。根据交易结构分类，包括信用违约产品（信用违约互换、违约指数合约）、信用价差产品（信用价差期权、信用价差远期）、信用风险的结构化产品（信用联结票据、合成 CDO）、总收益互换等。根据参考对象分类，信用衍生合约可以将特定债项（贷款或债券）作为参考，也可以将债权组合或某一指数作为参考。根据是否涉及融资（资金转移），可以分为融资型信用衍生品和非融资型信用衍生品。下面重点分析具有代表性的信用衍生合约的交易结构设计，并比较其特征。

1. 信用违约互换

信用违约互换（Credit Default Swap，CDS）的构成要素包括参考实体、参考债务、保护价格、保护期限、支付条件、结算条款等。欲规避信用风险的保护买方向保护卖方定期付费，作为卖方承担参考实体的参考债务（如贷款或债券）信用风险的报酬，卖方承诺如果合约到期前发生规定的信用事件，就对买方进行偿付。信用事件既包括参考实体（债务人）的极端事件，如拒付或破产，也包括预示参考实体信用品质变化的警示信号，如债务重组、信用降级。CDS 主要有两种结算方式：一是实物结算，买方将其持有的、可交割的资产移交给卖方，卖方向买方支付与资产面值相当的金额；二是现金结算，卖方对买方支付现金，其金额反映信用事件发生后参考债务的价值贬值，双方不进行资产交割。现金结算可不必涉及参考资产的实际转移，实物结算则避免关于参考资产在信用事件发生后的公平市价发生争执。根据参考实体或债务的数量，违约互换分为单名违约互换（single-name default swap）和信用篮子违约互换（basket credit default swap）。

CDS 是结构相对简单的信用衍生合约，与保险有相似之处，但又有所不同。保护买方不需要实际拥有参考债务，信用事件是触发卖方对买方进行或有支付的核心要件，一旦信用事件发生，保护买方即可得到赔偿，不论是否实际遭受损失。

2. 信用联结票据

信用联结票据（Credit-linked Note，CLN）是嵌入违约互换的结构化票据。保护买方与CLN发行人（一般是专门的特设机构SPV）达成信用违约互换交易，并向发行人定期付费。发行人向投资者发行CLN，并对其支付利息，其中包括保护买方支付的保险费。若参考债务人没有违约，投资者在票据到期时收回票据面值。一旦参考债务发生信用事件，发行人即停止向投资者支付票据利息，一方面向保护买方进行偿付，另一方面将票据面值扣除对保护买方的偿付后的余额返还给投资者。

CLN实质上是融合了信用衍生交易的证券化工具。与基础资产真实出售的传统证券化不同，CLN是复制参考资产信用风险的合成投资工具。CLN的保护买方只是通过特设机构将参考资产的信用风险嵌入证券中并转移给投资者，参考资产仍然保留在保护买方的资产负债表上，避免了资产转让的烦琐手续和法律纠纷。

同时，CLN也保留了证券化工具的基本特征，故而又有不同于其他信用衍生工具的特性。首先，CLN属于融资型信用衍生品，保护买方没有交易对手风险。由于投资者购买CLN时已支付了票据面值，当违约发生时，发行人只需向投资者返还残值，因而可以确保向保护买方进行偿付，而违约互换的保护卖方没有提供履约担保，即使信用事件发生，保护买方也面临卖方不履行支付承诺的可能。其次，CLN的投资者受到的约束较少。有些国家规定某些机构投资者不能涉足金融衍生交易，但允许其投资于票据，CLN能够为这类投资者提供参与信用衍生交易的渠道。此外，CLN具有较好的流动性。若违约互换的保护卖方欲抵消其合约，通常要执行反向互换交易，CLN可像其他债券那样方便地转让。

3. 合成CDO

合成CDO（synthetic Collateralized Debt Obligation）是利用信用违约互换来转移风险的结构化产品。发起人（sponsor）和SPV达成信用违约互换，为参考债权组合（reference portfolio）购买信用保护，并向SPV定期支付保险费（又称“权利金”），SPV向投资者发行优先等级不同的各档票据，并用筹集到的资金用于购买国债等高品质证券，作为违约互换的担保品。违约互换的保险费和国债利息收入用于支付票据利息。当参考组合中的债权发生违约时，SPV就需变现作为担保品的高品质债券，对发起人进行偿付。CDO证券通常根据信用品质分为不同的风险/收益档（tranches）：优先档票据（senior notes），一般拥有A级以上评级，对现金流的获取有最高优先权，收益率较低；中间档票据（mezzanine notes），一般拥有BBB至B级的评级，对于现金流的要求权低于优先票据；次级档票据（junior notes），对现金流的要求权次于中间档和优先档，收益率较高；权益档票据（equity notes），承担“第一损失”，通常由保护买方持有。图 4-3-2 描述了合成 CDO 的典型结构。

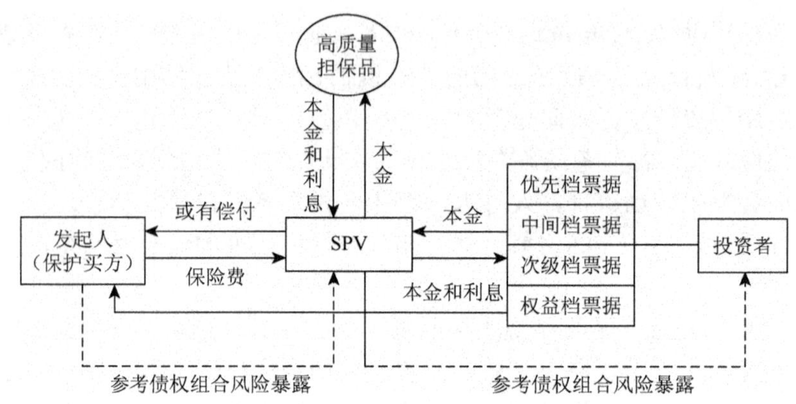

图 4-3-2　合成 CDO 的交易结构

合成 CDO 的证券分层结构和现金流 CDO 十分相似，不过，并不涉及基础资产的真实出售，而是通过信用违约互换建立风险保护机制，将基础资产组合的信用风险移植到多档证券中，转移给投资者，即所谓合成证券化（synthetic securitization）。根据风险转移的程度，合成 CDO 有两种结构：一是全额信用风险合成证券化（full credit risk synthetic securitization），将基础贷款组合的信用风险暴露全部转移给持票人（参考资产规模＝SPV 发行的票据总额）；二是杠杆信用风险合成证券化（leveraged credit risk synthetic securitization），只转移一部分信用风险（参考资产规模＞SPV 发行的票据总额）。

参考资产池的风险在各档证券的投资者之间形成非均匀的风险分担结构。假设在全额信用风险合成证券化中，SPV 发行的票据有 90%为 A 级票据，BBB 级票据为 5%，BB 级为 4%，由发起银行持有的权益档票据占 1%，如果基础贷款池中发生了一起信用事件，令 2%的贷款受到影响，而贷款回收率为 50%，贷款池将损失 1%（即 2%×50%）的价值，作为发起人的银行持有的权益票据将全部损失，而购入前三档票据的投资者将不受影响。假如再次有信用事件发生而导致损失，将侵蚀高一级别的 BB 级票据，其损失由该级票据的所有投资者共同分担；当 BB 级票据也被全部侵蚀后，损失将继续向上一级票据扩散。

4. CDS 指数

CDS 指数合约是为一篮子参考实体的风险进行保值的“多名 CDS”（multi-name CDS），与 CDS 指数挂钩，该指数反映作为样本的多个参考实体的 CDS 风险加价总和随时间波动的情况。CDS 指数主要包括 CDX 指数（包含北美和新兴市场的样本公司）和 iTraxx 指数（包含欧洲和亚洲的样本公司）。类似的产品还有破产指数合约，是由破产指数（国家或地区一定时期内的破产数量）驱动[①]。

CDS 指数合约自 2004 年问世后颇受欢迎，据 BBA 报告，至 2006 年已居信用衍生品交易量的第二位。指数型信用衍生合约的突出特点是针对多家参考实体信用品质的变化，而非仅限于单一的特定债务人，可用于对冲系统性信用风险。而且，由于合约挂钩的指数是公开可得的参考基准，寻求风险保护的一方并不具有相对于交易对手的信息优势，可在一定程度上减轻交易双方信息不对称导致的逆向选择和道德危害。此外，CDS 指数合约具有标准化程度较高、流动性强、定价机制透明、交易成本低等特点，也提升了市场接受度。

三、信用衍生合约对风险转移机制的改进

长期以来，从事信贷业务的银行等信用风险的受险主体主要通过担保、保险、债权出售、资产证券化等方式将过度集中于自身的信用风险转移给其他经济主体，或对预期损失提留准备金作为风险补偿。信用衍生工具出现后，债权人可以灵活便捷地对信用风险进行保值，为信用风险管理开辟了全新思路。与传统的信用风险转移手段相比，信用衍生工具的突出优势表现在以下方面。

（一）解决信用风险转让与维持客户关系的“信贷悖论”

借款企业对银行出售贷款通常比较敏感。银行对借款人的贷款支持对借款人获取其他来源的融资具有“证明效应”（certification effect），由于银行会对企业进行筛选和监督，如果银行愿意向企业提供贷款，则投资者也会愿意购买企业发行的债券或股票。Lummer 和 McConnell（1989）、Best 和 Zhang（1993）以及 Billett 等（1995）的研究发现，当银行对企业发放新贷款时，对股票市场传递了关于借款企业财务状况的正面私人信息。如果银行将贷款出售，会对借款企业（尤其是已经和银行建立了长期关系的借款人）产生负的信息效应。在市场投资者看来，银行具有作为借款企业的“内部人”的独特角色，因此出售贷款的决策会被视为对市场传递银行掌握的负面私人信息。Dahiya 等（2003）通过实证研究检验了贷款出售的信息效应，基于 1995～1998 年的样本数据，发现当银行宣布出售贷款时，对借款人的股票收益率具有显著的负面影响。因此，借款人可能将债权人的这一

① 1998 年，芝加哥期货交易所（CME）率先推出美国季度破产指数衍生产品。这类合约可以是期货或期权，基于 CME 季度破产指数（QBI），即合约到期前三个月在美国新登记的破产数。倘若到期时 QBI 高于订立合约时的水平，合约买方就可获得偿付。

举动视为对自己的不信任，担心会影响其市场信誉度，有的借款人甚至试图限制银行对其贷款的二级交易，据报道，一家企业在贷款协议中附加了一项条款，规定了他不希望其贷款被出售给对方的 11 家机构。如果银行为减少对大客户的风险暴露而欲向第三方转让债权，就须顾虑由此可能对客户关系产生的负面影响，从而面临“信贷悖论”（credit paradox）。更何况，贷款合同附有银行与客户间的“隐性契约”，银行承诺对客户提供资金支持，客户考虑优先购买银行的其他产品和服务，贷款成为维系客户关系的支撑点。如果银行出售贷款，可能面临客源流失，因而陷入两难困境。

信用衍生工具将参考资产中的信用风险独立出来作为一种商品在市场上买卖，债权人利用信用衍生工具进行表外交易，保留资产而出售其信用风险，从而将客户关系管理与信用风险管理分离开来。信用衍生交易不需牵涉债务人，且多在场外非公开协商，不会对客户关系产生消极影响。

（二）提高信用风险市场交易的效率

贷款的合约要素标准化程度较低，债权出售方不易找到合适的交易对手，使债权直接买卖受到限制。证券化技术将应收账款或贷款转化成为标准化证券，为债权人出售风险提供了便利，不过，债权人出于破产隔离等目的，通常首先将债权资产转让给专事证券化的特设机构，再由其基于基础资产的现金流发行证券，其间要涉及烦琐的法律程序。再者，证券化的理想资产是相对标准化的住房抵押贷款、汽车贷款等，大额工商业贷款的证券化比较困难。

信用衍生工具是单纯针对信用风险、独立于参考债务的合约，债权人无需通知债务人，即可与各类交易对手达成信用衍生合约，及时、便捷地出售其不愿承载的信用风险。信用风险交易由此摆脱了贷款和应收款缺乏流动性的束缚，简化了法律手续，节约了交易成本。一方面，信用衍生工具的投资者可以十分方便地获得在信贷市场上由于各种原因（与目标客户未建立密切关系、信贷市场供给趋于饱和、进入特定市场存在困难、分支网络的地域限制等）难以得到的信用暴露，而且可以不需为此融资，也不必承担持有和管理信贷资产的成本；另一方面，风险出售银行作为贷款的发放者，可以与风险买方分享自身对特定领域的业务关系及信用评价和管理的比较优势，又不必承担过度集中的风险，从而在相互冲突的信贷业务专门化目标与信用风险分散化目标之间寻求平衡。

（三）扩展对信用风险的保护范围

狭义的信用风险仅指违约风险，广义的信用风险还包括债务人信用品质变化的不确定性所引起的信用价差风险。即使合约并未到期，如果债务人信用品质恶化，信用价差随之上升，债权资产实际价值将因此下降，债权人会面临潜在损失。担保和保险等传统手段仅针对违约风险，而信用衍生工具则将债务重组、企业并购、信用降级等信用事件也纳入保护范围内，如果这些标志债务人信用品质下降的事件发生，保护卖方即对买方支付，即使并未发生违约。

（四）提供灵活地重塑信用风险敞口的机会

债权出售和证券化一般适用于债权（组合）的整体风险转移，而不是对债权（组合）中的局部风险暴露进行有选择的特别处理[①]。信用衍生工具独立于参考资产，有较大的设计弹性空间，其名义金额、期限等无需与参考资产完全一致，因而具有常规的信用风险管理工具不可比拟的灵活性。债权人可量身定制信用衍生合约，对基础资产的信用风险进行再设计，以调整其面临的信用风险敞口，具体策略如下。

1. 对冲单项债权的部分风险暴露

假定银行想对某客户提供信贷支持，但客户的贷款需求超出了信贷限额，银行可采用以该客户为参考实体、名义金额等于贷款的超限额部分的单名 CDS，覆盖额外的信用暴露。如此一来，银行既扩大了贷款业务，又不至于对单一客户承担过度集中的风险，从而释放了信贷限额。例如，如果客户的贷款需求是 1000 万元（利率为基准利率+50 基点），银行对该客户设置的授信限额是 800 万元，银行可在发放贷款的同时，为 200 万元的超限额贷款通过 CDS 进行保值，保护价格为基准利率+30 基点（意味着银行仍然有盈利空间）。如图 4-3-3 所示。

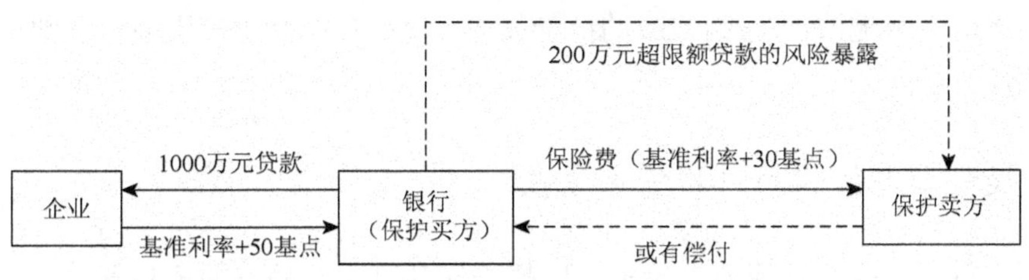

图 4-3-3 银行利用违约互换释放信贷限额的交易结构

① 贷款证券化虽然可按偿付优先顺序对基础贷款组合的现金流进行风险分层，但难以对组合中的风险暴露作更为细致的分解和重塑。

2. 为债权组合设计不同程度的信用保护覆盖率

银行可将其持有的信贷组合作为参考基础，构造不同类型的信用篮子违约互换。

第一违约篮子（first-to-default baskets），当篮子中任何一个参考实体发生第一件信用事件后，合约就告终止，保护卖方承担的风险以第一违约为限。违约保护的价格取决于参考贷款的数量、违约概率和违约相关性。若参考贷款违约相关性较低，第一违约篮子可为买方提供低成本且高效率的保值工具，因为贷款组合中超过 1 项以上的多项贷款相继违约的可能性较小。若借款人是彼此竞争关系，其中一个破产后，余者的信誉度将由此改善，因此，银行不需购买针对每个借款人的信用保护。

多重违约篮子（multiple default baskets），可设计成对篮子里可能发生的任意数量的违约事件提供保护。篮子中出现第一起违约事件后，合约不会终止，对于以后发生的信用事件，只要在规定范围内，卖方对买方均给予偿付。如果违约互换所保值的违约事件数量等于参考贷款数量，则保护买方就将贷款组合的全部信用风险转移给卖方。多重违约篮子交易不同于一系列单名违约互换的总和，双方只需就一套合约文件进行谈判，可节省交易成本。

第一损失篮子（first-loss baskets），银行保留信贷组合中的部分风险暴露（第一损失），将剩余的风险暴露（第二损失）转移给保护卖方，若组合中的违约损失超过了约定金额，即第一损失，则卖方向保护买方偿付。保护买方的保留层（retained layer）是贷款组合的预期损失，第二损失则是未预期到的意外损失。银行通过互换交易限定其所能承受的损失上限，而不是对全部潜在暴露保值，旨在减少保护成本。

3. 对冲债权组合面临的系统性违约风险

银行可利用指数型信用衍生合约对其持有的信贷组合进行管理，规避经济萧条时期借款人普遍破产/违约造成的信贷损失，使信贷组合对信用环境恶化的系统风险免疫。

（五）提供动态的信用风险管理手段

为贷款、应收账款或债券投资提留损失储备是相对静态的风险管理手段，债权人只能在预计未来损失的基础上确定并保持准备金水平。信用衍生工具则动态地反映参考债务人信用品质的变化，保护卖方对买方的或有支付取决于债务人信用品质的实际变化，相当于提供了及时跟进的（just-in-time）债权损失储备，而不需占用大量流动资金。

第四节　金融中介在风险配置格局中的角色嬗变

风险转移方式的创新对商业银行经营模式产生了革命性的影响，着眼于商业银行与金融市场在风险配置中的相互关系，可以发现银行的角色沿着以下轨迹演变。

一、传统角色：与市场平行的风险汇集与保险提供者

银行存贷业务模式的核心特点是负债与资产合约交易中内含的风险转换机制，为存款人和借款人分别提供了流动性及信用风险的双向保险。关于银行为何能够充当将风险集聚于一身的保险提供者，相关理论解释如下。

（1）大数定律假说。银行贷款分散于众多借款人，产生贷款组合分散化的风险稀释效应，贷款总体业绩的波动性可根据大数定律得到平滑。

（2）存款人“相互保险”原理。存款人提款需求存在时间差，可以彼此提供流动性保险。

（3）廉价存款和附加服务捆绑销售的利益补偿。与债券融资相比，银行承诺支付的存款利息较低，可补偿银行承担的额外风险。此外，银行可以客户开立存款账户为依托，对存款人出售结算、汇兑等其他服务，实现各类业务的交叉补贴。

在传统银行时代，银行与资本市场是并行的两种各具特色的风险配置机制。在资本市场上，投资者可以持有多样化资产组合实现彼此之间的横向风险分担，但无法分担宏观冲击导致的资产损失。银行通过风险汇集和转换，使在给定时点上不能分散的风险可以被跨期均摊，弥补了金融市场对风险分担的不完全性。

二、新兴角色：和市场交融的专业化风险交易者

自 20 世纪 90 年代以来，发达国家商业银行开始调整业务运作模式和风险承担策略，大量运用贷款出售、证券化乃至信用衍生工具转移风险，并为客户提供风险管理服务，依托于中介和市场的两种风险配置机制彼此不再固守藩篱，而是趋于相互交融。商业银行的角色不是单纯充当风险汇集和承担者，而是将风险作为商品加以专业化运作，一方面利用市场进行风险二级交易，另一方面，在市场风险交易中充当“造市者”。

（一）从风险资产的“生成—持有者”转化为“发放—出售者”

在银行业长达数百年的演进史中，贷款直接出售—证券化—信用衍生工具市

场的兴起堪称重大转变。银行贷款曾经是难以交易的合约，大多被保留在资产负债表内直至到期，使银行在贷款生命期内一直暴露于风险之中。虽然贷款出售和信用保险已经存在了一定时期，但它们在机构间转移风险中的角色相对微小，证券化技术和衍生品市场的发展迅速改变了这一状况。银行可以将风险运作从客户关系管理中解脱出来，从贷款风险的“持有到期”模式（Hold-To-Maturity，HTM）转变为“发放—出售”模式（Originate-To-Distribute，OTD）。银行在一定程度上从关系导向型转向交易导向型中介，通过在风险转移市场上卖出或买入贷款头寸或风险暴露，灵活地调整信贷资产组合的风险—收益状况，这使银行具有了某种类似投资基金的资产管理风格。

1. 驱使银行角色调整的内在矛盾与环境因素

银行在风险配置机制中角色的自我调整是由多方面因素综合驱动的，其根源在于传统银行提供风险转换机制的内在矛盾以及环境改变的外部压力。支撑风险转换的理论假说是银行可以有意识地通过扩展客户来源形成分散化贷款组合，然而在现实中，银行信贷组合往往不是充分分散而是倾向于集中，姑且不论业务范围天然局限的中小银行，即使是拥有广泛贷款机会的大银行也难免如此。Diamond（1984）在银行代表性监督理论中曾经认为，如果银行的监督行为涉及分散化的众多借款人，他们的总体业绩可根据大数定律得到平滑，不过，在 Diamond 的理论模型中，假定企业投资规模是常数，而未考虑银行发放大额贷款具有的规模效应，由于银行投入监督的资源中固定成本占相当比例，单项贷款规模越大，单位监督成本就越低，面对不同规模的借款企业，银行会倾向于将大客户作为信贷支持的重点对象。加之银行普遍奉行客户关系导向的信贷模式，银行会综合考虑与客户总体业务关系的预期收益，满足大客户信贷需求就成为维持客户关系的支点。基于上述原因，贷款充分分散化是一种理想状态，具有非现实性。风险分散化与贷款业务专业化的好处之间存在权衡，银行受利益驱使，经常将贷款集中于少数大企业而承担过高风险。如此一来，银行的风险转换机制就具有传统理论所不能解释的内在矛盾：既然银行难以在贷款发放中实现高度分散化，银行何以维持风险严重错配的资产负债结构。正如 Hellwig（1998）的疑问：“问题在于，为何存款机构在传统上要让自己暴露于不可分散化的风险。”[①]

虽然不能单纯依靠资产分散化降低风险，但银行业在金融体系中长期占据近乎垄断的行业地位，为其提供了丰厚的利润回报，使银行业总体上具有抵御损失冲击的能力，大银行可以实行对优质大客户的“摘樱桃”策略，以及要求借款人

① Hellwig M F. Banks，markets，and the allocation of risk in an economy. Journal of Institutional & Theoretical Economics，1998，154（1）：328-345.

提供价值充足的担保品来减少损失，然而，随着来自金融市场竞争的加剧，过去曾经为银行提供安全缓冲器的利润基础受到侵蚀，贷款市场对优质大客户的竞争日趋激烈，而存款人要求得到较以前更高的利率，在风险暴露加大且利差变薄的情况下，传统的“贷款持有到期”模式使银行陷于被动。20 世纪 80 年代末美国储蓄贷款协会遭遇行业危机，使银行贷款缺乏流动性导致资金周转困难的问题分外突出。为了应对行业挑战，银行业不仅改进了风险管理技术，同时也着手调整风险承担政策，致力于开发各种风险转移工具。

2. OTD 模式下银行业核心功能的变化

在传统的金融中介“集权式”风险配置模式下，商业银行兼具“风险代表性管理者”和“风险集中承担者”的双重身份，随着竞争环境压力的增大，银行业逐渐不堪重负，风险错配和过度风险承担成为诱发银行危机的重要因素。对此银行业开始作出适应性调整，从被动承担转为积极地交易风险，利用各种市场工具将资产负债表内的各种风险剥离、拆分与重新打包，转移给更适合于持有这些风险暴露的投资者。在信用风险转移市场上，对知名度高且交易活跃的企业的风险暴露可以较容易地转移，即使是借款人的市场号召力不足，也可以通过组合打包和证券化将其贷款风险出售。如此一来，使那些原本无法进入公开融资市场的个人或企业可以将其与银行谈判达成的定制化融资合约转化成对市场投资者发行的标准合约，从而间接进入公开资本市场。银行由此成为联结非公开融资和公开融资的接口，在此过程中，银行依然是作为对借款人进行筛选和监督的代表，不过，不是对存款人的代表，而是对资产支持证券投资者或信用保护卖方的代表。银行发挥自身的信息收集优势和风险评估及管理技术，对经其筛选的借款人发放贷款，然后经过证券化或构造信用衍生合约，将之转售给市场投资者，而银行继续充当监督借款人和催收贷款的服务商，其本质是使银行的风险管理者与风险承担者身份分离，成为专门从事风险管理和风险产品设计的专家。

（二）充当金融市场风险交易的“造市者”

银行等金融中介不仅通过风险转移市场调整自身的风险暴露状况，同时也为客户提供参与市场风险交易的便利。金融市场提供的风险二级交易和保值合约的结构日趋复杂，如果参与者缺乏分析专长，决定合约损益的未来或有事件就分为两类：一类是能预见的明显状态，用 S 表示；另一类是不能预见的模糊状态，用 T 表示，它的存在可能引发主体的“极度风险厌恶”而放弃交易。中介将客户不熟悉的证券 $f(s,t)$ 转换成更明确的合约 $f'(s)$，消除模糊状态对客户预期收益造成的不确定影响，并通过和客户保持长期的合作关系为其提供隐性保险。中介提供的风险管理服务使客户可以间接参与市场，从而保证市场有足够的深度。除了通过向客户提供风险交易服务从而“创造市场”，同时，金融中介也可以在风险转移市场上作为其他主体进行风险交易的潜在对手，直接发挥其造市功能。

在风险配置机制的演进中，金融市场和金融中介日渐从界线分明走向相互交融，彼此支持。纵览金融中介的角色演变，其核心功能始终是以最小的成本对不同类型的经济主体提供风险分配机制，具体实现方式随市场环境的变化而调整和创新。

第五章　金融风险配置机制创新的总体趋向与现实绩效

第一节　金融体系风险配置机制的演化轨迹与发展态势

Arrow（1964）和 Debreu（1959）将不确定性引入一般均衡模型，设想了“完全或有要求权市场”[①]，在他们构想的理想状态下，所有风险都可以得到保险，从而实现充分风险分担。不过，在现实世界存在信息不对称和交易摩擦等不完美的情况下，金融体系对各类主体的风险分配需要在风险分担和提供激励之间进行权衡。风险配置机制创新与优化的目标是基于主体对风险分担的需求，结合信息环境等背景条件，构造多样化的合约设计和交易结构，在维持适度激励的前提下，为主体提供充分的风险分担机会，实现帕累托最优风险配置。

一、金融风险配置机制演化的历史轨迹

资本家与企业家身份的分离是金融体系风险分担机制的开端，企业家得以超越自身风险承担力的有限性，扩展生产创新的无限空间。从以全部个人财产和人身自由承担无限债务责任转化为以部分财产承担有限债务责任，在融资风险分担方式的发展中具有里程碑式的历史意义。10～11 世纪欧洲远洋贸易的发展带来丰厚利润，同时也伴随着前所未有的高风险，商人阶层迫切需要构造新型的债务责任规则，在市场内生需求推动下，出现了集融资与保险功能于一体的航海贷款，通过有限责任的合约设计，投资者为企业家提供对下部风险的分担。到 12 世纪末 13 世纪初，可以更加充分地实现风险分担的康曼达合约成为当时最流行的远洋贸易融资方式。15 世纪以后，由于地理大发现和新航线开辟，贸易规模和范围迅速扩展，短期松散的合伙组织不再适应需要，永久性股份公司随之问世，建立起众多投资者之间稳定的风险分担、利润共享机制。20 世纪 70 年代以来，适应创业型风险投资的需要，以可转债为代表的混合型融资合约以其独特的风险分担与激励结构得到广泛使用。与此同时，金融市场和以银行为代表的金融中介为各类融

① 关于 Arrow 的理论，参见第二章第三节。Arrow 是在纯粹交换经济中构建模型，Debreu 的模型纳入了生产环节。

资合约提供了两种交易平台，在金融市场上，通过众多具有不同风险倾向的投资者和企业家的自主选择与相互匹配，提供具有规模效应的横向风险分担机制；在以商业银行为代表的金融中介业务运作中，通过将低风险储蓄合约转换成高风险贷款（投资）合约，弥合储蓄者和企业家风险倾向的落差，并为储蓄者提供对跨期收入的风险分担。

20 世纪 80 年代以来，由于竞争环境的改变，商业银行试图调整“风险资产生成——持有到期”的传统经营模式，对贷款组合进行积极管理，将过度持有的风险暴露转移给市场投资者。在风险转移需求的推动下，贷款出售市场逐步成长，证券化通过将定制化贷款合约转化成标准化证券，并采用风险汇集与分层技术，使贷款流动性显著提升。90 年代后，金融机构创造出信用衍生合约，它既不同于将风险暴露连同现金流整体出售的贷款合约二级交易，也不同于传统的保险与担保这类损失补偿型合约，而是和参考实体的信用事件挂钩的参数型风险转移合约，使信用风险更易于从基础贷款合约中被剥离和重塑，作为独立的商品在市场上交易，化解了银行出售贷款和维持客户关系的悖论，为银行提供了颇为灵活的风险转移手段。图 5-1-1 描绘了金融体系风险配置机制的演进。

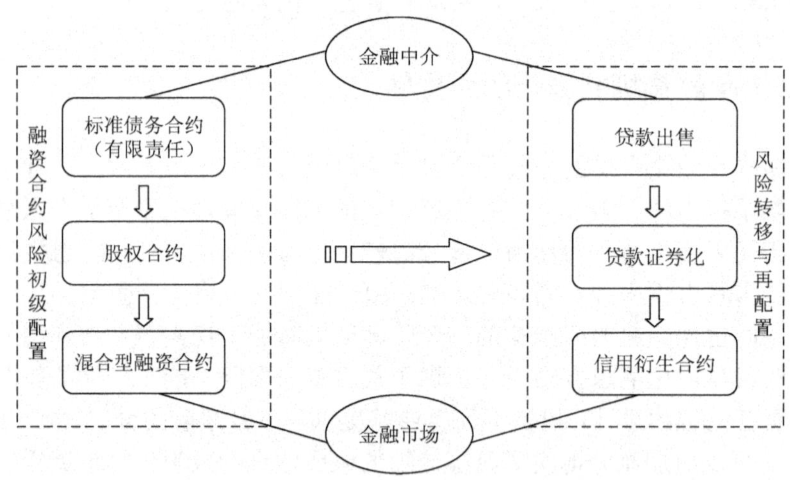

图 5-1-1　金融体系风险配置机制的演进

二、风险配置机制创新的基本规律与发展趋向

（一）风险配置机制创新的基本规律

纵观发达国家金融体系风险配置机制的演进历程，透过层出不穷、各具特色

的金融创新，可以归纳得出以下基本规律。

1. 对风险分担和提供激励的有效权衡是贯穿风险配置创新的核心主题

在金融合约设计中，不仅要考虑主体的风险分担需求（取决于主体的风险态度与项目风险水平），还要兼顾对主体提供激励的必要性（取决于激励的预期收益、努力效率与监督成本）。债务合约使用两段式线性分配规则，侧重于对企业家提供努力工作和如实报告产出的激励，同时也对企业家提供一定程度的下部风险分担，但由此产生了对企业家风险选择的负面激励，为了缓解风险转嫁，可以在债务合约中附加限制性条款或要求借款人提供担保。股权合约采用单调线性分配规则，具有显著的风险分担效应，但存在项目产出验证成本过高的激励问题，为此股权合约采取无限期设计，以便强化股东对企业家的清算威胁。可转换债务合约将股本转换期权引入债权，形成独特的三段式现金流分配结构，使企业家和投资者分担项目失败的下部风险，同时预防前者的风险转嫁行为。

在风险转移的合约设计中，为了维持对卖方银行出售贷款后主动管理风险的激励，可以由其保留部分贷款份额，或者使基础贷款合约的期限长于参与合约的期限，抑或由卖方银行支持第三方保险，也可由其提供回购贷款的隐性承诺。贷款证券化产品则普遍采用基础资产汇集和分层的结构，将多项贷款汇集成池，通过风险分散化降低基础贷款组合的整体风险，在此基础上对贷款池现金流进行分割，对市场投资者发行低风险优先级证券，由发起银行保留权益档的第一损失风险。基于单项债务的信用违约互换合约可以设计成短期信用保护，由保护买方保留后期违约风险，基于信贷组合的违约互换合约通常亦只覆盖部分风险。

2. 固定偿付合约和分成合约是风险配置机制的基本构造单位

创新中涌现的各类复杂的新型金融合约实质上都是简单合约的组合，也即对“固定偿付”和“比率分成”这两种最基本的风险配置模式的综合运用。类似古老的农业合约，债务合约和股权合约是金融合约设计的基本单位，债务合约侧重对代理人提供激励，减少监督和验证成本，委托人的收益对代理人的私人信息不敏感；股权合约则强调双方的风险分担，委托人的收益对私人信息较为敏感。可转换债务合约将有股权转换期权引入债务合约，其实质是赋予投资者在股权和债务合约的风险分配特征之间灵活选择的主动权。在证券化的分层结构中，由外部投资者持有对信息不敏感的优先债务合约，而由发起银行作为内部投资者，持有信息敏感的“准股权合约”，从而在转移风险和缓解信息不对称问题之间实现平衡。

3. 风险度量方法的改进是风险配置方式创新的技术前提

Knight（1921）首次区分了纯粹不确定性和风险。在其著作《风险、不确定性与利润》中，将纯粹不确定性界定为不可度量的随机性，而将风险界定为可以被度量的随机性。要描述不确定性，需要两个维度的要素：首先，人们必须列出所有可能的结果，这些结果是影响决策者福利的一系列参数；其次，人们需要了解各种结果发生的可能性所构成的概率向量。Knight 界定的风险概念被后人称为“Knight 式风险”（Knightian risk），属于“弱式”不确定性（weak uncertainty），如果未来可能发生的结果或其概率是未知的，则这种情形属于纯粹或“强式”不确定性（strong uncertainty），又称“Knight 式不确定性”。风险可以通过主体之间的交易进行保险，而纯粹不确定性则无法成为市场交易的标的。其原因在于，风险事件的概率是已知的，市场能精确地为依赖于风险事件的合约定价，而即使是运作良好的市场也难以对基于不确定事件的合约精确定价。经济主体相对于风险，更偏好确定性，此为风险厌恶；主体相对于纯粹不确定性，更偏好风险，此为不确定性厌恶。风险可通过市场交易实现优化配置，而纯粹不确定性是无法交易的。如果不确定性一定程度上是主观认知造成的[①]，即主体对随机事件的概率缺乏有效的分析预测手段，当主体通过努力开发出有效的分析手段时，就可以描述随机事件的概率分布，从而使纯粹不确定性转化为风险。纵观风险管理的发展史，人类所作的努力首先是开发风险度量的有效手段，即提高风险认知能力，尽量使纯粹不确定性转化为风险，以此为基础，通过合约的设计和交易，建立风险分担和转移机制，实现风险配置优化。随着风险度量技术的发展，风险交易市场也不断扩展。

（二）风险配置机制的发展趋向

在合约交易环境发生变化和经济主体的内生风险分担与转移需求的推动下，金融体系风险配置机制的发展表现出以下趋势。

（1）融资合约主体的内部风险分担转向更为广泛的第三方外部风险分担。借助各种风险转移工具，融资合约的初始风险承担者可以方便地调整风险敞口，将

① Dosi 和 Egidi（1991）将不确定性的成因分为实质性不确定性和程序性不确定性。前者源于个体缺乏作出决策所需的信息，即不确定性的根源是客观上的信息缺失。后者产生于决策主体的计算能力和认知能力的有限性，这意味着随着认知能力的提升，其不确定性程度会随之减轻。

风险转移给外部投资者，通过对风险的再配置，扩大风险分担范围。在信用风险转移市场上，保险公司、共同基金、对冲基金等投资者无需直接参与和借款人的贷款合约交易，即可得到他们愿意接受的风险暴露。

（2）金融市场和金融中介提供的风险配置机制从界线分明走向相互交融。随着风险转移市场的扩展，商业银行从与金融市场平行的风险汇集和保险提供者，转变成金融市场上专业化的风险交易者。银行不仅通过金融市场实现风险转移和保值，同时也为客户提供风险管理服务，既为市场创造交易需求，又可作为潜在交易对手，为风险交易造市。

（3）金融中介的风险管理功能和风险承担适度分离。传统银行既代表存款人管理风险，又是风险的集中承担者，在市场竞争的压力下，可能使银行过度承担风险而陷入被动。就如同资本家的出现使企业家的创新才能与风险承担适度分离，各种灵活的风险转移手段使银行家的风险管理专业技术和风险承担在一定程度上分离，银行得以更充分地发挥风险管理的比较优势。

（4）风险分配技术的发展使风险配置日趋灵活。贷款证券化的分层结构对来自基础资产池的现金流进行重组和分割，创造出具有不同期限和风险特征的多档证券，出售给不同类型的投资者。信用衍生合约则使风险交易摆脱了贷款现金流和法律关系的束缚，将风险剥离出来作为独立的商品出售，并对风险暴露进行更为细致的拆分、重塑，甚至合成，使风险配置机制日趋灵活和完备。

第二节 金融风险分担和转移机制创新的积极贡献

关于金融风险分配机制的创新对金融体系和经济运行的影响，可以分为两条研究主线：对风险配置效率的影响和对金融稳定性的影响。在现实经济中，金融体系风险配置机制的创新使企业家获得了更为充分的风险分担机会，并为金融机构提供了实现风险分散化的多种渠道，从而具有金融深化效应。

一、融资合约风险分担模式创新的历史贡献

经济史学的相关研究表明，纵观人类社会的发展历程，经济个体的风险厌恶是经济活动范围扩展与增长的一项突出障碍。“企业家资源”（即具有创新精神和创造力的个体）在每个历史时期都存在，但社会环境为他们提供的风险分担机会最初十分匮乏。在经济成长的早期阶段，新技术的采用通常受到缺乏有效风险分担的融资方式的限制。Rosenberg 和 Bridzell（1987）认为，许多生产

技术实际上在中世纪的欧洲就已经发明，但由于缺乏金融支持而未能应用。Hobsbawm（1969）认为，英国工业革命其实并无真正意义上的“新技术”，这些生产方法在 150 年前就已经问世了。为了分散生产风险，经济个体最初是使用内部化的风险分散手段，比如，农民会耕种分散的田地和同时种植多种作物，以保证相对的安全。然而，经济发展要求对劳动进行分工和实现生产的专业化，这一要求势必将有限的资本集中投入某一特定的生产项目中，使作为项目承办者的企业家面临较高的风险，在这一背景下，经济发展就必然要求打破经济个体自给自足式的风险承担模式，实现风险分散的外部化，构建经济主体彼此之间的风险分担或风险转移机制。随着有限责任债务合约、有限合伙组织和股份制、可转换债券的相继问世，从中世纪意大利航海贸易的繁荣到美国硅谷的崛起，金融体系的发展为投资者和企业家提供了灵活多样的风险分担方式，有效地解决了实物投资的不可分割性和风险分担需求之间的矛盾，使企业家面临的创新风险能够在具有不同风险承担倾向的经济主体之间进行分配，从而使社会增加对高生产力的风险项目的投资比率。

二、风险转移和再分配机制创新的现实价值

风险转移市场的发展创造出风险二级交易的多种新型组织方式，其核心价值在于扩展了风险分担的范围，不仅使金融机构可以更有效率地实现风险分散化，有助于金融系统稳定运行，而且促进了融资合约一级市场的扩展，进一步改善了企业家获得融资的机会。

（一）提高风险分担效率和风险分散化水平

风险暴露的二级交易最初主要发生在同类金融机构之间，风险分担的范围和规模有限，随着风险转移市场的发展，参与主体的类型日益多元化。风险交易手段的创新为不同类型金融机构之间的风险分担提供了渠道，他们可以将自己和客户私下达成的初始交易合约的风险暴露在公开市场上出售，彼此交换具有不同特征的风险暴露，在发挥不同机构管理各类风险的比较优势的同时，更有效地实现风险分散化，使特定部门或企业的风险损失更易于被社会吸收，增进金融体系的稳定性。

1. 模型描述

Andersen（2004）认为风险转移市场为实现风险分散化提供了机会，因为生成风险资产的机构并不一定是最适合保留风险的机构，并阐述了不同类

型的金融部门（如银行和保险）通过风险转移交易发生关联，将其风险暴露转移给资本市场。Effenberger（2004）论述了信用衍生工具有助于对个体承担的风险进行更有效的分配，使经济体系的风险分布在总体上得到改善。Allen 和 Carletti（2007）证明了风险转移交易使银行和保险部门可以彼此分担风险，提高社会福利水平。

在风险转移市场的各类交易对手中，银行业和保险业之间的风险转移占有相当比例，尤其具有代表意义[①]。银行通过贷款出售和证券化以及信用衍生工具的交易，将风险转移给保险公司，后者通过购买贷款证券化产品和组合 CDO，或与银行达成违约互换以及投资合成 CDO 等方式购买信用风险暴露；同时，保险公司也可由银行提供信用证券和流动性便利，将其面临的信用风险转移给银行，或是由银行购买保险公司发行的保险证券化产品（如巨灾债券、寿险风险债券），将保险风险转移给银行。此外，双方还可以通过金融衍生工具的交易，彼此转移利率、汇率等市场风险。下面通过模型描述银行和保险部门通过风险转移实现分散化的机制与福利效应。

模型的基本框架是标准的金融中介模型，在描述银行的业务运作之外，加入了保险公司，构建起银行与保险公司双向转移风险的交易结构。模型的时间跨度为 $t=0$，1，2，假定只有一种商品，可用于每期消费或投资。金融体系中存在两个部门，即银行部门和保险部门，每个部门都存在大量竞争性同业机构，银行和保险公司的业务线彼此没有重叠。由于保险部门面临的风险和银行部门的风险暴露不完全相关，就存在风险分散化的运作空间，构成了信用风险转移的基本动因。

有两种无风险证券：一种是短期证券，代表储藏技术，即在时点 t 投资于 1 单位证券，在时点 $t+1$ 得到 1 单位商品；另一种是长期证券，代表规模报酬不变的投资技术，在时点 0 投资于 1 单位证券，将在时点 2 得到 $R+1$ 单位商品（在时点 1 上不产生收益）。它们代表银行与保险公司共同拥有的投资机会（在实践中如政府债券）。除了这两种资产，银行和保险公司各自拥有显著不同的直接投资机会。

银行可以对企业或个人发放贷款，为简化分析，假定只有企业向银行借款[②]。每家企业在时点 0 上借入一单位贷款，将之投入一个有风险的生产项目，如果项目成功，将在时点 2 生产出 B_H 单位的商品，其发生概率为 β_H；如果项目不成功，产出将是 B_L，发生概率为 β_L，$\beta_L=1-\beta_H$。为了给贷款业务提供融资，银行向存款人吸收资金，他们在时点 0 拥有 1 单位的商品禀赋，将之交存银行后，

① 与养老基金等信用风险买方相比，保险公司表现出较强的风险承担意愿，他们倾向于购买较低等级的资产支持证券（如 A 或 BBB 级），以期得到较高的回报，而养老基金则更可能购买优先档的证券。

② 引入个人借款人不会使模型的结果产生实质改变。

可以在时点 1 或 2 提款。在时点 0，存款人对自己的未来时间偏好是不确定的，他们可能是早期提款者，只看重在时点 1 得到的商品；也可能是后期提款者，只看重在时点 2 得到的商品，存款人成为早期提款者的概率是 λ。存款人的效用函数用 $U(c)$ 表示，c 代表消费水平。由于众多银行在存款市场上展开激烈竞争，他们会选择提供使存款人预期效用最大化的合约，如果他们不能做到这一点，其他银行将介入，并提供对客户具有吸引力的合约。这意味着，银行面临的最优化问题是以存款人利益为导向的①。为方便分析，将存款人的数量标准化为 1。

保险公司向多家企业客户出售保险，可将这些企业的数量标准化为 1。企业在时点 0 拥有 1 单位的禀赋，并拥有一台机器设备，可以在时点 2 生产出 A 单位产出。设备在时点 1 发生损坏的比率有两种可能：一是 50%的企业设备损坏，用 D_H 表示，发生概率为 α_H；二是 100%的企业设备损坏，用 D_L 表示，发生概率为 α_L，$\alpha_L = 1-\alpha_H$。除非这一损害得到修复（单位修理成本为 $\gamma = 1$），否则设备将无法在时点 2 生产出商品，因此，企业决定购买保险，并为此在时点 0 支付一定数额的保险费。保险公司收取保险费，并在时点 0 将之投资于短期证券，以便在时点 1 对企业支付赔偿。企业所有者在时点 2 进行消费，其效用函数是 $V(c)$。类同于银行，保险公司在竞争性市场上运营，因而需要最大化投保企业所有者的预期效用。这意味着，保险公司面临的最优化问题是以投保人利益为导向。

此外，经济中还有一类主体，他们是风险中性的投资者，在时点 0 拥有大量的商品禀赋 W_0，其规模无上限。他们可以向保险公司和银行提供资本，与其达成股本投资合约 $e=(e_0,e_1,e_2)$，其中，$e_0 \geqslant 0$，表示投资者在时点 0 提供的资本，$e_t \geqslant 0$ 表示投资者在时点 $t=1,2$ 得到的回报，即投资者的消费。常数 ρ 是投资者提供资本的机会成本，反映着投资者的时间偏好或者其他投资机会。假定 $\rho > R$，因而投资者不会在时点 0 只投资于无风险证券。

为了论证风险转移产生的风险分担的意义，首先考察银行部门和保险部门“自给自足”、独立运作的情况。

1）自担风险的银行部门

为了理解资本对于银行经营的意义，首先考察银行不筹集资本的情况。由于存款市场是竞争性的，银行会选择使存款人预期效用最大化的合约。在时点 0，银行需要选择将 1 单位存款分别投入短期资产、长期资产和贷款的份额（x，y，z），以求解以下最优化问题：

$$\mathrm{Max}\lambda U(c_1)+(1-\lambda)[\beta_H U(c_{2H})+(1-\beta_H)U(c_{2L})] \tag{5-2-1}$$

约束条件：

① 设置这一假定是为了突出风险转移和分担对社会福利水平的提升，下面对保险公司的设定也是如此。

$$x + y + z = 1 \tag{5-2-2}$$

$$c_1 = \frac{x}{\lambda} \tag{5-2-3}$$

$$c_{2H} = \frac{yR + zB_H}{1-\lambda} \tag{5-2-4}$$

$$c_{2L} = \frac{yR + zB_L}{1-\lambda} \tag{5-2-5}$$

其中，c_1是假如存款人在时点 1 提取存款的（人均）消费水平；假如存款人在时点 2 提款，c_{2H}和 c_{2L}分别是当贷款得到较高收益和较低收益的情况下，存款人的消费水平。银行将存款的份额 x 投资于短期高流动性无风险证券，用于兑付部分存款人在时点 1 的提款，剩余资金 z 用于发放贷款，而不投资于长期无风险证券（$y=0$），因其收益小于贷款的预期收益。

下面考察当银行向投资者筹集 e_0 单位资本的情形。由于投资者对于在时点 1 和时点 2 进行消费是无差异的，对银行来说，最优选择是设定 $e_1=0$，即在第 1 期期末不向投资者支付股利，将筹集的资本投资于长期资产或贷款，并在时点 2 向投资者支付 e_2。银行的最优化问题和前面所述相同，只是现在预算约束变成：

$$x + y + z = 1 + e_0 \tag{5-2-6}$$

在时点 2，如果贷款项目取得成功，银行将向投资者支付报酬 e_2。式（5-2-4）（存款人在状态 H 下的消费水平）被替换为

$$c_{2H} = \frac{yR + zB_H - e_2}{1-\lambda} \tag{5-2-7}$$

为了让投资者愿意提供资本，他们必须得到等于其机会成本的预期收益 $e_0\rho$。由于当状态 H 发生时，银行会向投资者支付 e_2，其发生概率是 β_H，则必然得出以下等式：

$$e_0\rho = \beta_H e_2 \tag{5-2-8}$$

可以得出，银行的最优投资配置方案是：投资于短期证券的资金份额 x 不变，对长期证券的投资 $y=0$，用于发放贷款的资金 z 增加。

将这一结果与无资本情形下的最优结果比较，共同之处是，银行不会投资于长期无风险证券，因其收益相对于贷款预期收益太低；不同的是，银行可以用投资者提供的资本发放更多贷款，而且存款人在时点 2 得到的偿付（在状态 H 和状态 L 下）的波动性下降了。由此可见，资本提供者（外部股东）和延后提款的存款人分担了贷款收益不确定性的风险，因为股本在状态 L 下不要求得到回报。不过，风险分担也带来一定成本，因为股本投资者要求得到相当于机会成本的预期回报，而投资者提供资本的机会成本大于贷款预期收益，这样，在时点 2 提款的

存款人的预期消费水平有所下降，不过，由于存款人是风险厌恶者，虽然预期收益下降，但承担的风险随之下降，其预期效用得到提升。

2）自担风险的保险部门

保险公司可以选择提供部分或全额保险。如果保险公司提供部分保险，在时点 0 收取保险费 0.5，投保企业还有初始禀赋的剩余 0.5 单位可用于投资，因为企业所有者到时点 2 才会消费，企业会将剩余禀赋全部投入长期无风险证券（而不是短期证券）。保险公司必须投资于短期无风险证券，以便在时点 1 拥有可以对客户进行偿付的流动性。在状态 H 下，保险公司在时点 1 需要拥有的资金为 $50\%\times\gamma=0.5$，以满足投保企业的赔付要求，为此，保险公司需要在时点 1 将收取的保险费 0.5 投入短期无风险证券，而不会投资于长期无风险证券。由此可以得出，在状态 H 下，企业所有者在时点 2 的消费是 $c_{2H}=A+0.5R$。在状态 L 下，保险公司面临所有投保人的赔付要求，由于收取的保费只有 0.5，而所需支付的修理费是 $100\%\times\gamma=1$，保险公司将无足够资金偿付，会因此破产。因而，保险业面临全部投保企业设备同时发生损坏的系统风险。如果保险公司破产，其资产会在投保人之间平均分配。企业虽然可以通过变现保险公司持有的短期证券得到 0.5 的收入，但不足以修理设备，因而这些设备将不会有产出，企业所有者的消费水平是 $c_{2L}=0.5+0.5R$。企业所有者的预期效用是：$EV=\alpha_H\times V(c_{2H})+\alpha_L\times V(c_{2L})$。

如果保险公司提供全额保险，在时点 0 收取保险费 1，并将之全部投入短期无风险证券，从而可以满足在两状态下的赔偿要求。不过，企业所有者由于将全部禀赋用于交保险费，自己无法进行无风险证券的投资。在状态 H 下，保险公司在支付 0.5 的设备修理费后，会将剩余的保险费退回给投保人（因为保险业是竞争性的），企业所有者的消费是 $c_{2H}=A+0.5$。在状态 L 下，保险公司的全部资金都用于支付客户的设备修理费，企业所有者的消费为 $c_{2L}=A$。企业所有者的预期效用低于部分保险的情形。

可以看出，部分保险优于全额保险，因为全额保险的保费太高，而所有投保企业的设备损坏的可能性较小。因而保险业的最优选择是对企业提供部分保险。与银行不同的是，保险公司不会对外筹集资本，因为股本投资者要求得到相当于机会成本的较高回报，而保险公司的资金不得不投资于短期资产。

3）银行和保险部门之间的风险转移

假定贷款项目成功的概率 β 和被保险设备损坏的概率 α 是彼此独立的，因而存在金融机构之间通过风险转移实现风险分散化的操作空间。β 和 α 各自取两个值：（β_H，β_L）和（α_H，α_L），将银行和保险公司联合起来加以考察，他们面临四种可能的状态：（HH，HL，LH，LL）。表 5-2-1 描述了这四种状态及其发生的概率。

表 5-2-1　银行与保险公司面临的联合状态

状态	贷款项目与设备损坏的状况	概率
HH	(B_H, D_H)	$\beta_H \times \alpha_H$
HL	(B_H, D_L)	$\beta_H \times \alpha_L$
LH	(B_L, D_H)	$\beta_L \times \alpha_H$
LL	(B_L, D_L)	$\beta_L \times \alpha_L$

根据银行业和保险业的竞争性假定，银行部门和保险部门分别以存款人与投保人的预期效用最大化为决策导向，而延后提款的存款人在状态 HH 和 HL 下的收益不同于状态 LH 和 LL，企业所有者在状态 HH 和 LH 下的收益也不同于状态 HL 和 LL，这种差异表明两个群体之间存在风险分担的可能性，两部门之间的风险转移是实现风险分担的一种途径。双方达成的风险转移安排如下：如果状态 HL（贷款项目成功而保险公司需进行全额赔付）发生，银行对保险公司支付 τ_{HL}，如果状态 LH（贷款项目失败而保险公司只需进行部分赔付）发生，保险公司对银行支付 τ_{LH}。在状态 HH 和 LL 下，即双方都面临有利的结果和双方都遭遇不利结果时，不发生一方对另一方的赔付。

风险转移机制运作的关键在于，当触发偿付的特定事件发生时，一方对另一方进行偿付的资金从何而来？在状态 HL 下，银行贷款获得较高的收益 B_H，此时银行拥有充足的资金，可以将部分资金转移给保险公司；在状态 LH 下，当贷款只得到较低收益 B_H 时，银行可以得到保险公司的补偿，银行面临的问题仍然是实现存款人的预期效用最大化，假定存款人成为早期提款者的概率是 50%，后期提款的存款人在两种状态下的人均消费水平变成：$c_{2HL} = \dfrac{yR + zB_H - \tau_{HL} - e_2}{0.5}$，$c_{2LH} = \dfrac{yR + zB_L - \tau_{LH}}{0.5}$。

从保险公司的角度看，在状态 LH 下，虽然投保企业的设备损坏率较低，保险公司只需对部分客户赔付，但保险公司持有的短期证券的收入只足以在时点 1 满足投保人偿付要求，由于银行贷款项目成功与否在时点 2 才能揭示，为应付对银行在第 2 期末的或有偿付，保险公司需要持有额外的资产，为此，他们必须在时点 0 向投保企业索要更高的保险费，企业将不得不减少对长期证券的投资。如果保险公司将保费全部投入短期证券，为了确保在状态 LH 下对银行偿付，保险公司需持有的短期证券为 $\sigma_{LH} = \tau_{LH}$，为此将面临机会成本 $\sigma_{LH}(R-1)$。这样一来，将不可能使投保企业得到保留效用（保险公司自给自足状态下，投保人的预期效用），因为短期证券收益太低，相对于长期证券，机会成本过高。如果保险公司增收保险费 ε_{LH} 并投入长期证券，从而使 $\tau_{LH} = \varepsilon_{LH}R$，就不会存在机会成本。

银行通过风险转移交易，引入来自保险公司的风险分担，可以对银行资本形成一定的替代效应。银行资本是一种相对昂贵的风险分担方式，因为投资者要求补偿其较高的机会成本，信用风险转移可以减少银行使用的资本。相对昂贵的资本使用量的减少意味着后期提款的存款人预期消费水平和预期效用得以提高，而同时保险公司客户可以得到和自给自足时相同的保留效用。相对于银行部门和保险部门独自承担风险的情形，两部门之间的风险转移实现了对社会福利的帕累托改进。

2. 风险转移增进金融稳定性的现实证据

Stanton 的研究显示，随着贷款证券化市场的发展，银行贷款行为的“顺周期性”会变得更加平缓。由于可以通过证券化转移风险，即使在经济萧条时期借款人大批违约，银行也不会遭受很大的收益损失（因为损失已经分散），可以减弱经济冲击对贷款紧缩的影响；而在经济扩张时期，银行需要和信用风险购买者共享贷款收益，因此整个社会的信贷量也不会出现过度扩张，从而减轻了商业银行信贷行为的顺周期性。

进入 21 世纪以来，在全球信用质量下降的严峻形势下，信用衍生工具在风险管理舞台上迅速崭露头角。在 1990～1991 年美国经济低迷时期，银行业受到沉重打击，刚从 20 世纪 80 年代中期拉美债务危机中恢复元气的美国银行业又遭遇不动产贷款的质量恶化。与此形成鲜明对照的是，2001 年，由于网络经济泡沫破裂，美国企业债务违约率大幅度上升，而美国银行业仍然保持总体稳定，盈利水平处于过去 30 年中的最高点，信用衍生工具功不可没。根据英国银行家协会对 2001 年美国信用衍生品市场的调查，银行业是最大的信用保护买方，而保险公司（尤其是单一险种保险公司和再保险公司）是最大的保护卖方，共同基金和养老基金也是净卖方①。2002 年，违约互换市场成功地缓解了安然和世通公司破产以及阿根廷主权债务违约对美国银行业的冲击，在信用事件发生后，所有的违约互换合约都顺利结算。如果信用衍生品市场未将这些信用事件的风险加以分散，对银行业乃至世界经济可能产生更严重的影响。

（二）促进金融部门对企业的融资支持

风险转移机制的创新不仅为经济主体之间的风险再配置提供了便利，同时也改变了金融中介机构在初始融资合约交易中的行为。信贷发放的规模取决于需求

① Schuermann T. Why were banks better off in the 2001 recession? Federal Reserve Bank Of New York，2004，10（1）：1-7.

与供给，引入风险转移机制将改变银行的信贷供给决策。如果缺乏调整信贷组合结构的有效工具，银行贷款组合通常难以实现分散化，在风险过度集中的压力下，银行不得不拒绝客户的贷款要求，或是索要较高的风险溢价。新型的风险转移工具为银行积极地管理贷款组合提供了灵活的手段，银行得以摆脱风险集中的困扰，使其贷款供给能力得以充分释放，为社会融资需求提供更多的信贷支持，进而扩大企业的信贷可得性（尤其是以无形资产为主，缺乏实物资产作为抵押品的高科技企业），促进经济增长。

Froot 等（1993）、Froot 和 Stein（1998）论证了积极的风险管理可以允许银行进取性地扩张贷款组合，并减少资本的持有量。Behr 和 Lee（2004）证明，信用风险转移可以通过风险分散化效应降低贷款价格，增加企业的资金可得总量。Chiesa（2004）分析了银行在评估和监督风险方面具有比较优势，但风险承担力有限的情形。信用风险转移使银行可以将大企业贷款风险转移给市场，同时可以使用其有限的风险承担力为小企业贷款。Cebenoyan 和 Strahan（2004）证明，通过贷款出售市场进行积极的信用风险管理，银行可以发放更多的贷款，而且和不积极参与贷款出售的银行相比，可以持有更少的资本。Wagner 和 Marsh（2007）也证明，致力于贷款组合分散化的银行降低了对贷款索要的风险溢价，从而增加了放贷。

1. 模型描述

下面用模型阐述风险转移对贷款可得性的影响机理，首先描述不存在信用风险转移下银行的贷款行为，然后引入信用风险转移，考察对银行贷款产生的影响。

1）无风险转移下银行的贷款行为

模型的时间跨度为 $t=0,1,\cdots,4$。实际经济部门中存在多个企业家，各自拥有一个项目，如果在时点 1 对项目投入 1 单位资源，可能在时点 4 得到收益 R，或者收益为 0。在时点 3，企业家对项目付出努力 e，要么努力工作（$e=h$），要么卸责（$e=l$），在前一种情况下，项目获得收益的概率是 q_h；在后一种情况下，此概率为 $q_l<q_h$。如果企业家卸责，可以得到私人利益 B。企业家无初始财富，必须寻求外部融资，假定市场无风险利率为 0。

为简化分析，假定金融部门中只包括多家银行，他们可以通过监督企业家付出努力来改进项目收益。银行在时点 1 和企业家签订贷款合约，并出借资金，并于时点 4 得到 r_B。为了给贷款提供融资，银行需要在时点 0 通过存款筹集资金，存款人向银行出借资金，并在时点 T 得到 r_D。银行与存款人的关系面临两种道德危害，其一，银行付出的监督努力是私人信息，银行不能在事前承诺其努力程度；其二，存款人在时点 T 无法观察贷款的实际偿付，银行有动机谎报实际收益。解决该问题的一种方法是使用附有“非货币惩罚”（non-pecuniary penalties）的债务合约（Diamond，1984），该合约可以诱使银行披露贷款收益的真实状态[①]。令 z 表示企业的实际收益，惩罚函数 $\theta(r_D,z)$ 的形式为

$$\theta(r_D,z)=\begin{cases} r_D - z, & z<r_D \\ 0, & z=r_D \end{cases} \tag{5-2-9}$$

惩罚的预期值为 $E[\theta]=(1-q)r_D$。假定存款人在存款市场上面临完全竞争，意味着在均衡状态上，他们的预期利润是 0。

在中期（时点 3），银行可以付出一定的监督强度 M，取值为 $M\in[0,1]$，代表着银行改进企业行为的可能性。不过，监督是有成本的，假定 $C(M)=mM^2/2$，成本函数是下凸的（由于监督所需的边际信息成本递增），参数 m 反映监督难度，如果因信息不对称严重导致 m 较高，则监督成本相对较高。银行在信贷市场上也处于完全竞争中，因而其在均衡状态上的预期利润为 0。图 5-2-1 是该模型的时间轴，列出了各项行为和状态发生的次序。

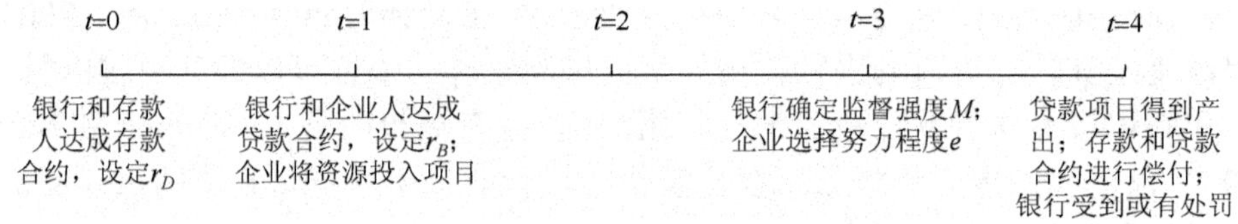

图 5-2-1　事件发生次序的时间轴

（1）贷款合约的构造。在时点 3，企业和银行同时选择各自的努力程度[②]，企业的预期利润 $(\prod_F)$ 取决于自身努力 e 和银行监督强度 M，以及外部自然状态，其表达式如下：

$$\prod_F=\begin{cases} q_h(R-r_B), & e=h \\ Mq_h(R-r_B)+(1-M)[q_l(R-r_B)+B], & e=l \end{cases} \tag{5-2-10}$$

式（5-2-10）意味着企业很自觉，努力水平选择为 h，无需银行监督。在下面的等式中，如果没有银行监督，企业选择的努力水平是 l，则银行必须施加监督。如果银行的监督强度是 1，将使项目得到预期收益 R 的概率提高到 q_h，否则，如果银行监督强度是 0，企业家将卸责，得到好处 B，项目得到预期收益 R 的概率是 q_l。

如果 $q_h(R-r_B)\geqslant q_l(R-r_B)+B$，对于所有的 M 取值，都有 $\prod_F^h>\prod_F^l$，这意味着只要企业自觉努力，得到的预期利润总是不会低于卸责下的预期利润，因而这类企业的激励约束条件独立于 M：

$$R\geqslant B/\Delta q+r_B^h \tag{5-2-11}$$

其中，$\Delta q=q_h-q_l$。

① 假定银行可以直接观察项目的真实状态，即银行可以通过监督消除企业家的道德危害，而存款人只有通过对银行家施加非货币处罚来预防道德危害。

② 即双方构成一个同步博弈。

满足该约束条件的企业（即持有的项目预期收益达到一定水平以上的企业）必然会选择努力程度 h，因而可称为 h 型企业。达不到该水平的企业家则会选择 l，可称为 l 型企业，企业就此分为两类，需要银行监督的和不需要银行监督的。r_B^h 表示银行对 h 型企业索取的贷款偿付额，对于银行来说，不监督这类企业是严格占优策略。既然银行能在事前观察到企业所持项目的质量，即其预期收益 R，他们对 h 型企业提供的贷款合约要素是：$M=0$ 且 $r_B=r_B^h$，具有这两项特征的合约可称为 A 类贷款合约，可以将之视为所谓的“保持距离型贷款合约”。

对于 l 型企业，银行会向他们提供 B 类贷款合约：$M=M^*$ 且 $r_B=r_B^l$，这类合约代表着“受监督型贷款合约”，或“关系”贷款。银行会选择使自己预期利润最大化的监督强度，即

$$M^*=\arg\max Mq_hr_B^l+(1-M)q_lr_B^l-r_D-mM^2/2 \tag{5-2-12}$$

求解式（5-2-12），如果 $m<\Delta qr_B^l$，意味着银行投入监督强度的规模效应较强，则银行则应施加完全监督，即 $M^*=1$，否则，银行需要在监督成本和收益间权衡，最优监督强度为 $M^*(r_B^l)=\Delta qr_B^l/m$。银行的预期利润函数随贷款合约类型而变化：

$$\Pi_B=\begin{cases}q_hr_B^h-r_D, & A\text{类合约}\\ Mq_hr_B^l+(1-M)q_lr_B^l-r_D-mM^2/2, & B\text{类合约}\end{cases} \tag{5-2-13}$$

假定银行对两类企业的贷款业务线之间没有重叠，则 $\Pi_B=\Pi_B^h+\Pi_B^l$，意味着银行可以通过分别最大化两部分贷款业务的利润来实现总利润最大化。银行对存款人的偿付为

$$r_D=qr_D+(1-q)r_D=qr_D+E[\theta] \tag{5-2-14}$$

（2）贷款偿付额的选择。银行需要选择对不同类型的企业索取的贷款偿付额 r_B^h 和 r_B^l。在 A 类贷款合约下，必须满足 $r_B^h=r_D/q_h$，其原因是，r_D/q_h 是银行能选择的最低偿付额，任何低于此水平的贷款利率都将意味着 $\amalg_B^h<0$。如果银行选择更高的贷款利率，使 $\amalg_B^h>0$，将违背信贷市场的完全竞争假定。因此，根据式（5-2-11）和完全竞争假定，必然有 $r_B^h=r_D/q_h$。在 B 类贷款合约下，需要将 M^* 的解代入从式（5-2-10）推出的银行零预期利润条件 $\Pi_B^l=0$ 中，并求解 r_B^l。

（3）存款偿付额的选择。存款合约是在时点 0 设定偿付额，假定每项存款合约都能根据由该存款人提供资金的贷款合约来确定其利率，因而其约束条件是 r_B 和 M 在后期银行与企业的子博弈中的最优值。对于 A 类贷款合约，存款人的零预期利润条件为 $q_hr_D^h=1$。因此，$r_D^h=1/q_h$。根据前面的推导，可以得出 A 类合约下的贷款偿付额为 $r_B^h=1/q_h^2$，存贷利差 $\delta=1/q_h^2-1/q_h$ 可以视为银行的代表监督成

本。基于此，h 型企业的激励约束条件（式（5-2-11））为 $R \geqslant B/\Delta q + q_h^2$。

对于 B 类贷款合约，求解相对较复杂。在这类合约下，银行的预期利润函数为式（5-2-13）中的下半部分，可以将之重写为

$$\prod^* = qMr_B^l - r_D - mM^2/2 \tag{5-2-15}$$

其中，$qM = q_l + \Delta qM$，是银行施加监督后贷款项目成功的概率。存款人要求得到：

$$r_D^l(M) = 1/qM \tag{5-2-16}$$

由于 $M \in [0,1]$，所以 $r_D \in [1/q_i, 1/q_h]$。在均衡状态下，B 类贷款合约涉及的各项要素需满足以下条件：

$$r_D^l = \begin{cases} 1/q_h, & m < \bar{m} \\ 1/qM^*, & m \geqslant \bar{m} \end{cases} \tag{5-2-17}$$

$$r_B^l = \begin{cases} \dfrac{1/q_h + m/2}{q_l + \Delta q}, & m < \bar{m} \\ \dfrac{-mq_l + \sqrt{(mq_l)2 + 2m\Delta^2 qr_D^l}}{\Delta^2 q}, & m \geqslant \bar{m} \end{cases} \tag{5-2-18}$$

$$M^* = \begin{cases} 1, & m < \bar{m} \\ \dfrac{-mq_l + \sqrt{(mq_l)2 + 2m\Delta^2 qr_D^l}}{m\Delta q}, & m \geqslant \bar{m} \end{cases} \tag{5-2-19}$$

其中，$\bar{m} = \dfrac{2\Delta ql/q_h}{q_h + q_l}$。

上述条件即为银行的参与约束。由此可以进一步推出，在竞争均衡状态下，仅当以下条件成立时，B 类合约才是可行的：

$$R > \frac{2r_D^l}{q_l + q_h} \text{ 且 } m \leqslant \frac{R^2\Delta^2 q}{2(r_D^l - q_l R)} \tag{5-2-20}$$

即只当项目预期收益达到一定水平，且监督难度（监督成本）低于一定水平时，银行才可能向 l 型企业提供 B 类贷款合约，这意味着银行对这类企业实行信贷配给。

2）引入信用风险转移下的贷款行为

设想有两家银行，分别将他们标识为银行 1 和银行 2，其信贷组合的收益是独立同分布，即相关度为 0，这意味着他们存在信用风险转移的可能性。在时点 2，两家银行决定互换其贷款组合的一定比率 $1-\alpha$，α 为银行的贷款保留率，$\alpha \in [0,1]$。模型的时间次序相应调整见图 5-2-2。

t=0	t=1	t=2	t=3	t=4
达成存款合约，设定r_D	达成贷款合约，设定r_B；资源投入项目	银行达成贷款互换	银行确定监督强度M 企业选择努力程度e	项目得到产出；存款和贷款合约进行偿付；银行受到或有处罚

图 5-2-2　事件发生次序的时间轴（调整后）

为了简化分析，假定两家银行彼此能观察到对方对企业的监督强度和贷款项目的最终收益，即风险转移的交易双方不存在信息不对称。在此背景下，双方应尽可能实现风险分散化，因而当 $\alpha=1/2$ 时，风险转移产生的分散化效应最为显著。假定两家银行的贷款偿付 r_{Bi} 的解是相同的，$i=1,2$（银行 2 是银行 1 的镜像），则在 A 类贷款合约下，两家银行的利润函数是

$$\prod\nolimits_B^h \begin{aligned}&=q_h^2[\alpha r_{B1}^h+(1-\alpha)r_{B2}^h]+q_h(1-q_h)\alpha r_{B1}^h+q_h(1-q_h)(1-\alpha)r_{B2}^h-r_{D1}^h\\&=q_h r_{B1}^h-r_{D1}^h\end{aligned} \tag{5-2-21}$$

可以看出，两家银行互换贷款份额对银行的预期利润函数无影响。关键在于风险转移对存款利率水平是否产生影响，在已知 α=1/2 的情况下，向银行 1 提供存款，从而为 h 型企业提供资金的存款人的预期利润 $\prod_{D1}^h$ 是存款利率 r_{D1}^h 的函数：

$$\prod\nolimits_{D1}^h=\begin{cases}q_h^2 r_{D1}^h+q_h(1-q_h)r_{B1}^h, & q_h>1/2\\ q_h^2 r_{D1}^h+2q_h(1-q_h)r_{D1}^h, & q_h\leqslant 1/2\end{cases} \tag{5-2-22}$$

可以推出 $r_{D1}^h\leqslant r_D^h$，即在两家银行达成信用风险转移协议下，存款人索取的存款利率小于没有风险转移下的存款利率，这是因为风险分散化使存款人预期收益增加，降低了对银行的或有惩罚的预期值，因而贷款组合的风险分散化降低了银行吸收存款的成本。由于存款价格下降，相应使银行对企业索取的贷款价格下降，即 $r_{B1}^h\leqslant r_B^h$，这意味着风险分散化降低了银行对企业提供的 A 类贷款（保持距离型贷款）的成本。与此相应，h 型企业的激励约束条件也发生了改变，项目预期收益的边界从 $B/\Delta q+r_B^h$ 下降到 $B/\Delta q+r_{B1}^h$，使得满足该条件的企业增加。信用风险转移通过影响利率进而降低了 h 型企业的进入门槛，意味着更多的企业可以通过 A 类贷款合约得到融资支持。

2. 实证证据

Cebenoyan 和 Strahan（2004）检验了贷款出售对银行发放贷款和承担风险的影响，发现那些参与贷款买卖的银行可以用较少资本发放更多贷款。Loutskina（2005）考察了证券化对美国银行贷款规模的影响。构造了一个指数来反映银行对其贷款组合进行证券化的能力，发现具有较高证券化能力的银行发放的工商业贷款规模相应较大，即使是在美联储实行紧缩货币政策的环境下，这些银行的贷款规模仍然表现出可观的增长。

Goderis 等在 2007 年关于信用风险转移对银行业贷款水平的影响进行了实证

检验。他们使用发行 CLO 作为银行使用高级信用风险转移技术的指示器[①]，以便反映银行对信用风险转移市场的参与度。在他们构造的回归模型中，被解释变量是银行的目标贷款水平，解释变量包括传统意义上被认为影响银行贷款规模的因素，如银行的资本规模、流动性资产储备量、盈利水平，是否发行过 CLO 是考察的重点因素，此外还纳入了单个银行的特定因素。他们以 1995～2004 年作为考察期间，选取了 900 家美国银行作为样本，其中 64 家银行曾经发行过 CLO，代表积极地使用信用风险转移技术的银行群体。估计结果显示，CLO 指标的回归系数的符号不仅是如他们所预期的正号，而且在统计上和经济上都是显著的，这说明使用信用风险转移工具对贷款组合进行积极管理的银行大幅度提高了贷款目标规模，增长幅度达到 50%。这意味着，贷款组合集中度限制对于银行在过去是十分重要的信贷约束，信用风险转移工具的发展对这一约束的缓释效应是十分显著的。

第三节　风险转移的负面效应与次贷危机

一、对风险转移负面影响的学术争议

在没有信息不对称和交易摩擦的背景下，风险转移机制的创新可以提高风险配置的效率，增进金融市场的完备性。然而，在不完美的现实经济中，信息不对称是对风险分担的关键约束。在信息不对称的合约交易环境下，风险配置具有双重目标，除了实现经济主体之间的风险分担，还需要通过适当的风险分配向具有机会主义倾向的合约主体提供激励，以便抑制道德危害。如果风险转移的创新形成了对风险的过度分担，将导致合约交易的激励结构失衡，由此可能引致一系列负面后果。在信用风险转移市场迅速成长和扩张的过程中，学术界就 CRT 交易对经济效益和金融稳定性的影响展开了热烈的争论，关于风险转移可能产生的负面效应，主要存在以下几方面担忧。

（一）对风险出让方的激励稀释效应与道德危害

根据传统金融中介理论，银行业之所以和证券市场并存，依赖于银行在储蓄转化为投资的过程中扮演着无法由市场完成的独特角色：首先，银行通过生产信息，筛选出那些资信较差的借款人和缺乏价值的投资项目，避免逆向选择问题；

① 贷款担保证券（Collateralized Loan Obligations，CLO）属于现金流型 CDO，其基础资产以贷款债权为主。

其次，银行通过监督借款人，预防后者的道德危害（Diamond，1984；Ramakrishnan and Thakor，1984；Fama，1985）。在证券市场上，无人愿意承担筛选和监督企业的成本，因为其他投资者会搭便车，而且，如果由个体投资者分别进行信息生产或监督，会产生不必要的重复成本，因而银行业得以作为信息生产者和监督者而存在。不过，银行和存款人之间也存在信息不对称问题，存款人之所以相信银行会代表其利益对企业进行严格筛选和严密监督，是因为银行股东持有对银行价值的次级要求权，只有在存款人得到偿付后才能获得利润，而且，只当银行股东投入足够多的股本，这一安排才是可信的。因此，在传统上，银行贷款是不可交易的合约，由银行持有到期，从而使银行在贷款生命期中将其股本一直置于风险之中，方能维持银行筛选和监督借款人的激励。贷款合约的非流动性正是银行业独特性之所在，由银行全程承担风险，是使存款人相信银行会提供“独特服务”的前提保证。

在贷款合约中银行的博弈角色是委托人，如果银行可以通过证券化或信用衍生合约等方式将其承担的风险转让给其他主体，相对于风险受让方，银行的博弈角色转化为代理人，他们就不再会有足够的激励将资源投入信息生产和监督。这些工作难以由贷款或风险暴露的买方完成，因为他们没有直接参与初始融资合约交易，不具有对借款人的信息优势，同时，由于无法观察银行的行为，也不能在贷款或风险出售合约中规定银行投入的努力水平。在信用风险的二级交易中隐藏着一个悖论：买方需要依赖卖方披露对信用风险的评估、监督借款人，并执行贷款合约，而银行在出售风险暴露后将没有动机提供这些服务。由于风险分担与激励水平的负相关，风险转移改变了基础融资合约的激励结构，对风险出让方的激励产生“稀释效应”，意味着卖方银行具有机会主义倾向和潜在道德危害，具体表现为三种可能。

1. 出售“柠檬贷款”①

在贷款二级市场上，买卖双方之间的信息不对称可能给予银行按高于贷款实际价值的价格出售贷款的机会。银行拥有关于贷款项目的成功（失败）概率的私人信息，有可能刻意选择质量较差的贷款出售。如果贷款的实际违约概率大于不知情的买方的概率判断，贷款价值将被高估，银行可以因此而获利。

2. 减少对借款人的监督投入

在发放贷款后，银行可通过两种方式管理信用风险，一是监督企业，二是转

① 美国人把从外观美好而内在品质低劣的次品比作柠檬，与此相类，柠檬贷款指被当作优质贷款出售而实际质量低下的贷款。

移风险，后者是对前者的替代。银行监督动机得以维持是因为银行充分暴露于贷款的风险，一旦卸除了风险暴露，银行监督激励受到侵蚀，他们将不会提供最优水平的监督服务，银行作为关系型贷款人通过监督促进企业长期价值增值的功能被削弱，将对贷款买方造成负面的外部性。企业内部人可能采取损害债权的行为，甚至威胁到企业的生存，如果这类情况广泛发生，将对整体经济造成风险。

3. 降低对贷款申请者的筛选标准

在存在逆向选择的环境下，银行会设置严格的放贷标准，并付出一定成本收集潜在借款人的信息，根据接受到的财务和非财务信号，调整对借款人违约概率的判断，以便规避风险。CRT 改变了银行在信贷合约交易中的约束条件，放松了银行的参与约束。在预见到可以将贷款风险出售给第三方的前提下，银行不会投入较多资源调查借款人和对其资信进行审查。

在 CRT 市场迅速扩张的背景下，一些学者对风险转移的负面激励效应提出疑虑。Duffee 和 Zhou（2001）讨论了信用风险转移中的柠檬问题和道德危害问题。Morrison（2001）认为银行对企业放贷并施加监督，相当于向其他市场参与者提供了关于企业资信的隐性担保，而信用衍生品市场的风险转移削弱了银行的监督激励，侵蚀了银行对企业提供的“担保价值”。Petersen 和 Rajan（2002）指出证券化使放贷者和风险承担者之间产生距离，减少贷款人认真筛选和监督借款人的激励。Gorton 和 Winton（2002）认为贷款出售的基本悖论尚未得到解释。Behr 和 Lee（2004）的研究结论是随着信用风险转移，银行的监督强度将必然下降。银行作为贷款二级市场造市商的新型角色和提供风险管理服务的传统职能之间是否存在矛盾？信用风险转移市场的兴起对经典银行理论构成了潜在挑战。

（二）对信贷过度扩张和借款人盲目乐观的鼓励效应

贷款（风险）的可交易性增加了银行调整资产头寸和风险暴露的灵活性，减少了银行陷入流动性困境的危险，进而提高了银行对贷款风险的容忍度，增大银行向实际部门提供资金的意愿。尤其是担保、保险或信用违约保护等纯粹风险转移交易，具有显著的“杠杆效应”，即以相对较小的保证资源支持较大规模的风险暴露，促使贷款一级市场规模迅速扩大。信贷可得性增加可以减少对有价值的项目的投资不足，但同时也可能鼓励借款人的盲目乐观倾向，导致银行业承担的总体风险加大。

企业家对自身能力和经济形势的过度乐观会造成对项目前景的错误判断，进而造成资源的错误配置。如果银行的风险认知倾向是现实主义者，加之信贷专家拥有大量案例的历史信息作为经验财富，可能会比企业家更理性地筛选贷款项目，并通过信贷配给来控制贷款风险，即使企业家愿意支付较高的贷款利率，也可能被银行拒绝。不过，倘若银行认为自己可以很方便地通过风险转移实现分散化，就可能改变信贷取向，转而以价格作为信贷决策的导向，发放高风险贷款，如此一来，风险转移不仅没有降低银行承担的风险，反而促使银行追逐更高的风险，贷款的过度扩张鼓励了借款人偏离实际的乐观主义，导致对企业家队伍的“过度进入”，随着时间的推移，不能胜任者终将出局，不仅使贷款价值遭受损失，过度投资也导致经济资源的无谓消耗。

Santomero 和 Trester（1998）分析了 CRT 市场对银行风险承担行为的影响。他们认为，贷款销售和资产证券化等金融创新鼓励银行增加资产组合中对风险资产的投入比率，如果贷款业绩不良，相对于不存在风险转移市场的情形，银行业绩可能将受到更加不利的影响。Instefjord（2005）认为虽然银行可以使用信用衍生品更容易地为风险保值，但也会提高银行承担风险的倾向，如果后者作用相对更强，将会增加银行业的风险。Wagner（2007）认为贷款流动性的增加使银行可以在危机中更容易地变现资产，有助于提高银行稳定性，但同时资产变现机会的改善也使危机对银行造成的成本下降，银行因此会承担更多的风险，抵消了信用风险转移对稳定性的正面影响。Cebenoyan 和 Strahan（2004）提供的实证证据显示，贷款出售市场上的活跃银行在其信贷组合中持有的高风险资产比率大于那些在贷款出售市场上不积极的银行。Shao 和 Yeager（2007）以 1997～2005 年作为样本期间，考察了信用衍生品对美国银行持股公司风险状况的影响，从总体上看，当银行增加对信用衍生品的使用时，承担的总体风险提高，而风险调整收益率下降，银行的贷款方向也在一定程度上转向风险更高的贷款。

（三）金融部门之间的风险转移可能产生风险传染效应

不同类型金融机构之间的风险转移虽然可以实现更高程度的风险分散，但同时也意味着彼此的相互依赖，由此产生了双向风险传染的可能。一种情况是两家机构互换风险暴露，彼此承担对方的基础金融业务生成的风险；另一种情况是保护买方将风险暴露转移到保护卖方，同时也面临保护卖方违约的交易对手风险。以银行和保险公司之间的信用风险转移为例，银行通过信用违约互换从保险公司购买保护，使贷款质量恶化的风险传递到保险公司，普遍的贷款违约可能导致保险公司面临巨额损失，迫使其清算资产，以满足其偿付义务，从而产生系统性危机。虽然保险公司通过保险证券化产品将保险风险直接转移给银行的规模较小，但如果保险公司面临投保人的巨额赔付要求，将无力对银行购买的信用保护进行偿付，而银行在出售风险后，不再持有相应的资本储备，在作为保护卖方的保险公司违约的情况下，银行将没有损失补偿的能力，这意味着银行部门受到保险风险的间接传染。

Rule（2001）考察了银行业和保险业之间的风险转移，并指出二者相互依赖程度的增大对监管提出了挑战。Allen 和 Carletti（2006）认为信用风险转移工具的创新可能使金融机构的资产组合发生变化，导致不同部门间更有可能发生风险传染。他构建了一个银行对保险公司进行信用风险转移的模型，在一定条件下，引进信用风险转移可能将诱使银行和保险公司持有相同的资产，如果其中一个部门受到的严重冲击可能迫使其大量出售资产，将影响资产价格，并进而影响另一个部门的资产负债表。

二、潜在问题的积聚与爆发——CRT 市场在次贷危机中的角色分析

（一）危机前的市场繁荣与风险潜伏

在次贷危机发生前，学术界关于 CRT 市场的利与弊的争论莫衷一是，Duffee 和 Zhou 对此不由得感叹：“单凭理论不能确定信用衍生品市场是否有助于帮助银行更好地管理贷款的信用风险，该问题最终是个实证问题。”[①]虽然信用风险转移对促进风险分担和扩大信贷可得性的实际贡献是显著的，但风险转移工具的创新浪潮也为金融体系引入了不稳定因素。

在贷款出售市场初建时期，就曾经发生严重的风险事件。Penn Square 银行是一家美国小型商业银行，在 20 世纪 70 年代末和 80 年代初俄克拉巴马州和得克萨斯州的石油热潮中以发放高风险能源贷款而闻名，其经营模式是对石油开采者发放投机性巨额高利率贷款，然后将贷款全部或部分出售给其他金融机构，同时获取服务费。该银行前后通过“二级贷款参与”的方式出售了共计达 10 亿美元的贷款，参与合约的买者和借款人之间没有法律关系，而且贷款出售不涉及追索、信用升级、保险或担保，因为只有这样发起银行才能将贷款移出其资产负债表，换言之，买方对卖方银行无追索权。购买贷款参与份额的都是一些成熟老练的金融机构，但他们和 Penn Square 银行的交易背离了稳健运营的原则，满足于依赖由卖方提供的错误充斥和支离破碎的贷款文件，结果导致自己面临巨额的损失。由于 1973 年和 1979 年的能源危机使石油变得空前昂贵，原油消费和需求量下降，全球油价在 1980 年达到高峰后开始下跌，在这场阶段性“石油过剩”的严峻形势下[②]，Penn Square 银行于 1982 年 7 月破产，两家主要的贷款买方大陆伊利诺伊国民银行和芝加哥信托公司不得不核销购入贷款造成的约 5 亿美元损失，这两家机

---

① Duffee G R，Zhou C. Credit derivatives in banking：Useful tools for managing risk?Journal of Monetary Economics. 2001，48（1）：25-54.

② 油价下降一直持续到 1986 年，下跌幅度达 46 %。

构在其后也相继倒闭，其他买方（如西雅图银行、密歇根银行和纽约银行）也遭受重创。

这次恶性事件展示了贷款出售的危险，卖方可以将价值高估的贷款出售给深信不疑的买方，后者对贷款处于完全失控的状态。2001年的安然事件也暴露出风险转出方的道德危害问题。辛迪加贷款的二级市场交易削弱了牵头行筛选和监督借款人的激励[①]，安然公司破产后，安然的辛迪加贷款的参与行指控摩根大通银行和花旗银行等牵头行帮助安然隐瞒危险的财务状况，并利用出售贷款的收入来减少自己的风险暴露，参与行在贷款违约发生后对牵头行行使追索权也受到限制。

然而，随着贷款出售和证券化市场规模的不断扩大，对“柠檬市场”的恐惧似乎也随之减退，各种信用衍生工具如雨后春笋般涌现，更使CRT市场呈现出一派繁荣。Chan-Lau和Li（2006）考察了英国主要金融集团（以银行和保险公司为重点）对信用衍生品的风险暴露，认为不会对英国金融稳定性产生很大威胁，保险公司在购买信用风险中表现得比较谨慎，各金融机构持有的风险暴露是多元化的，可以抵御市场受到的冲击。虽然一些学者提示注意金融创新可能产生的风险，但总体意见认为CRT市场规模和实际经济相比不算太大，即使存在问题，也不至于造成严重危机。然而，在貌似平静的表象下，潜伏的风险正在悄然积聚，暗流涌动，2006年末的次级抵押贷款危机的暴发犹如巨大的冰山骤然浮出海面。

（二）次贷危机的传统元素与新特征

次贷危机的先导是2006年6月美国房地产市场价格达到顶峰后出现下跌趋势，低等级借款人拖欠现象大幅增加。从2006年12月到2007年1月，先后有14家从事次贷业务的金融公司破产或退出经营。从2007年2月到8月，又有多家金融公司停止次贷业务运作或宣布破产保护，其中包括美国排名第二位和第十位的抵押贷款机构。在专业抵押贷款公司陷入困境之后，大型商业银行和投资银行的状况也不容乐观，汇丰银行宣布2006年在美国次贷市场亏损105亿美元，美林证券公司首席执行官和花旗集团董事长兼首席执行官分别于10月和11月先后辞职。

与此同时，美国楼市指标全面恶化，在严峻的形势下，2008年2月，美国政府和六家主要的住房贷款机构提出“救生索计划”，对因还不起房贷而即将失去房屋的业主提供帮助，布什总统签署总额约为1680亿美元的一篮子经济刺激法案。2008年3月，美联储决定向美国第五大投资银行贝尔斯登公司提供应急资金。7月，财政部和美联储宣布救助房利美和房地美。9月，历史悠久的雷曼兄弟公司

---

① 辛迪加贷款交易是贷款二级市场的重要组成部分。在辛迪加贷款构造完成后，牵头行可出售其信贷份额，而辛迪加的后续管理主要依靠牵头行，因而也存在和贷款证券化类似的激励问题。

申请破产保护，美国银行与美林证券公司达成收购协议，全球最大的商业保险企业美国国际集团（AIG）被政府接管，美联储向其提供 850 亿美元紧急贷款。10 月，美国参众两院先后通过布什政府提出的 7000 亿美元救市方案，即《2008 年紧急经济稳定法案》。11 月，美联储宣布投入 8000 亿美元用于解冻消费信贷市场、住房抵押信贷以及小企业信贷市场，财政部也从 7000 亿美元金融救援计划中拨出 200 亿美元，支持美联储的行动。12 月，美联储将联邦基金利率从 1%降至历史最低点（0～0.25%），这意味着美国进入"零利率"状态。2009 年 2 月，奥巴马总统签署总额 7870 亿美元的经济刺激计划，花旗银行实行部分国有化。3 月，财政部和美联储公布总额 2000 亿美元的刺激消费信贷计划。在次贷危机的阴霾下，实际经济部门也受到沉重打击，4 月，美国第二大购物中心运营商"共同发展房地产公司"申请破产保护，成为危机爆发以来破产的最大非金融企业，克莱斯勒公司和通用汽车公司也相继申请破产保护。

次贷危机的寒流不仅使美国经济遭遇严冬，进而蔓延到欧洲、日本等地区。2008 年 10 月，美联储、欧洲央行、英国央行以及加拿大、瑞士和瑞典等国的央行联合大幅降息 0.5 个百分点，欧元区 15 国通过行动计划，同意各成员国为银行再融资提供担保，并入股问题银行，日本政府公布约 2730 亿美元的经济刺激方案。11 月，欧盟出台总额 2000 亿欧元的经济刺激计划，12 月，欧洲央行、英国央行、瑞典央行再次降息。2009 年 1 月，英国再次宣布推出大规模金融救援计划，以促进银行发放贷款；3 月，英国央行宣布将基准利率从 1%降至 0.5%的历史最低点；4 月，日本政府宣布总额 56.8 万亿日元的经济刺激新方案；5 月，欧洲央行宣布将欧元区主导利率下调 0.25 个百分点至 1%；7 月，国际货币基金组织通过了发行债券框架方案，首次对外发行债券，欧洲央行宣布启动 600 亿欧元资产担保债券购买计划。金融动荡的后续是继发性的全球经济衰退。

经济学理论对信贷周期波动或金融危机的解释可以归纳为：经济体系基础因素的变化、经济主体的非理性短视、政府补贴对风险定价的扭曲、资产管理中的代理问题等。Minsky（1975）和 Kindleberger（1978）等提出繁荣时期疯狂和崩溃时期恐慌的行为的理论解释，认为其根源于人类本性中存在的反应过度的心理倾向。短视和羊群行为导致贪婪与恐惧的内生周期循环主导着人们的投资行为，而非对未来基础因素变化的理性计算。人的本性以"欣快症"的贪婪为前导，继而陷入惊惧和恐慌的循环中，导致对风险定价过低和过高的周而复始。行为理论提出的"危机人性根源论"具有一定解释力，但它面临一个实证问题：基于人性的一般理论，在相同的金融市场和经济体制背景下，经济波动周期的长度和严重性应该十分类似，而在现实中，某些金融危机的严重程度远大于其他危机。基础性经济因素的重大变化可能是对危机严重性的另一种解释，不过，与以往的金融危机有所不同的是，在次贷危机的形成过程中，并无明显的经济下行的外部冲击，问题主要来自于金融体系内部。全球性储蓄过剩提供了大量可投资资金，追逐高收益投机工具；政府代理机构房利美和房地美对次贷产品的追捧抬升了市场价格；信用风险转移链存在多层级的代理问题和系统性激励扭曲，诸多因素共同塑造了这场空前严重的金融动荡，其中风险转移的代理问题尤其突出。这场起源于次级住房抵押贷款市场的金融动荡既具有传统金融危机的核心要素，又表现出不同于以往的新特点。

一如典型的房地产金融泡沫的膨胀和破灭，以下几项“传统因素”是危机生成的重要驱动力。

（1）市场参与者对房地产价格预期的过度乐观是信贷扩张的基础支撑。从图 5-3-1 可以看出，自 2000 年以来直到 2006 年中期，S&P/Case Shiller 房价指数一直呈上升势头，即使是在“IT 热”退潮的背景下，美国房地产价格仍然持续上涨，使公众在心理上形成对房价的高企，购房者和银行都试图分享房价增值的利益，在金融部门的信贷支持下，房价不断上涨，进一步增强了投资者的信心，形成一轮新的循环，2006 年 6、7 月份，房价指数达到峰值，较 2000 年累积增幅达 120%，然而此后房价最终因缺乏内在支撑，一路下跌，宣告了 1993～2006 年美国银行业高盈利率和资本充足时代的终结。纵览金融动荡的历史事件，这种资产价格长期趋势的逆转屡见不鲜，房地产市场的崩溃大都表现出类似的态势逆转，在 20 世纪 90 年代初美国储贷会危机中，房地产泡沫的膨胀和房价下跌后的贷款违约率攀升让人们记忆犹新。

（2）先松后紧的货币政策对房地产周期性繁荣和衰退具有显著影响。宽松的货币政策在信贷和资产定价周期波动的历史中是一个关键要素，这一点已经得到金融危机研究者的共识。美国货币政策的主要目标是控制通货膨胀和维护经济稳定，但美联储在如何实现这些目标上拥有很大的裁量权，货币政策对政策制定者意见的依赖度很高。在次贷危机前的房地产过热时期，主导货币政策的一个关键因素是 2002 年提出的“格林斯潘教条”，时任美联储主席的格林斯潘认为，央行不应尝试阻止泡沫的生成或刺破资产泡沫，因为要在泡沫破灭前确定泡沫的存在基本上是不可能的，企图通过加息来刺破泡沫的做法可能适得其反，央行应注重泡沫破裂后的补救措施，以降低损失程度。这一政策取向相当于提供了对业绩不佳的投资给予救助的强式承诺，并形成了所谓“格林斯潘看跌期权”，失败的投资者预期可以将贬值的资产出售给美联储，从而助长了投机倾向。2003 年下半年到 2004 年上半年，美联储指导利率在 1%的历史最低点维持了 1 年，其间，Case Shiller 房价指数较 2000 年累计上涨达 52%～75%。不过，在逐渐意识到房地产市场过热的情况下，美联储开始着手提高利率，于 2004 年 6 月至 2006 年 6 月连续加息 17 次，使联邦基金指导利率增长到 5.25%，并一直保持到 2007 年 10 月，对房价回落产生了显著的下拉效应。

（3）政府对房地产融资风险承担的财政补贴是泡沫生成的重要诱因。在政府对风险承担者给予补贴的鼓励下，市场对风险的定价过低，往往导致金融崩溃的成本尤其巨大。在一个世纪前，阿根廷（1890）、澳大利亚（1893）、意大利（1893）、美国西部（1893）、挪威（1900）接连出现的房地产金融崩溃是1875～1913年全球性银行危机中的重要事件。除了美国，四个地区的金融危机都和政府对房地产融资的补贴有关，这类政策有力地推进了土地市场的异常繁荣。在20世纪30年代后，美国政府为了推行“可负担住房计划”（affordable housing programs），对住宅性房地产融资提供补贴，主要表现为通过FHLB贷款对金融机构提供政府融资补贴，以及对房利美和房地美的隐性债务保护。在政策支持下，住房抵押贷款的杠杆水平不断提高，对借款人资信度的准入门槛趋于下降。

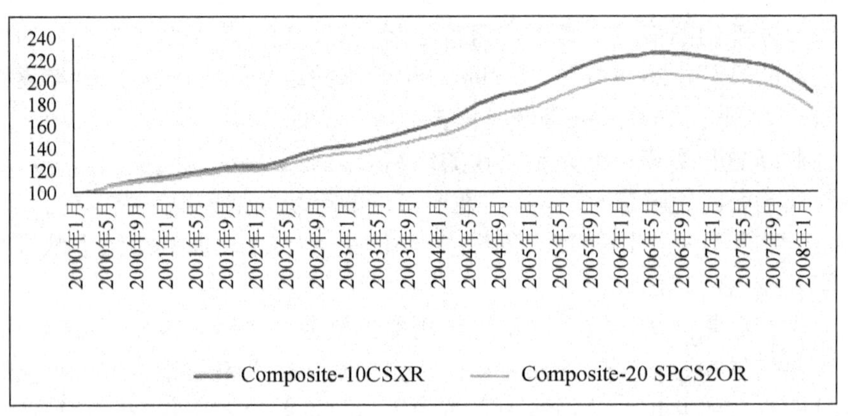

数据来源：标准普尔公司

图 5-3-1　美国 S&P/Case Shiller 房价指数（2000 年 1 月-2008 年 1 月）

虽然次贷危机的根源在本质上和传统金融危机如出一辙，但其风险积聚和扩散的机制则“别具特色”。在信用风险转移市场得以创建的背景下，贷款机构不再是遵循“发放贷款—持有到期”的传统信贷模式，而是转化成“生成贷款（风险）—再分配贷款（风险）”的业务流程，原本由放贷机构在贷款寿命周期内一身承担的风险暴露被拆分、重塑，经过包装和再包装，植入各色新型结构化和衍生金融商品，在风险交易的二级市场上发行，并被多种类型的机构投资者（或造市商）购买或转卖。当基础信贷资产组合发生系统性违约事件时，损失传递和危机爆发不是沿袭“银行贷款质量恶化—存款人丧失信心—挤兑风潮”的传统路径，而是首先表现为以基础贷款组合为担保的证券化或衍生产品的各层级买方依次遭受损失，金融体系感染面逐步扩大，流动性严重匮乏，进而导致货币市场冻结，陷入困境的机构相继倒闭的演化过程。

概括而言，次贷危机具有传统金融危机的内核，现代金融市场的演化赋予了危机新的表现形式，逐利投机和过度的风险承担是危机重复的主题，并通过金融创新得以放大。正如 Calomiris（2008）在归纳金融危机的相关文献后得出的结论：最严重的危机通常是在未经受考验的金融创新伴随着非常宽松的金融市场条件下发生的。虽然 CRT 市场本身并非基础信贷问题的实质根源，但是在次贷危机的生成和传播中，CRT 市场扮演着独特的重要角色。

（三）CRT 市场在危机形成与扩散中的角色

1. 对次贷一级市场扩张和风险承担的鼓励

次级抵押贷款的核心特征是借款人资信度较低，习惯上特指 FICO 评分在 620 分以下的群体。在抵押贷款市场中，次贷是相对新兴的板块，于 20 世纪 80 年代初问世①。法律环境的变化为次贷市场得以启动提供了前提条件，美国国会 1980 年通过《存款机构解除管制与货币控制法案》，取消了利率上限管制；1982 年公布《可选择抵押贷款交易平价法案》，允许抵押贷款使用可调利率和大额尾付方式，为次贷产品的定价和设计提供了法律空间。1986 年颁布的《税收改革法》允许抵押住房贷款的利息享受税收抵扣，使抵押贷款成本下降，推动了次贷需求增长。不过，但直到 20 世纪 90 年代中后期，次贷市场的强劲增长才引起关注。1994 年，由于当时市场利率上升，优级借款人的贷款需求量下降，抵押贷款经纪人和放贷机构积极开拓次贷市场，以维持市场份额。银行在传统上基于借款人的收入、信贷史和信用评分等指标设立对借款人的标准，即使用非价格性的信贷配给，次贷业务引入了各种不同的定价等级和产品类型，使抵押贷款市场转向基于风险定价配置信贷资源的新型模式。

次贷的独特性使之被视为前途和危险并存。它可以为那些面临歧视，或是在过去不符合标准抵押贷款要求的家庭提供得到自有住房产权的机会，同时，次贷收取的前端费和利率显著高于优质贷款，可以为银行贡献可观的利润。不过，证据显示，次贷的违约概率至少比优质贷款高 6 倍②。美国抵押贷款银行家协会（Mortgage Bankers Association of America，MBAA）报告，次贷在 2002 年第 3 季度的拖欠率比优质贷款高 5.5 倍（前者为 14.28%，后者仅为 2.54%），借款人丧失抵押赎回权比率是 2.08%，比优质贷款的 0.20%高 10 倍。高风险性使次贷市场的成长道路表现出不确定性，在美国网络经济泡沫破裂的背景下，该市场在 1998～1999 年遭遇收

① 20 世纪 80～90 年代，借款人大多没有 FICO 评分，贷款被分为 A、B 或 C 级，大约 50% 的贷款是 A 或 A–，剩余的贷款是 B 和 C 级。

② Chomsisengphet S，Pennington-Cross A. The evolution of the subprime mortgage market. Federal Reserve Bank of St. Louis Review，2006，88（1）：31-56.

缩期，虽然宏观经济形势于 2001 年走出不景气的阴影，但次贷市场的丧失抵押品赎回权率在将近两年之后才开始下降，在此期间，尽管就业市场疲软，但房地产市场仍然兴旺，并未出现房价波动对借款人权益的侵蚀，这表明次贷借款人的偿债能力对经济周期的下部波动非常敏感，自我调整能力相对较差，以至于市场恢复元气的速度较慢，受经济波动的影响显著大于优质贷款。在此期间，多家发放次贷的专业金融公司倒闭或被收购①，他们在 20 世纪 90 年代初期就开始使用证券化市场来支撑对低等级借款人的信贷扩张，并很快发现这种“放贷—销售贷款”的模式盈利性相当可观，然而在贷款违约率上升，市场流动性供给紧缩的情况下，他们相继陷入困境。与此相应，次贷的市场份额从 1997 年的 14.5%下降到 2003 年的 8.8%。

从 2004 年以来，次贷在抵押住房贷款市场中的比率重新出现了戏剧性的增长，到 2006 年达到 21%。除了房地产价格高涨的利润诱惑和宽松货币政策的鼓励，抵押贷款二级市场进一步发展是一个有力的推动因素。自 20 世纪 90 年代中期以来，配合金融机构寻求开拓次贷市场的经营策略，次贷证券化率显著上升，从 1995 年低于 30%提高到 1998 年的 55.1%，接近 90 年代中期优质贷款的证券化水平。随着以次贷作为担保品的 MBS 对投资者的吸引力提高，次贷发放量才得以迅速扩张。虽然其后受经济不景气下贷款违约率提高的影响，MBS 的价格有所下降，贷款机构不易找到高风险档证券的投资者，使次贷证券化率下降到 1999 年的 37.4%，但这只是 CRT 市场的暂时调整，从表 5-3-1 可以看出，次贷证券化率从 2000 年就开始回升，到 2003 年达到 58.7%。

表 5-3-1　住房抵押贷款证券化率（1995～2003 年）

年份	FHA/VA 担保的抵押贷款	常规抵押贷款	大额抵押贷款	次级抵押贷款
1995	101.1%	45.6%	23.9%	28.4%
1996	98.1%	52.5%	21.3%	39.5%
1997	100.7%	45.9%	32.1%	53.0%
1998	102.3%	62.2%	37.6%	55.1%
1999	88.1%	67.0%	30.1%	37.4%
2000	89.5%	55.6%	18.0%	40.5%
2001	102.5%	71.5%	31.4%	54.7%
2002	92.6	72.8%	32.0%	57.6%
2003	94.9%	75.9%	35.1%	58.7%

数据来源：Inside MBS & ABS。

① 包括当时在抵押贷款市场上占有相当市场份额的 Money Store、UCFC、AMRESCO 和 ContiMortgage 等抵押贷款机构。

CRT 交易工具的创新使风险转移的操作空间不断扩大，随着次贷流动性的提高，放贷机构对次贷的风险容忍度也随之上升，在贷款合约设计中的参与约束得以放松，纷纷推出各种更具“进取性”的新型次贷产品。在 20 世纪 90 年代，次贷产品主要是 30 年固定利率贷款或者和 6 个月 LIBOR 挂钩的浮动利率贷款，借款人大多是拥有自有住房的中年人，借款的主要目的是将住房产权抵押融资套现，即“住房权益贷款”，用于支付子女大学教育费或购置新车，很少用于购买住房。其后，抵押贷款机构开始将客户目标群体转向年轻人或低收入阶层（尤其是非洲裔居民），致力于打造“买得起的产品”（affordability products）。次贷市场的主流产品演变成可调利率和固定利率组合的“混合可调利率抵押贷款”（hybrid ARM），其标准结构是在前 3、5、7 或 10 年内使用固定利率，然后使用浮动利率，通常和一年期国债利率或一年 LIBOR 挂钩。借款人也可以选择“期权 ARM”（option ARM），初始利率较低，而且设置偿付上限来限制由于市场利率提升导致偿付额过高的可能，不过这并不意味着债务豁免，超出限额的部分将计入未清偿本金中，即“负摊还”。在次贷市场上，最常见的混合 ARM 是“2/28”或“3/27”结构，前两年（或三年）使用固定利率，然后使用浮动利率，每半年调整一次。此外，贷款机构还提供“只付利息抵押贷款”（interest-only mortgages），在一时期内，借款人不支付本金，然后在剩余年限里，借款人分期偿还本金。如果借款人无力支付首期房款，可以通过“背托式贷款”（piggyback loan）对住房设置二级抵押，用借入款项支付首期，从而实现实质上的“零首付”。

虽然披着不同款式的外衣，这些贷款合约设计的目的都是降低初始偿付金额，使目前收入较低的借款人可以获得贷款，但是在贷款合约后期，借款人将面临较大的偿债压力，借款人通常指望在此之前有机会改善自己的收入状况，或是将市价上涨的住房出售抵债，然而这些前景都是不确定性因素。随着放贷门槛的下降，抵押贷款市场的风险度不断提高。

2. 为次贷风险二级交易和扩散提供渠道

在 CRT 市场中，基于次贷的产品构造可以分成以下几个层次。

1）初级证券化

相当一部分次贷在发放后，被贷款机构出售给 SPV，作为 MBS 的担保品。由于次贷包含着较高的违约风险，为了最大化证券化贷款池的价值，发行人需要缓和投资者对风险的顾虑。他们将贷款池的现金流分别置入具有不同等级（AAA-B）的多档证券中，以便吸引具有不同信用偏好的投资者参与交易，从实行保守型管理的机构（通常只购买 AAA 证券）到寻求高收益的对冲基金和私募股权基金，都可以各取所需。

由次级贷款支持的 MBS 多数使用“超额利差/超额担保”结构（Excess

Spread/Overcollateralization，XS/OC），具有较高的加权平均利率（Weighted Average Coupon，WAC）。次贷资产池的 WAC 和优质贷款的市场利率之间的差额称为“场外利差”（Off-Market Spread，OMS），OMS 越高，意味着资产池产生的现金流越大，同时也可能预示着较大的损失。为了将次贷高于平均利率的高额预期收益转化为对证券的信用增级，在次贷证券化设计中，通常将资产池产生的“超额利息”（excess interest）（资产支持债券对投资者支付的利息和基础资产池的利息扣除费用和支出后的余额的差额）置入第一损失档（权益档）证券中，其持有者在优先档证券清偿后方可得到偿付。“超额利差”（excess spread）是超额利息减去资产池的当前损失的余额，在最开始时，超额利差很高，因为超额利息处于最大值，而且尚未发生损失，其后，随着损失的上升和贷款本金不断偿还导致超额利息的下降，超额利差将随之递减，当超额利差变成负值时，意味着超额利息不再能完全覆盖损失。为了扩展超额利差对优先档证券的保护功能，可以将其中的一部分储备起来，以备其不足以完全抵补损失时使用，具体形式可以建立“现金储备利差账户”（cash reserve spread account）或“超额担保账户”（overcollateralization account）。以前者为例，在证券化交易寿命的初期，资产池产生的全部超额利息都被转化为现金储备，直到达到一定的目标水平（根据预期未来损失确定），当其后的当期可得超额利息不能覆盖全部当前损失时，就使用现金储备来偿付剩余损失。不过，如果基础资产池违约比率达到较高水平，损失仍将侵蚀优先档证券。

2）再证券化

由次贷支持的 MBS 可以被再次证券化（resecuritization），通常是将 MBS 的中间档包装成 CDO，其构造者（通常是投资银行）和资产管理经理一起挑选各类 MBS 和其他类型债券（如 ABS 等）汇集成多元化资产池，以之作为担保品，发行具有各种评级的多档 CDO 证券，其中优先档可以得到 AAA 评级，由于其收益高于公司债券从而吸引养老基金、保险基金等保守型投资者；对于市场需求较小的中间档，金融工程师创造性地发挥灵感，将各种 CDO 的中间档汇集成池，再次分层出售，构造出“平方 CDO”（CDO-squared），在此基础上，进而可以构造“立方 CDO”（CDO-cubed），如此类推，可以构造 *N* 次 CDO（CDO^*n*），由 *N*–1 次 CDO 支撑，每次汇集和分层都可以从基础池中分离出一部分得到较高评级的证券，并将之出售给机构投资者，从而最大限度地实现“价值挖掘”。

MBS 或 CDO 的投资者是保险公司、养老基金、投资银行、对冲基金等，此外还有一类特殊的机构投资者，称为“管道”（conduits）或“结构投资机构”（Structured Investment Vehicles，SIV），他们是由大型商业银行或投资银行等金融机构发起组建的“表外机构”，这些“管道”主要是通过循环发行资产支持商业票据（Asset–Backed Commercial Papers，ABCP）为自己融取短期资金，用于购买

MBS 和 CDO。这些票据被出售给货币市场基金和其他货币市场投资者。ABCP 的发行通常采取外部信用增级的方式，由发起人或其他中介机构（如保险公司）提供流动性支持或信贷担保。

3）信用衍生合约与证券化产品的嫁接

除了以买卖基础资产的现金流要求权为标的的证券化产品，信用衍生合约也可以和结构化技术嫁接，主要方式是构造合成 CDO，比如，对 MBS 的风险暴露构造信用违约互换，并以 CDS 为基础资产，对投资者发行各档证券。此外，还可以基于 CDO 构造信用违约互换，创造出“CDO CDS”，保护买方按固定利率对卖方定期支付一定费用，如果发生规定的“CDO 信用问题”（根据 ISDA 的标准术语，包括不能全额付息、不能付息、不能还本、降级、隐性贬值），双方可以使用实物结算或现金结算，保护卖方对买方支付本金或利息不足部分，或补偿 CDO 的贬值。CDS 的名义金额随 CDO 的偿付而同步清偿，因而 CDO CDS 相当于是 CDO 的镜像。保护买方持有对 CDS 的多头，同时相当于持有对 CDO 的合成空头；保护卖方则相反，对 CDS 做空，同时持有对 CDO 的合成多头。CDS 是非融资型信用衍生合约，意味着保护卖方不需支出现金，就可以获得 CDO 的复制头寸，而且即使买方并不实际拥有 CDO，也可以构造基于某档 CDO 的 CDS，进行虚拟的“裸卖空”交易，使 CDS 交易从保值工具转变为投机工具。

通过将次级抵押贷款的风险暴露进行层层拆分、包装和再包装，进而通过信用衍生合约使交易杠杆成倍放大，次贷派生出庞大而复杂的系列结构化产品，涉及的投资者范围不断扩大，低信用等级借款人的违约风险就此被传递到金融体系的各个板块，并得以跨越国境，远渡重洋。一旦维系次贷预期价值的美国房地产价格从顶峰跌落，加之市场利率上升使借款人无法通过再融资更新债务，必然发生多米诺骨牌效应：以次贷为基础资产的 CDO 等证券化产品价值急剧下跌，进而使 CDO CDS 的保护卖方面临巨额赔付而无力履约，作为保护买方的银行等机构为弥合风险敞口而抛售 CDO 等次贷债券，促使其市场价格加速下跌，银行间市场拒绝接受此类债券作为融资的担保品①，导致高度依赖货币市场批发融资的金融机构陷入流动性困境，华尔街金融家精心构建的“结构化大厦”轰然坍塌，损失沿着次贷风险转移的路径向各个层级扩散，侵蚀面不断扩展，并产生对国际金融体系和非金融部门的溢出效应。

① 次贷危机前，由于货币市场的批发融资发展过于迅速，国库券和其他高品质的抵押品供不应求，结构化证券也被接受作为担保品。

第六章　信用风险转移市场动荡引发的反思

第一节　信用风险转移市场的内在脆弱性

在 CRT 市场中，合约设计难以提供充分的激励，声誉效应的约束力有限，代理问题无法彻底消除，而多层 CRT 产品的叠加和嵌套进一步导致代理链加长，信息逐级衰减，各个环节都潜伏着道德危害的可能性，在发生不利冲击的形势下，错综复杂的风险流动使实际损失难以确定，加之市场参与者彼此之间对交易对手道德危害的猜疑，容易导致群体恐慌和市场冻结，从而使风险转移机制暴露出内在的脆弱性。

一、关于风险转移市场内生激励优化的理论假说

在次贷危机爆发之前，面对关于风险转移可能产生负面效应的担心或质疑，相当一部分学者或监管者对信用风险转移的创新持乐观态度。他们认为 CRT 市场固然存在一些问题，但其积极意义大于负面影响，比如，格林斯潘在 2004 年对信用衍生品的评价："从近年来的经济和金融体系的实绩看，这些衍生品的好处远大于成本。"更多的辩护者则强调市场的有效性：CRT 市场具有自我优化的内生机制。根据他们的预想，CRT 市场可以通过合约设计和声誉机制预防或缓解风险转移产生的激励弱化问题。

（一）通过合约设计提供适度激励

信用转移工具的创新就是对合约结构的不断调整和优化。一些学者认为，通过合理的合约设计，不仅可以缓解风险转移对激励的稀释效应，而且在一定条件下，信用保护并非只会削弱激励，也可能使银行对企业的监督和约束更有效率。

Gorton 和 Pennacchi（1995）认为贷款出售的道德风险问题可以通过塑造适当的合约特征来减轻，比如，银行只出售部分贷款，保留剩余份额，或银行保证如果贷款质量恶化就回购贷款，使买方相信他在出售贷款后仍然会提供信用服务，从而实现激励相容的贷款出售，这正是贷款出售市场得以启动并快速成长的关键原因。Boot 和 Thakor（1993）、DeMarzo（2005）证明，在贷款证

券化产品的设计中，可以通过资产汇集和分层技术来缓解信息不对称问题，通过让发起银行持有权益档证券，可以向投资者传递关于基础贷款池质量的信号。

Duffee 和 Zhou（2001）发现，美国的信用衍生合约大多表现出期限错配，即期限短于基础合约的期限，例如，信用违约互换规定，如果一项十年期贷款合约在两年内违约，就触发偿付。信用衍生合约之所以如此设计，是因为在贷款的生命周期内信息不对称的结构是变化的，银行对贷款的长期现金流比短期现金流拥有更多的信息优势，银行可以利用期限错配的信用衍生合约，将早期违约的风险转移给外部人，保留后期违约的风险，从而避免风险出售的柠檬问题。

Arping（2002，2004）也解释了为何信用衍生合约的期限通常短于基础贷款期限。他认为信用保护并不一定会弱化银行监督动机，短期信用保护有利于改进银行的监督效率。如果银行在放贷后发现借款人卸责造成贷款项目运行不良，可以要求企业提前清算。短期 CDS 合约规定，如果银行强迫借款企业提前清算，保护卖方将向银行支付一定金额。这一交易使得银行让业绩不良的企业倒闭的成本更低，强化了银行的“退出选择权”，使银行对借款企业的清算威胁变得更可信，这将对企业管理者产出“激励溢出”效应，促使其努力提高业绩。因而，短期信用衍生合约可以作为便利银行对借款人进行动态管理的工具。这意味着，风险转移的意义不只是分担风险，甚至还能改进激励结构。不过，长期信用保护会弱化银行的监督激励，进而削弱借款人的努力激励，银行应使用短期信用保护来维持监督动机。

Effenberger（2004）认为，虽然信用衍生合约可能降低银行对借款人的监督激励，但在实践中有各种合约交易方式来克服这种危险，例如，构造基于贷款组合的 CDO、由保护买方建立担保基金等，其本质是要求保护买方承担信用事件导致的部分成本。Behr 和 Lee（2004）也指出，通过 CRT 合约的最优设计，如构建激励相容的风险分层结构，可以减少风险转移对银行监督的负效应。Nicolo 和 Pelizzon（2004）证明，信用衍生合约可以设计成引导银行监督借款人的结构，通常是构造组合型产品，让作为保护买方的银行保留一部分风险，从而保证银行的监督激励，而且，将贷款组合的风险打包出售，与出售单一贷款的风险暴露相比，也减少了逆向选择问题。Wagner（2007）认为信用违约互换等创新工具相对于传统信用风险转移工具的主要好处是通过灵活的合约构造缓解了信息不对称问题。

（二）声誉机制对风险卖方的隐性激励

根据声誉理论（Shapiro，1983；Klein and Leffler，1984），在产品买卖中，

有声誉的卖方可以获得“租金”，因而在均衡状态上，卖方总是会选择努力维护声誉[①]。据此类推，在贷款二级市场上，卖方银行可以用无形的声誉而非有形的资本来承担风险，作为承诺尽职筛选和监督的隐性担保。如果风险转移是重复交易，声誉就能对代理人形成隐性激励。风险买方会对卖方的类型形成认知，而且这种认知不断更新，卖方以往的交易业绩会对未来交易的报酬产生影响。风险卖方为谋求长期利益最大化，会努力创建声誉，并将之作为有价值的“资产”悉心维护。市场声誉作为非合约性的激励机制，可以弥补风险转移造成的合约激励供给不足，实现激励相容的风险转移，此即为“声誉激励假说”。

Gorton 和 Haubrich（1987）提出声誉可以作为银行持有贷款到期的替代，充当确保银行履行监督职能的激励装置。Gorton 和 Pennacchi（1995）发现贷款出售合约附有卖方对买方的隐性担保，如果卖方银行违背关于贷款质量的隐性担保承诺，潜在买方将来就不会再买他的贷款，声誉受损的卖方将丧失未来的贷款出售机会。高声誉银行则可以在未来出售贷款时得到溢价，获取“租金”。因此，声誉效应是促使卖方履行承诺的关键驱动力。Santomero 和 Trester（1998）也提出，由于贷款买方的信息集合小于卖方，可能高估贷款价值，使卖方得利，不过如果银行有规律地出售贷款，在声誉约束下，银行不会按高估的价格出售贷款，否则投资者会对其未来出售的贷款价格打折扣。Armstrong（2003）研究了辛迪加贷款市场的信贷出售，认为作为贷款卖方的牵头行会努力监督借款人，以保持市场声誉，确保自己能继续组织未来的辛迪加交易。Effenberger（2004）认为持续的业务关系可以减轻信用衍生品交易的道德危害，两个交易对手反复交易会产生声誉效应，确保保护买方在出售风险后仍然会监督信用衍生合约的参考债务人。因为一旦保护买方建立了正面的历史记录，卖方会降低对买方索取的“不信任溢价”。

（三）由第三方生产信息并承担部分监督职能

如果买方预期卖方会选择出售质量较差的贷款，将会压低报价，使贷款价值被低估，为了解决逆向选择问题，卖方可以引入独立的第三方专业信息生产机构，委托其向买方传递信号，来改进对贷款的市场估值。在实践中，贷款支持证券的发行人可以聘请评级机构，由其向市场提供证券质量的信息，并在证券发行后对基础贷款池质量继续跟踪监测，发布动态调整的评级结果，作为对银行监督职能的补充，减轻银行与风险买方之间的信息不对称问题。

① 这些文献认为：当消费者无法观察产品质量时，声誉带来的价格溢价（租金）可以提供质量保证。声誉良好的卖方的未来收入大于按优质产品的价格出售劣质产品的短期利润，卖方会为了获得租金而维护声誉。

二、合约设计提供激励的局限性

减轻风险转移对激励的稀释效应的合约设计可以归结为几种基本方法：①对风险暴露分层，由卖方保留权益档，承担第一损失，买方持有优先档，承担严重违约事件下的极端损失；②对风险暴露进行时段分解，银行转移对信息不敏感的前期风险，保留对信息敏感的后期风险；③风险转移合约的指数化，合约的偿付和交易双方都无法直接操纵的公开指标（违约/破产指数）挂钩。这些合约安排虽然能够缓解道德危害，但在应用中可能受到限制，或者对风险卖方提供的激励有限。

风险分层结构广泛应用于贷款（或信用衍生合约）证券化的实践操作中，作为风险卖方的银行通常会保留部分风险暴露，以便让买方相信银行还会一如既往地对借款人实施监督。不过，即使只是风险部分转移，相对于不发生风险转移的情形，激励效应仍然有所弱化。如果银行未对证券的偿付提供完全担保，就可能不会一如既往地对借款人进行尽职评估和监督，银行付出的努力水平仍然低于最优水平，因而由银行保留一定风险份额的合约设计提供的激励具有非充分性。事实上，证券化发起银行在证券发行后，往往对其回购的权益档证券通过信用衍生工具进行保值，抵消了风险保留的激励效应。

通过基础合约和信用衍生合约期限错配的方法可以维持对银行的激励，但这种方法在实践应用中受到银行的保值需求和资本约束的客观限制。资本充足的银行只需要实现适度保值，可以将信用衍生合约的期限设定为短于基础贷款的期限，而资本不足的银行的风险承担能力受到限制，需要对贷款的长期违约风险寻求保险，可能要求信用保护覆盖贷款整个期限，在此情形下，银行就不会通过付出充分监督的努力来促使借款人付出最优努力，因为银行努力实现贷款项目价值最大化所带来的部分收益将归于保护卖方。

指数化信用风险转移合约是典型的参数型合约，通过将偿付依据设定为处于保护买方控制以外的变量，可以预防道德危害。不过，由于合约不是基于实际损失对保值者进行偿付，合约的偿付可能没有精确地补偿保值者的实际损失。当衍生合约的偿付与银行要保值的特定风险暴露不是完全相关时，就出现了“质量基差风险”（quality basis risk），这样一来，在消除道德风险的同时，又产生了另一种风险。

三、市场声誉激励的局限性

（一）相关实证的困惑

倘若声誉激励假说在现实中成立，频繁发起证券化或通过信用衍生交易出售风险的银行理应受到声誉约束，这意味着贷款业绩不会因为风险暴露被出售而恶化。然而，相关实证的结果并不一致。

一些学者和机构针对个人抵押贷款证券化的实证显示：声誉约束并未发挥理论预想的功效。例如，Frankel（2009）对美国第二大次贷发放机构（新世纪金融公司）破产进行案例研究，其结论认为该公司没有付出努力严谨地评估贷款的预测价值，声誉资本不是有效的激励装置。惠誉评级公司、Downing 等（2009）、Mian 和 Sufi（2009）、Keys 等（2010）的报告或实证研究得出了类似结论①。

Dahiya 等（2003）关于企业贷款出售的实证结论也不支持声誉假说。那些贷款被出售的企业几乎半数在出售后的三年内破产了，企业后续业绩的恶化意味着银行出售的是柠檬贷款，其目的是卖掉低品质贷款，改进剩余贷款组合质量。Berndt 和 Gupta（2009）发现，观察那些贷款二级交易活跃的企业，其业绩在贷款进入二级市场后的三年内差于无活跃贷款交易的同类企业，高杠杆的投机级小企业尤其显著。作者归因于贷款出售后银行监督松懈，导致企业价值下降，声誉顾虑未能预防银行的道德危害。

同时，也有研究者得出了支持声誉假说的实证结论。Bushman 和 Moerman（2009）考察企业辛迪加贷款二级交易是否影响了银行贷款的质量，其实证命题是：若声誉效应无效，不论贷款出售者的声誉如何，贷款出售后其品质都趋向恶化；若声誉效应有效，低声誉银行出售的贷款业绩显著恶化，而高声誉银行无此现象。他们比较了交易贷款和非交易贷款的业绩，关于声誉高的牵头行发放的贷款，未发现交易贷款业绩差于未交易贷款，而且交易贷款的借款人财务业绩好于未交易贷款，意味着贷款出售对高声誉牵头行的监督和筛选激励有正面影响。关于声誉低的牵头行发放的贷款，交易贷款的业绩差于未交易贷款。他们据此得出结论：声誉是减轻贷款出售导致的激励问题的有效机制。

根据上述实证，在次级抵押贷款和低信用等级小企业贷款的二级市场上，声誉约束失灵，而其他类型企业的辛迪加贷款二级市场的声誉激励有效，实证结论的混杂性令人困惑。声誉约束能否维持对贷款卖方银行的激励？不同的研究样本得出了不一致的实证结论，这反映出声誉激励并非绝对有效，在一定条件下才能发挥效力，其内在逻辑需要理论阐释。

（二）声誉均衡的形成机理

关于声誉顾虑能否引导银行尽职地监督借款人，本书构建模型进行推演②。

① 对相关文献的具体介绍见“风险转移中的信息衰减和系统性激励扭曲”。

② 理论假说认为声誉机制可以解决贷款出售前的逆向选择和出售后卖方银行的道德危害，限于篇幅，本书重点分析出售后的道德危害（监督卸责）问题，此模型也可推广至分析声誉对银行筛选贷款的激励。

证券化涉及三方当事人：发起银行、借款人、投资者，银行在此过程中扮演重要角色。设想在证券化市场上，交易可以无限期持续进行，在每个交易周期的开始，银行对一个新的借款人放贷，为其投资项目提供融资[①]。然后，银行通过证券化将风险转移给投资者。出售贷款后，银行作为证券化的服务人，负责管理贷款，投资者向银行支付服务费。

在每个交易周期期末，投资项目得到不确定的产出 x，项目产出取决于借款人的努力 a 和自然状态 θ，$x=x$（a，θ），$\partial x/\partial a>0$，$\partial x/\partial\theta>0$。贷款银行和借款人之间的风险分配可以用贷款合约的偿付函数加以描述：

$$r(x)=\begin{cases}F,x\geqslant F\\x,x<F\end{cases}\tag{6-1-1}$$

其中，$r(x)$是债权人得到的偿付，F 是合约面值，即贷款本息和。债权人在非破产区间[F，∞]内得到固定的偿付；如果项目产出小于债务面值，将发生贷款违约，债权人得到全部产出，但不足以偿付全额债务，债权人不得不承担项目失败的下部风险。当贷款在证券化市场上被出售时，违约风险随之转移给投资者。

贷款项目失败的原因可能是外部不可控因素或借款人努力不足。银行可以通过监督促使借款人努力经营项目，e 是银行的监督强度或努力水平，借款人的努力 a 是银行监督努力 e 的增函数，银行监督间接影响着项目产出的概率分布。假定项目产出的分布函数是一阶随机占优，意味着银行努力监督时实现高产出的概率大于不监督时高产出的概率，银行监督可以降低贷款违约的可能性。如果银行不实施监督，项目的成功概率是 $P_L=P(x\geqslant F\,|\,e=0)$。如果银行努力监督借款人，项目成功概率将提高到 $P_H=P(x\geqslant F\,|\,e>0)$，$P_H-P_L=P_\Delta(e)>0$。不过，监督的边际贡献随监督强度的增加而递减，即 $P_\Delta''(e)<0$。即使银行尽最大努力监督，项目也可能失败，要使 $P_\Delta(e)=1-P_L$ 是不可能实现的。

银行需要在出售贷款后作出是否监督借款人的决策，服务费是对银行监督的报酬。银行投入监督的努力成本为 $C_{bm}'(e)>0$，$C_{bm}''(e)>0$。银行有三种可能的类型：诚实型，总是选择努力监督；懒惰型，始终偷懒卸责；机会主义型，基于监督和不监督的收益对比，策略性地选择努力或偷懒。本书将最后一类作为研究重点，假设银行对未来收益的折现因子是 $\varepsilon\in(0,1)$，其目标是做出策略选择，实现整个决策期内的预期收益现值最大化。

假设投资者知道银行是机会主义者，为了鼓励银行监督，投资者必须评判银行是否实施了监督，并给予奖惩。投资者无法直接观察银行的监督努力，只能采

① 暂且假定证券化市场上只有一家卖方银行，下面将放松该假定，讨论多家银行并存的情形。

用“贝叶斯法则”，对银行是否尽职监督作出概率判断。投资者之所以愿意向银行支付服务费，取决于对银行“拥有有效率的监督技术，并愿意为投资者利益进行监督”的信念。在没有观察到银行出售的贷款的历史业绩之前，投资者对银行实施监督的概率具有先验信念 $P_{bm}=P(M)$，当投资者接收到该银行出售贷款的历史违约记录的信息后，会以此作为银行是否监督的信号，修正先验信念，形成后验信念。

投资者对银行监督的后验信念是

$$\tilde{P}_{bm}=P(M\mid D) \tag{6-1-2}$$

其中，$\tilde{P}_{bm}$ 是投资者对银行监督可能性的后验概率判断，反映银行的市场声誉，该概率越高，其声誉越好[①]；D 是银行已出售的贷款的违约率；$\tilde{P}_{bm}$ 以 D 为条件，假定贷款违约会对银行声誉造成损害，$\tilde{P}_{bm}$ 是 D 的减函数。如果违约率是 100%，则 $\tilde{P}_{bm}=0$，银行将丧失声誉并被逐出市场。只要银行能够维持声誉，就将在每期获得服务费 R。投资者愿意支付的服务费取决于银行监督带来的贷款价值的增值。

银行的监督行为影响着贷款质量的概率分布，从而影响投资者对贷款的预期价值。如果投资者预期银行会卸责，贷款的预期价值将是

$$LV_{bs}=(1-P_L)x+P_LF \tag{6-1-3}$$

当投资者相信银行会实施监督时，贷款的预期价值将是

$$LV_{bm}=(1-(P_L+P_\Delta(e))x+(P_L+P_\Delta(e))F \tag{6-1-4}$$

投资者愿意对银行支付的服务费（监督报酬）是贷款价值的预期增值，即

$$R=\tilde{P}_{bm}(LV_{bm}-LV_{bs}) \tag{6-1-5}$$

或者：

$$R=\tilde{P}_{bm}P_\Delta(e)(F-x) \tag{6-1-6}$$

根据式（6-1-6），银行能得到的服务费是 $\tilde{P}_{bm}$ 的增函数，意味着声誉是有价值的无形资产，声誉良好的银行可以得到更多的服务费。

为了简化分析，假定只有两期（$t=0,1,2$），图 6-1-1 用时间轴描述事件发生的次序。

---

① 声誉的实质是买方对卖方行为的概率判断（Horner，2002；Parlour and Winton，2009；Mathis et al.，2009）。

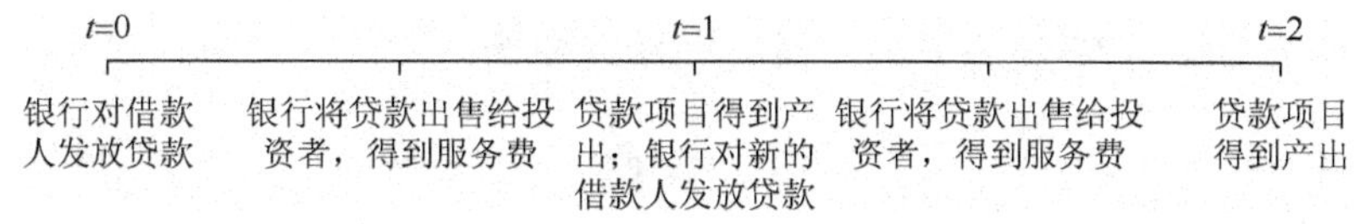

图 6-1-1　事件发生次序的时间轴

在第 1 期内（介于$t=0$和$t=1$之间）的某个时点上，银行将期初发放的贷款出售给投资者，并得到服务费 R_1。充当贷款服务人的银行和资产支持证券的投资者都采取马尔可夫策略，即投资者支付服务费的决策取决于对银行监督的信念，而银行的监督决策取决于对投资者支付意愿的预期。由于银行尚未建立声誉，投资者无法根据贷款的历史违约记录判断银行是否会监督，只能对其赋予初始的先验概率 P_{bm}，假定 P_{bm} 为 50%。在第 1 期期末（$t=1$），投资者可以观察到贷款项目的产出，并根据这一信号推断银行的监督努力水平，对银行监督赋予后验概率 $\tilde{P}_{bm}$，将之作为在第 2 期支付服务费的依据。

如果银行履行监督职责，贷款项目的成功概率上升，但仍然存在违约的可能。在第 1 期期末，违约率可能是 0 或 100%。如果银行进行监督，预期违约率 ED_{bm} 将是$1-(P_L+P_\Delta(e))$，由于监督可以降低预期违约率，银行预期投资者对银行监督的后验信念 $\tilde{P}^e_{bm}=P(M\,|\,\mathrm{ED}_{bm})$ 会相应上升①，银行的声誉会因此而提高，进而预期投资者将在第 2 期支付更高的服务费。

$$R_2^m=P(M\,|\,\mathrm{ED}_{bm})P_\Delta(e)(F-x) \tag{6-1-7}$$

其中，R_2^m 是当银行决定进行监督时，预期投资者将在第 2 期支付的服务费。

E_{bm} 和 E_{bs} 分别是在银行监督或卸责的情况下银行未来收益的预期现值。如果银行实施监督，得到的未来收益的预期现值为

$$E_{bm}=\varepsilon R_2^m-C_{bm}(e) \tag{6-1-8}$$

如果银行不实施监督，可以节省监督成本，但贷款预期违约率 ED_{sm} 会提高，银行预期投资者对银行监督赋予的后验概率 $P(M\,|\,\mathrm{ED}_{bs})$ 下降，导致声誉受损，这意味着银行在未来得到的服务费减少。当银行选择卸责时，预期投资者在第 2 期支付的服务费是

$$R_2^s=P(M\,|\,\mathrm{ED}_{bs})P_\Delta(e)(F-x) \tag{6-1-9}$$

其中，ED_{bs} 是当银行卸责时贷款的预期违约率。

① 假定银行了解投资者信念的形成过程，$\tilde{P}^e_{bm}$ 是银行对投资者信念的预期。

如果银行卸责，得到的未来收益的预期现值为

$$E_{bs} = \varepsilon R_2^s \tag{6-1-10}$$

银行根据监督所得的收益和卸责的收益进行对比来选择其行动，为了鼓励银行履行监督责任，前者必须不低于后者。因而，监督的激励相容条件是 $E_{bm} \geqslant E_{bs}$，该条件可以写为

$$\varepsilon(R_2^m - R_2^s) \geqslant C_{bm}(e) \tag{6-1-11}$$

或者：

$$\varepsilon(P(M|\mathrm{ED}_{bm}) - P(M|\mathrm{ED}_{bs}))P_{\Delta}(e)(F - x) \geqslant C_{bm}(e) \tag{6-1-12}$$

作为证券化市场上的重复交易者，银行的未来收入和其声誉直接相关，虽然不诚信可以增加当期利润，但代价是损失了声誉和未来收入，声誉价值相当于损失声誉的成本。只要努力监督的预期收入大于卸责的短期利润，维护声誉就能为银行带来“租金”，而声誉受损将对银行未来收益产生负面影响。害怕失去声誉的恐惧会超过对短期利益的渴望，银行将发现欺诈和卸责是次优选择，在每个交易周期都会实现声誉均衡：具有机会主义倾向的银行总是会选择努力监督。随着监督强度增大，监督成本相应上升，当式（6-1-11）为等式时，监督努力的边际成本等于边际收益，银行愿意付出的努力水平达到最大，即达到充分监督的均衡。

（三）声誉激励的实现条件

声誉均衡的实现不是无条件的，仅当维持声誉带来的预期租金现值不低于卸责得到的当期利益时，银行方可被诱使实施监督，否则声誉机制对银行的激励效应是有限的，甚至失灵。由式（6-1-12）可以推导出声誉约束产生效力的前提条件如下。

1. $P(M|\mathrm{ED}_{bm}) > P(M|\mathrm{ED}_{bs})$，而且二者差距较大

银行预期在其实施监督后，投资者可以观察到被出售贷款的违约率的历史信息，并据此对银行在第 2 期进行监督的可能性赋予较高的概率，因而监督可以显著提高银行的声誉，使银行在未来获取更多的服务费。这一逻辑的成立包含着两个隐性条件。

首先，投资者能够观察到银行以前出售贷款的历史业绩。

投资者对银行监督努力的信念建立在其前期出售贷款的违约率之上，声誉机制的有效性首先取决于对证券化基础贷款池的历史业绩的信息披露。贷款违约记录必须是公开可观察的，此为声誉激励的必要前提。如果信息环境不透明，投资者不能观察到已出售贷款的质量信息，银行就无法借此建立声誉。

其次，投资者能够根据贷款业绩推断银行的监督概率。

根据贝叶斯法则，银行监督的后验概率（代表银行声誉）的估算公式为

$$P(M\mid D)=\frac{P(M)P(D\mid M)}{P(D)} \tag{6-1-13}$$

将式（6-1-13）展开为

$$P(M\mid D)=\frac{P(M)P(D\mid M)}{P(D/M)P(M)+P(D/S)P(S)} \tag{6-1-14}$$

其中，S 是银行选择卸责，$P(S)=1-P(M)$。

分子和分母同时除以 $P(M\mid D)$，得

$$P(M\mid D)=\frac{P(M)}{P(M)+\dfrac{P(D/S)}{P(D\mid M)}P(S)} \tag{6-1-15}$$

$\dfrac{P(D/S)}{P(D\mid M)}$ 是似然率，即银行选择卸责时违约事件发生的概率和银行选择努力监督时的违约概率的比率，它可以衡量观测变量 D 对监督 M 或卸责 S 的反映程度。运用贝叶斯法则的前提是满足“单调似然率”属性（monotone likelihood ratio property），即似然率对违约率是单调的。当投资者观察到较高的违约率时，就会推断很可能是银行卸责所致，即似然率较高；反之，较低的违约率意味着更可能是银行监督的贡献，对应着较低的似然率。如果似然率不符合单调性假定，意味着违约率不能反映实际努力水平，缺乏信息价值。

如果银行用声誉作为承诺监督的担保，市场必须对不诚实的银行施加可信的处罚威胁。投资者只能将贷款的历史业绩作为银行是否履行监督职责的信号，据此对银行进行奖罚。如果银行的监督能够确保项目成功，投资者就可以根据贷款业绩准确地推断银行是否尽职。然而，外部环境的不确定性也可能造成项目失败。项目的成败是卖方银行努力和运气的综合结果，监督可以降低贷款违约概率，但不能使之为 0，意味着贷款违约只能提供关于银行努力的不完全信息，不能作为缺乏监督的充分指证。

和制造业相比，金融产品违约的原因更加复杂和不透明。如果常规工业制品

出现故障，市场主体易于区分其原因是消费者使用不当还是生产缺陷，可以基于产品故障率塑造厂商的声誉。而金融产品的业绩受到市场状况、宏观经济形势等多种外生因素的影响，当金融市场整体衰退时，单项金融资产可能随之贬值，投资者难以确认卖方银行是否存在欺诈。前面假定证券化市场上只有一家发起证券化的卖方银行，如果放松这一假定，多家卖方银行并存，投资者对某家银行的声誉判断不仅取决于该银行的证券化贷款的违约率，还取决于其他银行的贷款业绩，因而后验概率的条件还包括证券化发起银行的总体违约率。预见到这一点，单个银行的监督决策还取决于对其他银行监督行为的信念，如果相信其他银行都不会监督，则该银行也会选择卸责。如果贷款的总体违约率较高，投资者会归因于糟糕的经济状况和坏运气，在经济危机时期，这种预期到的贷款系统性违约对银行是否尽职的信号传递功能较弱，对银行声誉的损害较小，可能不会受到市场参与者的处罚，由此会鼓励银行卸责的从众行为[①]。只有独立的未预期到的贷款违约事件才可以作为银行声誉信号的条件。

由此可见，由于贷款可能因为坏运气而非银行的疏忽而发生违约，投资者观察到的贷款违约包含噪声成分。信息环境的透明度越低，贷款业绩的信号噪声就越大，不符合似然率单调假定，投资者难以根据贷款业绩推断银行是否努力监督，银行的声誉顾虑将会弱化，导致声誉机制的约束效应是不充分的。

2. 折现因子 ε 较高，银行更看重长期利益

机会主义者受到的声誉约束还取决于其折现因子。如果 ε 较低，意味着银行缺乏耐心，更看重短期收益。在信贷市场上多家银行并存的情况下，过度竞争可能导致银行行为短期化，弱化声誉机制[②]。前面的基本模型假设银行在每期面临的贷款需求是固定的，但在现实中，贷款需求存在旺盛期和低迷期的交替，当市场需求迅速扩张，超出正常水平时，银行会受到强烈诱惑去抢夺市场份额，放松对借款人的筛选标准，减少监督投入[③]。

假定存在两家银行 A 和 B，A 银行更重视长期利益，即 $\varepsilon_A > \varepsilon_B$。在短期内，与坚持更严格的筛选和监督的 A 银行相比，愿意迎合借款人的 B 银行会获得更多信贷业务，使 A 银行失去市场份额，即使 A 银行的良好声誉能为其带来更多未来收益，但在此之前，A 银行可能已经被挤出市场，使声誉的预期租金无法实现，

① 在辛迪加贷款市场上，贷款发放后不久发生的单笔贷款违约事件对牵头行的声誉影响较为显著，而在信贷危机期间，当其他牵头行也遭受贷款的普遍违约时，对牵头行的声誉影响较小（Gopalan et al.，2009）。

② 另外，适度健康的竞争也可能增强声誉机制的效力。市场竞争让买方拥有更多的选择，使丧失声誉成为对卖方的威胁，但过度竞争会产生对声誉机制的负效应。

③ 事实证明，银行的放贷标准受到 2003～2006 年贷款市场繁荣的负面影响，次贷市场的贷款标准下降和该市场的迅速扩张相关，在次贷规模扩张更为迅速的地区，贷款标准下降更显著（Keys et al.，2010）。

这将导致“劣币逐良币”。预见到这一可能结果，A 银行不得不将自己的折现因子调低至 ε_B 的水平。贷款热潮会驱使银行集体性的利益取向短期化，尽可能攫取市场短期繁荣的收益，导致声誉效应失灵。

3. 监督对项目成功概率的提升幅度 $P_\Delta(e)$ 较大

较高的 $P_\Delta(e)$ 意味着银行监督对项目成功的贡献较大，投资者愿意为此支付较高的服务费，通过监督树立良好声誉对银行具有吸引力。不过，银行的监督只能减轻借款人卸责的道德风险，如果借款人的基础质量较差，由非道德危害因素导致项目失败的概率 $1-P_H$ 较高，则意味着贷款的基础违约风险较高，即使银行付出监督努力，相对无监督的情形，贷款成功概率的提升幅度 $P_\Delta(e)$ 也可能不显著，使银行努力监督树立声誉的价值降低。

4. 给定违约发生下贷款损失（$F-x$）较大

若违约致使贷款价值损失较大，投资者愿意为银行监督支付较高的服务费，以降低违约概率。

5. 监督成本 C_{bm} 较低

声誉机制的有效性取决于声誉价值和监督成本的比较。如果银行监督借款人的成本相当高，银行执行监督难以获得盈余，声誉顾虑就不足以引诱银行投入资源履行监督承诺。

上述分析表明，声誉激励的有效性需要诸多条件作为保障，否则可能失灵。如果投资者无法观察贷款的历史违约记录或贷款违约传递的信号噪声过大；银行更重视短期利益；借款人基础信用质量较差，银行难以通过监督显著降低贷款违约概率；银行监督成本过高；贷款违约造成的损失较小，将导致理想的声誉均衡无法实现。据此，可以解释相关实证得到的令人迷惑的结果——在证券化市场信息不透明，住房抵押贷款市场过热，银行群体行为取向严重短期化，加之次贷产品固有风险较高等情况下，卖方银行似乎忽视了搞砸声誉的后果，声誉顾虑的约束作用何以未能发挥声誉假说预想的效力。

四、风险转移链复杂化的信息衰减和系统性激励扭曲

市场信息透明是声誉机制发挥约束作用的首要前提，银行方可在重复交易中建立并积累声誉。次贷危机前夕，证券化交易结构日趋复杂化，不断拉长、层次交错的交易链使证券化市场缺乏透明度，声誉效应被严重削弱，激励扭曲放大到极致，一旦遭遇外部冲击，迅速引发群体恐慌，市场信心崩溃。

（一）多级风险转移中的信息衰减

大部分次级抵押贷款被贷款机构出售给 SPV，作为抵押支持证券（MBS）的担保品。MBS 可以被再次证券化，包装为 CDO 证券，在此基础上构造出“平方CDO”和“立方 CDO”。证券化技术还可以和信用衍生合约嫁接，构造“合成 CDO”，比如，对 MBS 或 CDO 的风险暴露构造信用违约互换，在此基础上发行多档证券。随着初级证券化—再证券化—合成证券化的风险转移链不断拉长，信息不对称程度逐级提升，反映基础贷款内在价值的信息流逐级衰减（图 6-1-2）。

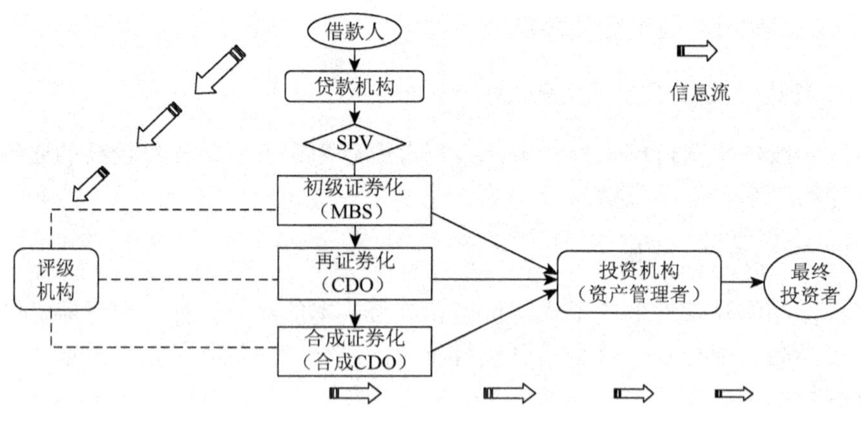

图 6-1-2　次贷产品的衍生链

（二）激励扭曲的逐级传递

CRT 市场令人眼花缭乱的创新将代理问题放大到了极致。随着借款人和最终承担风险的投资者之间的距离不断增大，后者难以根据贷款的实际业绩判断证券化发起银行在出售贷款后的行为取向，或者对贷款质量的认知过程耗时颇长，致使声誉约束难以奏效。风险转移链的每个环节都潜伏着利益冲突和道德风险，信息衰减和声誉约束乏力鼓励了各级代理人的机会主义倾向，形成逐级传递的系统性激励扭曲。

1. 贷款人筛选与监督的松懈和柠檬市场

在 CRT 市场对风险暴露提供了流动性或保险的背景下，贷款机构对借款人的筛选和监督变得松懈，而且可能选择质量较差的柠檬贷款出售，导致 CRT 交易的基础风险增大。

相关证据显示，贷款机构不像以往那么认真地筛选和监督借款人。惠誉评级公司在报告中指出：2006 年和 2007 年发行的由次贷池支持的 MBS 的业绩显著低于预期，主因是缺乏健全的信贷审批，借款人对贷款目的、收入、职业经历等提供虚假陈述，存在欺诈的比率高于 65%。如果证券化发起银行能一如既往地执行信贷质量控制流程，贷款损失将大幅下降。

Mian 和 Sufi（2009）发现在危机暴发前的 2002～2005 年，次级抵押贷款扩张和借款人所在地区的收入增速呈现负相关。随着抵押贷款证券化率上升，银行对次级借款人的拒贷率大幅度下降，银行放松筛选的道德危害是信贷扩张的推动因素。

Keys 等（2010）发现证券化对贷款机构筛选借款申请者的激励有负面影响。由于市场投资者根据经验法则购买贷款，借款人的 FICO 评分高于 620 分的贷款更易于证券化，贷款机构会放松对这类借款人贷款申请的筛选，而对 620 分以下借款人的贷款申请会额外认真筛选，因其贷款难以出售。实证结果表明，评分略高于 620 分的贷款被证券化的数量显著高于略低于该门槛值的贷款，说明前者更容易被证券化，但前者的后续违约率高于后者，为何这部分贷款业绩反而较差？原因是证券化削弱了贷款人的筛选动机，贷款人预见到贷款易于出售，就不愿投入更多的资源去收集信用评分之外的和借款人有关的软信息，即使付出了信息收集成本，投资者也是根据 FICO 评分购买贷款，信息成本无法外部化。

Purnanandam（2011）的研究也显示，在危机前采用进取型 OTD 模式的银行发放的抵押贷款的违约率更高，风险转移稀释了银行的贷款筛选标准。

随着贷款风险暴露被反复转手，有关基础贷款的信息逐级流失，卖方更易于将质量较差而包装精美的资产出售给买方，柠檬问题更加严重。Downing 等（2009）使用 1991～2002 年的相关数据，考察了抵押贷款从初始证券化到再次证券化的两个阶段，发现被出售给 SPV 的贷款质量低于没有被证券化的贷款，这意味着 MBS 市场是一个柠檬市场。

2. 评级机构和证券发行人的共谋

CRT 交易构造的复杂性强化了投资者对评级机构的依赖，使后者拥有强势的市场话语权。评级机构对证券化基础资产的违约概率（PD）和违约损失率（LGD）的假定是决定资产支持证券等级的核心参数，不符合现实的预期损失假定会造成证券评级失准。在次贷危机爆发前，尽管次贷规模的高速扩张和证券化热潮本应引起警觉，但评级机构和证券化发起人一样，对次贷产品市场保持着高度乐观的假定，直到 2007 年中期，在问题严重性已经显露之后，也未及时加以修正。而在此之前，独立观察家早已注意到了房贷市场恶化的严重态势。这意味着评级机构对预期损失的低估并非单纯的技术问题，而可能是道德危害引致的风险认知的扭曲。这种有意的过度乐观可以解释高风险的次贷为何能被包装成 A 级以上的高等级证券。究竟是什么因素导致评级机构对预期损失的估计过低？其深层原因是耐人寻味的。

虽然次贷出现于 20 世纪 80 年代，但该市场直到 90 年代中后期才成长起来，对于这种新型的信贷产品，评级机构要确定 PD 和 LGD，有限的历史经验数据能否提供可靠的参考值得疑问。1998～1999 年美国网络经济泡沫破灭，次贷市场因此受到一定打击，在此后的 2001～2003 年内，次贷违约率有所上升，不过损失率并不很高，2003 年的累积损失率仅为 3%。用前期的经验作为预测次贷未来违约损失的基础，存在着一个重要的隐性问题，即 2001～2003 年数据的宏观背景不同寻常：虽然经济一度低迷，但房地产市场持续繁荣。因而，较低的贷款损失率只是反映了房价在此期间大幅上升的特殊情况，而在住房市场衰退的背景下，对违约损失的预测性假定应该更为审慎。如果房地产市场价格下降，PD 将会上升，因为借款人对住房拥有的权益比重较低，偿债意愿减弱，房价下跌会引发借款人的策略性违约。同时，LGD 也将提高，因为房价下跌使贷款的担保品价值贬值。对于经验丰富的评级机构，应该能够预见到使用特定期间的非代表性数据进行预测可能导致的错误。在多数情况下，房地产周期和经济周期基本一致，在经济低迷的宏观形势下，住房价格通常不会继续上涨，这意味着，房价高涨下的 2001～2003 年次贷数据并不是对未来的 PD 或 LGD 的良好参考。评级机构应该敏锐地估计到次贷的未来损失会高于这个特殊时期的水平。

此外，评级机构本应注意到，在 2004 年以后，次级贷款的结构也发生了显著变化。由于贷款机构放松筛选标准，没有证明文件（no-docs）和证明文件很少（low-docs）的次贷数量迅速增加，这些“骗子贷款”（liar mortgages）在无须任何核实的情况下，仅根据个人宣称的收入水平，即可获得贷款融资。贷款机构之所以愿意接受这类贷款，是因为既可以减少处理借款人资料的成本和时间耗费，又可以借此索要更高的贷款利率。在借款人质量明显恶化的情况下，评级机构无视这一变化对抵押贷款预期损失的影响，显然难以自圆其说。

早在 2006 年中期，许多批评家就指出评级机构对次贷资产池的损失假定不可信，需要在房地产低迷背景下对其进行压力测试。Mason 和 Rosner（2007）对次贷发放标准提出了批评，并证明 CDO 的违约率显著高于具有相同等级的公司债券。可见，要得出合乎理性的预期损失假定，并非像“火箭技术”那般困难[①]。实际上，从评级机构的研究报告看，他们似乎也意识到了贷款业绩中显露出的问题。惠誉评级公司在 2006 年对次贷市场前景的讨论中得出了颇为负面的预测，该报告

① 美国人对高精尖科技的戏称。

指出 2006 年次贷市场的情况十分糟糕，次贷业绩对房价变化的敏感性和大量面临贷款月供提高（由于贷款是混合型 ARM）的借款人将在 2007 对该市场施加进一步的压力，并预测次贷拖欠率将在下一年度上升 50%，总体评级环境将是负面的。虽然如此，次贷证券化产品的评级却对借款人质量和房地产市场状态变化极不敏感。在负面消息不断抛出的背景下，次贷发放量仍然以狂热的步调继续扩张，直到 2007 年中期，事态已经十分严重，评级机构的建模假定才出现显著变化。例如，在 2004 年穆迪对次贷资产池的预期损失率假定是 4.5%，在 2007 年 7 月，次贷资产池的预期损失率假定跃升到 8%～11%，到 2007 年底，该指标进一步提高，对于某些次贷组合，损失估计超过了 50%。与此相应，2007 年和 2008 年，穆迪公司对结构性金融证券的评级下调率分别达到 7.2%和 6.7%，平均下调幅度分别为 4.7 级和 5.6 级，其中下调最显著（8 级及以上）的证券大部分的初始等级都是 AAA 级。

上述分析显示，次贷产品之所以出现“评级膨胀”（ratings inflation），其深层原因并非只是评级机构技术落后，利益驱动是评级失真的关键因素。保守型投资者（如养老基金和保险基金）是证券市场的主力买方，但他们通常面临来自监管当局或运营政策的投资约束，要敲开这些机构投资者的大门，必须使资产支持证券达到较高的等级。为了尽可能提高基础资产池得到 AAA 评级的比率，就出现了证券发行人对评级机构的“评级选购”（ratings shopping）现象：发行人邀请多家评级机构对其证券化产品进行初步评级，又称“影子评级”，该评级是各评级机构和发行人之间的私人信息，发行人从中选择给出最有利评级的机构与之合作，从而披露最高的评级。在由证券发行人为评级付费的报酬安排下，评级机构作为信息生产商具有刻意低估风险、抬高评级的动机。

不过，由证券发行人付费的美国评级体系已经存在了相当长的时期，而如此严重的系统性误评级现象在次贷危机之前十分罕见①，一个重要原因是 CRT 结构化产品的复杂性进一步助长了评级选购。如果待评级证券的结构简单，评级机构的评级结果通常会比较相近，证券发行人选购评级的动机相对较弱；当证券构造相当复杂时，评级结果可能出现较大差异，发行人通过引入多家评级机构的“竞争机制”以便选购评级的倾向就会增强。在 CDO 发行前的准备期，发行人选购评级的行为相当普遍，他们会事先要求评级机构告知自己，基于即将被置入 CDO 基础组合中的资产支持证券，评级机构将允许发行多少 AAA 级的 CDO 证券。如果一家评级机构给出的答案相对于其他竞争对手过于保守，发行人就会聘用其他评级机构，这种隐性的共谋必然导致评级虚高的泡沫膨胀。而评级机构可以将评级的失当归因于证券化的复杂结构，以规避其声誉损失。

① 在 2001～2002 年经济衰退期间，30%的公司债券遭到了评级下调，但平均下调幅度只有 1.8 级。

3. 投资机构资产管理者的道德危害

有关风险的真实信息未能传达给最终投资者，并非只是评级机构的问题，而是涉及从信息生产到信息消费的整个信息链的系统性问题。许多观察家将评级机构的卸责归因于证券发行人（而非投资者）为评级付费，实际上，评级膨胀并不单纯是证券供给方（发行人）和评级机构共谋的结果，而是在一定程度上由“需求”驱动。不只是作为风险卖方的贷款机构及其评级机构有道德危害倾向，养老基金和保险基金等证券化产品的买方是评级信息的消费者，这些机构也存在内部人代理问题。老练的基金经理似乎没有意识到评级机构对风险的刻意粉饰，一味过度投资于价值被高估的风险资产，一个重要的潜在原因是他们和基金投资者存在利益冲突。如果基金经理是以自有资金承担投资风险，他们会看重资产组合的长期业绩，对于次贷产品的选择十分慎重。然而对于来自投资者的资金，基金经理的行为取向就颇有不同了。基金经理的报酬主要取决于管理的资金规模，在吸引大量资金涌入之后，他们必须为这些资金寻找投资渠道，而安全且收益稳健的投资项目可谓僧多粥少，如果经理告知客户这一真相，客户可能会要求赎回基金份额，这将对基金经理不利，因其得到的管理费将会减少。在私人利益驱使下，基金经理将客户资金大量投入不能给投资者以充分风险补偿的次贷证券化产品。华尔街充溢着对复杂产品创新的宗教式崇拜，运作这些结构复杂的产品对于普通投资者来说“技术含量”很高，使基金经理收取的管理费看上去相当合理。

乍看起来，复杂的证券化产品增加了风险评估的难度，是导致投资机构低估风险的原因，但这些经验丰富的资产管理者本应对这类新型产品持谨慎态度，相反，他们没有表现出理性的风险规避，而是积极追捧，原因在于评级机构对次贷证券提供的良好评级能够满足他们的“需求”。曾经有某家评级机构因为未同意批准发行人希望达到的 AAA 级证券比率而未被邀请参与评级，当该评级机构向一个重要的机构投资者发出警告，不要购买这只证券时，却遭到了回绝，理由是：他们必须得让资金运作起来（Calomiris，2008）。显然，机构投资者了解评级过程，他们控制着资金投向，从而决定着评级机构使用的可为其接受的风险度量方法。由此，基金经理和评级机构也达成了隐形的合作：他们可以用 AAA 的证券评级来证实自己投资决策的审慎，这使得资产管理者拥有了“合理的推诿能力”[①]，由于普通投资者难以评估复杂的次贷证券的真实风险，即使其发生损失，基金经理也可以将之归因于外部因素。

---

① 当道德危害成为一种群体倾向，并达成默契时，面对公众，次贷市场的参与者都拥有了这种“合理的推诿能力”。金融机构的领导者享受着据说是基于他们的杰出才能、承担的巨大责任等的天价报酬，在把企业搞得一团糟的情况下，他们会声称这是坏运气所致，并要求公众相信他们是没有责任的，从而乘坐政府提供的黄金降落伞获救。

（三）风险流动的迷宫和不利冲击引发的群体恐慌

1. CRT 市场错综复杂的风险流动

在 CRT 市场对风险的分配格局中，风险流动出现了两种不同的趋向：一方面，基础贷款风险被层层转手，逐渐远离初级市场，在此过程中，风险流转环节不断增加，代理链日益加长，错综复杂；另一方面，又有相当一部分风险回流到作为风险初始卖方的银行，主要渠道是银行向资产支持商业票据（ABCP）市场提供流动性支持。

从表面上看，银行发起证券化的目的正在于将贷款的风险暴露移出表外，转移给其他投资者，何以又主动承担已经被转移的风险？原因在于银行出售风险暴露的动机并不单纯只为了管理风险，而是掺杂着绕过监管约束的资本套利。对于银行而言，资本是昂贵的资金来源，根据巴塞尔协议，监管部门要求银行在扩大资产规模的同时维持资本充足度，以便抵御业务扩张产生的风险。为了在扩大资产规模赚取利润的同时，又无需承担同步扩充资本的成本，银行产生了监管套利的动机。根据 IMF 的统计，从 2004 年到 2007 年第 2 季度，美国排名前 10 位大银行的资产规模增长了两倍，但风险加权资产增长速度却慢得多，根据监管评估，这些银行被认为在此期间内投资于较安全的资产，然而事实真相是：银行发放了更多的贷款，但未将之保留在自己的资产负债表上。银行将之转移到称为“管道”的表外实体，并对这些实体提供流动性支持。由于这种表外承诺对应的资本要求低于表内贷款，可以实现资本套利，使银行降低其持有的资本水平，提高财务杠杆。“管道”是空壳实体，通常没有雇员或总部，其管理外包给一个管理人，大多由设立管道的银行担任。管理人运作管道的日常业务，包括根据预先规定的投资指南管理资产组合，并发行 ABCP，为管道购买金融资产提供融资。

管道最重要的特征之一是对银行的追索权，该特征使之和其他持有银行发起的金融资产但对银行无追索权的空壳实体区别开来（如 CDO）。这种追索权是将管道的风险转移回组建管道的银行的一种安排①：当管道持有的资产发生损失

---

① 管道对银行的追索权基于二者之间达成的两种协议：一是银行对管道的流动性风险提供保险，即流动性提升（liquidity enhancement），当管道通过滚动发行新的 ABCP 来偿付到期的 ABCP 时，银行提供信贷额度，或承诺回购管道持有的没有违约的资产；二是银行（或联合其他大型金融机构）对管道持有资产的违约损失提供保险，即信用提升（credit enhancement）。

根据银行对管道的支持强度，可以将管道分成三种类型：①充分支持型管道（fully-supported conduits），其流动性和信用风险得到完全覆盖。②部分支持型管道（partially-supported conduits），拥有充分的流动性提升和部分信用提升，即银行承诺对其资产的一定比率提供保险。③结构化投资实体（Structured Investment Vehicles，SIV），只享有部分流动性和信用提升。

时，曾经被表外化的资产风险移回表内，从而抵消了通过建立管道实现的信用风险转移。

2. 从群体欣快症到群体恐慌和市场冻结

CRT 市场中风险多级转移与风险回流的并存形成了错综复杂的风险分配格局，使每个参与者都犹如置身于迷宫一角，难以窥见风险的流向和分布的全貌。当房地产价格不断上涨时，由于信息的逐级衰减和风险转移过程中各级代理人对风险的刻意低估，在次贷产品衍生链的下游，风险承担者对基础贷款风险的认知逐渐变得不再敏感，而只是看到次贷产品被高估的价值，从而吸引了越来越多的投资者。衍生链末端对次贷产品需求不断增加的信号又逐级向上游传递，形成一轮新的基础贷款和衍生产品扩张，循环性的自我催眠使市场呈现出“群体性欣快症”的乐观均衡。

然而，一旦面临房价下跌的冲击，基础贷款的违约率大幅上升，这种刀锋上的平衡旋即被颠覆。代理问题在市场泡沫的形成过程中推波助澜，同样也会导致对不利冲击的反应过度。首先，最终损失的规模和分布格局难以估计，使市场参与者普遍陷入不安状态。证券化产品结构过于复杂，而且这些新型产品的追踪记录如此有限，信息在传递中严重漏损，而前期在房地产市场繁荣形势下的次贷经验数据也无法用于预测在房地产市场衰退下的次贷违约将如何演化。各级代理人只能对产品的实际损失进行主观推断，他们了解自身在前期对风险的低估，会由此推测上一级交易对手也存在着类似行为，但是无法确切了解风险被低估的程度，由此引发猜疑的逐级传递，脆弱的声誉链条崩塌。

其后，随着形势日益严峻，市场参与者对未来损失的预期不断提高，风险认知倾向日趋悲观，同时风险容忍度迅速下降。次贷市场的局部危机引发对整体市场的信心危机，当投资者发现自己低估了次贷风险时，他们开始怀疑自己是否具有精确地评估其他所有风险的能力，资金流动出现“逃往安全港”现象，人们纷纷抛出风险资产，购买安全资产，二者之间的价差显著加宽，长期债务违约风险溢价提高，而国库券收益率下降。由于 CDO 等各类资产支持证券市场价格下跌，持有较低级别证券的对冲基金面临来自投资者的赎回压力骤然增加，购买较高评级证券的养老基金、共同基金、保险公司等也随之受到冲击。资产支持证券的发行空间迅速枯竭，和 CDO 紧密关联的短期 ABCP 的发行也面临困难，使各类“管道”陷入流动性困境，不得不要求银行向其提供紧急流动性，原先从银行转移出去的风险重新回流，使银行面临沉重压力。在次贷危机中，SIV 尤其受到严重影响，虽然它们只拥有银行提供的部分保险承诺，但银行出于对自身声誉的顾虑，最终还是将管道持有的大量资产回收表内，从而突破了预设的银行对流动性和信用风险暴露的限制，形成事实上的过度追索，意味着风险分散化机制失效。在此背景下，市场参与者的风险转移欲望难以继续得到支持，2008 年 4 月，国际清算银行发布报告显示，结构化信贷产品市场持续疲弱，CDO 发行规模急剧缩减。CRT 市场陷入恐慌情绪自我强化的悲观均衡，最终陷入冻结状态。

在 CRT 市场崩溃的同时，货币市场也趋于冻结。金融机构在次贷市场繁荣期普遍形成了较高的财务杠杆，资本水平不足，当他们持有的次贷产品价值受到严重损失时，进一步导致资本匮乏，驱使他们试图在货币市场寻求融资，以期度过困难时期。然而，关于金融机构真实财务状况的信息不对称造成相互不信任，导致各方对彼此提供贷款的意愿萎缩，使货币市场融资出现强烈的信贷配给倾向，联邦基金市场隔夜拆借利率大幅跃升，急需支持的金融机构难以在银行间市场上得到流动性，濒临倒闭。

第二节　信用风险转移市场的监管改进

由于现实经济中存在信息不对称等问题，而市场的内生机制又无法彻底消除其负面影响，信用风险转移市场不可避免地具有内在脆弱性。市场的不完美使政府的介入具有必要性。政府可以扮演的角色有两种：一是作为 CRT 市场的监管者，预防风险配置失当；二是充当风险配置严重失衡、市场濒临冻结状态下的救援者。前者是政府的主导角色，后者是辅助角色。

一、CRT 市场监管的潜在问题与改进方向

回顾这场空前严重的金融危机，可以描绘出“风险积聚—放大—扩散”的轨迹，人们不禁追问：监管部门为何没有防止这些问题的发生？市场为何与监管“联合失灵”？其根源和金融机构的问题类似，错误的判断和监管者的激励扭曲是导致监管失灵的两个关键问题。

（一）监管者的判断失误

在危机爆发前，美国监管当局对 CRT 市场总体上持乐观态度。一些学者提醒人们注意，信用风险转移允许银行不再承担筛选和监督职能，可能会妨碍金融部门的稳定。与此对照，格林斯潘在 2005 年强调，根据 2000～2001 年的证据，美国的经济低迷和公司破产既没有引起银行倒闭，也没有损害作为整体的金融部门，这应该归功于对贷款证券化和信用衍生工具的广泛使用。就如同老练的投资者可

能犯的错误，快速的金融创新步伐也使监管者陷入迷茫，从银行家到政府官员，没有人真正充分地理解了在这些复杂金融结构中积累起来的巨大风险。官僚主义的惯性也使监管部门缺乏和创新保持同步的能力，监管者按照传统的模式关注银行资本充足率，而对于新型的潜在危险的回应过于滞后。

例如，对于 CRT 市场上涌现出形形色色的银行表外机构，监管者采取了默许的态度，埋下了对风险流动失察的隐患。银行出于资本套利的目的，将资产转移给表外机构，同时又为其提供担保，使部分风险回流到银行，但不在其账薄上显现。对于风险的这种“巡回旅行”，监管者显然缺乏足够的关注。来自美联储的金融稳定性报告显示，虽然监管者对风险偏好和市场流动性变化下金融体系的薄弱环节感到担忧，不过，其目光主要投向了对冲基金，将之视为银行最具风险性的交易对手，建议银行应该获取关于对冲基金状况的更多信息，改进对交易对手风险的度量和管理，而忽视了由银行发起并担保的表外机构的潜在问题。

从银行资产负债表的数据看，银行的风险加权资产增长速度落后于总资产增长速度，监管者由此简单地判定：银行资产投向了安全的领域。然而，Acharya 和 Schnabl（2009）以美国与欧洲代表性银行为考察样本，根据总资产对风险加权资产的比率对银行排序，根据传统的监管逻辑，该比率高的银行比较安全，不过，只当风险权重确实反映业务的真实风险时，才是如此。他们发现从 2007 年 7 月到 2008 年 3 月，各银行的股价变化和该比率却呈现负向关系。对于危机爆发后表现相对稳健的机构（如摩根大通银行、美国银行、西班牙 Santander 银行），该比率低于业绩较差的银行（如瑞士银行）。这一令人吃惊的现象暗示着巴塞尔协议的资本要求只是那些拥有较高总资产/风险加权资产比率的银行的“书面游戏”，他们持有的资本远远小于符合其真实风险状况的资本水平。瑞士银行的损失主要集中于对表外机构的 AAA 级投资（该投资对应的资本要求接近于 0）。这些积极套利的银行利用对金融机构投资和贷款的监管资本要求的差异，通过风险转移交易，进行资产置换，从而达到减少资本要求的目的。当这些表外机构要求银行提供流动性支持，进而使银行也陷入流动性困境时，监管机构才匆忙着手调查银行对这类机构的风险暴露。

（二）监管者的激励扭曲

格林斯潘的过度乐观并不单纯是在认知上对潜在问题缺乏足够的警惕，同时也反映了美国监管部门对待金融创新的政策取向存在的问题。类似于金融机构的高层经理，监管组织的领导者也受到激励机制的影响，对于金融创新，在没有发生重大风险事件的情况下，监管者往往给予宽松的监管待遇，而不是施加严格的监督。其原因在于，在任监管者面临着来自国内和国外潜在的“监管竞争”，施行全面的监管程序会提高金融体系的运行成本，导致一些机构将业务转移到国外的监管天堂，使监管者背负抑制金融部门活力的负面声誉。监管者有决心和动机采取有效力的行动是改进监管制度的前提[①]，在此基础上，对如何监管的技术层面探讨才具有实质意义。

（三）监管的改进方向

审视次贷危机前的监管状况，可以发现纰漏随处可见，然而，对于监管当局，当务之急并不是简单地查漏补缺，对次贷危机中暴露出的问题逐一设计具体的监管措施，而是反思监管失灵的实质性根源，并据此建立具有严密内在逻辑的监管框架，使各项监管措施相互支持，形成一个有效运作的系统，才可能使金融监管更具完备性和前瞻性，在未来避免危机重演。

风险转移机制的核心问题是信息不对称下风险分担与激励的冲突导致的道德危害，在次贷危机的形成过程中表现为金融机构激励结构的系统性扭曲和信息缺乏透明度，与此对应，监管制度改进的关键包括两方面：一是调整各个市场环节的参与者的激励结构，包括证券化发起银行、评级机构和投资机构的资产管理者；二是改进 CRT 市场的信息环境，提高市场透明度，预防风险配置失衡。

二、证券化发起银行的风险自留监管

（一）欧美国家的风险自留要求

金融危机发生后，欧美国家监管机构意识到贷款证券化存在严重的代理人问题，提出“最小风险自留”的监管要求，试图通过强制性地设定贷款卖方银行保留风险暴露的最低规模，减轻风险转移对激励的稀释，促使银行履行严格筛选借款人并对其进行监督的职能。

美国贷款证券化的风险自留监管要求来自《华尔街改革和消费者保护法》（多德·弗兰克法案）第 941 章，于 2011 年颁布生效，最初的法案较为含糊地要求资产证券化发起人必须至少保留基础资产 5%的信用风险，并禁止转移和对冲该风险，但没有明确指出风险自留的方式。法案同时规定，如果基础资产属于合格住房抵押贷款、有政府担保的住房抵押贷款等，发起人不需要自留风险。最初版本

① 这个有意义的课题超出了本书研究的范围，在此不作进一步展开。

法案由于过于严格而受到批评，在业内压力下，美联储会同多家监管机构于 2013 年 8 月联合颁布了最终版本的风险自留监管议案，对风险自留豁免范围略有放松（增加合格汽车贷款和商业贷款等），同时明确了风险自留方式，包括：①水平持有，即对采用优先/次级结构的贷款证券化持有次级档证券；②垂直持有，即按同比例持有各档证券；③以上两种方式的混合。回购证券的价值不低于发行证券总体公允价值的 5%。

欧盟国家的风险自留监管要求最初来自 2009 年颁布的《资本要求法令》第 122a 节。2014 年颁布的《资本要求监管》第 404～第 410 节以及 2014 年颁布的《监管技术标准》替代了之前的风险自留法案。欧盟要求的风险自留比例和方式与美国类似，但欧盟还额外允许发起人以“随机保留”的方式满足监管要求，发起人可以随机持有基础资产池中 5%的资产，而不是回购证券。同样，欧盟也设置了风险自留豁免条款，包括基础资产为政府、央行、公共事业实体、多边开发银行提供全额担保的贷款的交易。

（二）风险自留的激励绩效检验

本书通过实证检验风险自留能否抑制贷款证券化发起银行的道德危害。

1. 数据来源和样本选择

本书所需的贷款证券化数据来自美联储芝加哥分行公布的美国银行控股公司 FR_Y-9C 数据表。该表从 1986 年开始对外公布，披露所有美国银行控股公司的合并报表数据。自 2001 年第二季度以来，美联储芝加哥分行要求银行控股公司增加披露证券化业务的详细信息。此外，本书从 EIU Countrydata 数据库收集宏观经济数据。

本书选择的样本期间为 2011 年第二季度至 2016 年第四季度。鉴于《华尔街改革和消费者保护法》关于风险自留的规定于 2011 年 3 月 29 日正式生效，因此 2011 年第二季度后数据表中所记录的银行回购证券的数据能够比较真实地反映银行的风险自留水平。

银行控股公司的样本选择基于两项标准：①在样本期间内参与贷款证券化业务超过 12 季度（即超过样本期间的 50%）。那些偶尔参与证券化业务的小银行的发行规模和发行数量都极小，为保证样本的代表性，故将之剔除。②在 FR_Y-9C 数据表中登记的被证券化贷款的逾期数据缺失不超过该银行被证券化贷款余额记录总期数的 20%。经筛选，保留的银行控股公司共有 26 家，它们在 2016 年第四季度持有的被证券化贷款余额占总样本余额的 90.98%。因此，本书所选的实证研究对象可以较好地代表美国积极从事贷款证券化的银行。

2. 实证假设与实证设计

在理论上，风险自留对于信息不对称造成的代理问题具有缓解作用，随着证券化发起银行保留风险的增加，银行严格贷款筛选标准、尽职监督和选择优质资产作为证券化基础资产的激励会得到强化。如果实证表明风险自留与被证券化贷款的不良率存在负相关关系，说明风险自留能减轻信息不对称导致的代理问题的严重性，该项监管要求具有实际意义①。

实证假设：银行风险自留水平与被证券化贷款不良率之间存在负相关关系。

本书设计的实证模型如下：

$$\mathrm{SEC\_NPL}_{it} = \beta_0 + \beta_1 \mathrm{SEC\_NPL}_{it-1} + \beta_2 \mathrm{RR}_t + \beta_3 \mathrm{GDP}_t + \beta_4 \mathrm{UN}_t + \beta_5 \mathrm{MMIR}_t + \alpha_i + \varepsilon_{it} \tag{6-2-1}$$

其中，i 是第 i 家银行控股公司，t 是时期，β_0 是常数项，α_i 是个体效应，ε_{it} 是随机干扰项。

被解释变量 SEC_NPL（securitization_non-performing loans ratio）表示第 i 家银行被证券化贷款中不良贷款余额与被证券化贷款总余额的比率，反映证券化的基础资产质量，作为信息不对称问题严重性的代理变量。该变量数值越高，被证券化贷款质量越差，逆向选择和道德风险问题越严重。FR_Y-9C 数据表中披露了逾期 30～89 天和 90 天以上的贷款余额，本书选择逾期 90 天以上的贷款余额作为不良贷款余额。Dimitrios 等（2012）、Makri 等（2014）在研究贷款不良率的影响因素时发现当期贷款不良率与其滞后一期相关，为反映这一“惯性”，本书引入滞后一期的 SEC_NPL 作为控制变量。

解释变量 RR（risk retention ratio）表示银行持有的 IO Strips②、次级档证券与被证券化贷款总余额的比率，反映银行风险自留的水平。证券化发起人的风险自留可以选择两种方式：水平保留或者垂直保留。囿于数据可得性，RR 反映的是银行对风险的水平自留。

控制变量 GDP、UN（unemployment ratio）、MMIR（money market interest rate）分别表示真实 GDP 增长率、失业率和货币市场利率。根据此前的相关研究（Dimitrios et al.，2012；Makri et al.，2014；陈忠阳和李丽君，2016），这三个变量是影响贷款不良率的重要因素。

---

① 现有文献主要通过实证检验风险自留和被证券化资产事后业绩存在负相关关系、风险自留和证券化产品收益率存在的负相关关系，以证明风险自留对信息不对称问题的缓解作用（Demiroglu and James，2012；Begley and Purnanandam，2012）。前一类实证侧重证明风险自留对于银行的激励约束，即随着保留风险的增加，银行更有动机严格筛选借款人和尽职监督。后一类实证则强调风险自留的信号传递作用，即随着保留风险的增加，银行可以向投资者传递基础资产质量优质的可信赖信号，降低投资者索要的“柠檬折扣”，节约融资成本。本书目的在于研究风险自留监管是否能够起到激励银行的作用，因此本书的检验与前一类研究类似。

② IO Strips 是被证券化贷款的利息收入与优先档证券化产品加权平均利息的差值，即超额利益的剥离证券。当基础资产发生违约时，IO Strips 最先遭受损失。

3. 实证结果

1）实证数据的统计描述

对实证数据的描述性统计分析见表 6-2-1。

表 6-2-1 实证数据的统计描述

变量	观测数目	均值	标准差	最小值	最大值
SEC_NPL	586	0.08946	0.09800	0.00025	0.43256
RR	586	0.01285	0.03860	0	0.27324
GDP	23	0.02018	0.00648	0.00093	0.00647
UN	23	0.06677	0.01481	0.04700	0.09067
MMIR	23	0.00211	0.00156	0.00093	0.00647

2）实证结果与分析

本书采用系统广义矩估计方法对模型系数进行估计，结果见表 6-2-2。

表 6-2-2 风险自留激励绩效的检验结果

变量	模型（1）	模型（2）
SEC_NPL_{t-1}	0.6916^{***}	0.6785^{***}
RR	-0.3974^{***}	-0.3608^{**}
GDP		-0.2377^{**}
UN		0.0497^{***}
MMIR		0.0027
Constant	0.0024^{***}	0.0071^{***}
Sargan test P 值	0.4223	0.4254
Arellano-Bond test		
一阶 P 值	0.0015	0.0005
二阶 P 值	0.1503	0.1632
三阶 P 值	0.4516	0.4165

*** 表示系数在 1%的水平下显著，** 表示系数在 5%的水平下显著。

模型（1）仅包含 RR 和 SEC_NPL_{t-1} 两个变量，模型（2）在此基础上加入宏观控制变量，实证结果显示风险自留变量 RR 的系数在两个模型中都显著，且符号为负。这表明银行风险自留和被证券化贷款不良率存在负相关关系，实证假设成立。风险自留水平更高的银行有更强烈的动机严格筛选并努力监督借款人，贷款证券化的代理问题得到缓解，风险自留的监管要求能够对银行提供激励，抑制其道德危害行为。

宏观变量 GDP 的系数符号为负，UN 系数符号为正，MMIR 系数符号为正，都符合预期。GDP 较高表示宏观经济处于上行期，贷款违约率较低。UN 越高表示失业人口越多，意味着更多借款人丧失还款能力①，因而贷款违约率较高。MMIR 越大表示市场资金成本较高，以浮动利率计息的住房抵押贷款的利息随之上升，借款人的利息负担加重，因而违约率越高。模型（2）中 GDP 系数在 5%水平下显著，UN 系数在 1%水平下显著，MMIR 系数不显著，表明宏观因素中失业率对贷款违约率的影响最为突出。

本书分别采用Sargan检验和Arellano-Bond检验对工具变量的有效性与系统广义矩估计量是否是一致估计量进行判定。Sargan test 检验工具变量的过度识别问题，即工具变量是否有效，原假设为：所有工具变量均有效。当 Sargan 检验的 P 大于 0.1 时，不能拒绝原假设，模型估计不存在过度识别的问题。系统广义矩估计量为一致估计量的前提是：随机扰动项不存在自相关，本书使用 Arellano-Bond 检验来判别扰动项的一阶差分的自相关性，原假设为：随机扰动项不存在自相关。如果扰动项的一阶差分存在一阶自相关而不存在高阶自相关，则不能拒绝原假设。

表 6-2-2 中的检验结果显示两个模型都通过了 Sargan 检验，表明不存在过度识别的问题；扰动项的一阶差分存在一阶自相关，但不存在二阶或三阶自相关，表明扰动项不存在自相关，系统广义矩估计量是一致估计量，实证结果有效。

4. 稳健性检验

在稳健性检验中，本书使用被证券化贷款中逾期 30～89 天和 90 天以上的贷款余额作为不良贷款来计算不良率SEC_NPL 。新的估计和检验结果见表 6-2-3。

表 6-2-3　稳健性检验结果

变量	模型（1）	模型（2）
SEC_NPL_{t-1}	0.6235***	0.5685***
RR	−0.2564***	−0.2568**
GDP		−0.1526**
UN		0.0107*
MMIR		−0.0234*
Constant	0.0751***	0.0424***
Sargan test P 值	0.4223	0.4254
Arellano-Bond test		
一阶 P 值	0.0000	0.0055
二阶 P 值	0.2563	0.2251
三阶 P 值	0.4687	0.4597

*** 表示系数在 1%的水平下显著，** 表示系数在 5%的水平下显著，* 表示系数在 10%的水平下显著。

① 贷款证券化的基础资产主要是住房抵押贷款和信用卡贷款，因此借款人主要是个人。

稳健性检验的结果与表 6-2-2 的结果基本一致，表明关于风险自留的激励绩效的实证检验结果比较稳健。

（三）缺乏弹性的风险自留要求的潜在问题

上述检验了风险自留对银行的激励和对投资者的保护作用，但这并不意味着风险自留水平越高越好。对于欧美监管当局出台的统一风险自留要求，学术界也提出了争议。缺乏弹性的风险自留监管要求可能在以下几方面伴生潜在成本。

1. 对证券化业务功能的限制

强制性的风险自留要求可能削弱证券化业务给银行带来的好处，使银行面临“保留成本”，主要表现为：迫使银行承担更多风险，难以实现风险的充分分担；强制回购证券使得银行获得融资的规模减少，改善流动性的效果降低；银行回购的次级档债券风险权重较高，降低了贷款证券化提高资本充足率的作用。

2. 对市场信号传递的干扰

在无监管干预的情况下，代理人自主保留的风险水平可以作为资产质量无噪声的市场信号，即在信号传递博弈中投资者可以根据风险自留水平判断资产的真实价值（Leland and Pyle，1977；DeMarzo and Duffie，1999）。在监管当局提出无差异最低风险自留要求后，其信号传递的效率可能减退。基础资产质量不同的发行人可能都会选择最小自留比例以满足监管要求，投资者无法依据相同的风险自留水平来判断基础资产质量。郭桂霞等（2014）用一个两期的数理模型分析了上述效应。

3. 对信贷可得性的影响

风险自留监管虽然是针对贷款二级市场的约束，同时也会间接影响一级市场的信贷供给，在萧条时期尤为明显。宏观经济处于低迷状态时，贷款项目收益普遍较低，风险自留监管约束可能使贷款证券化业务无利可图，银行通过证券化获取流动性受阻，不得不放弃部分收益率较低的贷款项目，造成信贷供给不足，进而可能加剧经济衰退。Jeon 和 Nishihara（2014）通过一个三期模型证明，固定的风险自留监管要求迫使银行承担过多风险，银行可能选择放弃一部分贷款的发放，减少信贷供给，造成社会福利水平下降。

（四）有弹性的风险自留监管的构想

作为缓解信息不对称问题的两种机制，风险自留和声誉激励各具优缺点。风险自留能够缓解信息不对称问题，但无差异的风险自留要求会给市场带来潜在成本。声誉激励作为市场约束不会造成交易效率的损失，但也有其局限性。监管机构可以考虑发挥声誉机制的市场约束和风险自留的监管约束的互补作用。实证研究表明，在无强制性风险自留监管要求的辛迪加贷款市场上，高声誉牵头行保留的贷款份额（即风险暴露）更低，意味着声誉对于风险自留具有一定的替代作用（Dennis and Mullineaux，2000；Sufi，2007）。Glaser（2011）也利用危机前的房贷证券化市场的数据验证了声誉和风险自留之间的替代关系。这些证据说明市场参与者认同声誉激励可以作为风险自留的补充。因此，监管机构可以制定和声誉挂钩的有弹性的风险自留要求，建立和声誉激励互补的奖罚制度。

在贷款证券化市场上，对于尚未建立声誉和声誉恶化的银行，监管机构可以对其设置较高的最小风险自留比例，以督促其严格筛选和监督借款人，提高基础资产质量；对于声誉良好的银行，可以设置相对宽松的风险自留要求。同时，监管机构也要认识到声誉激励发挥作用依赖于一定的前提条件，因而在风险自留要求的奖励方面，监管机构应更加谨慎。只有当信息披露充分、市场竞争程度适中时，对于财务状况良好、声誉较高的银行，监管机构才能考虑降低其最小风险自留比例。

三、评级机构和投资机构的激励结构调整

（一）减少对评级机构的依赖和预防评级膨胀

在“评级膨胀”的形成过程中，监管政策无意地扮演了鼓励的角色。保险公司、养老基金等机构都面临限制其持有低等级债券的监管约束，评级机构决定着一只证券是否足够安全，从而投资机构能否获准持有。1975 年，美国证监会（SEC）提出“国家认可统计评级机构”（NRSRO）概念，批准穆迪、标准普尔和惠誉作为首批受认可机构，并给予政策支持。2006 年出台的“巴塞尔资本协议Ⅱ”在信用风险度量的标准法中也允许银行根据外部评级机构的评级结果确认资产的风险权重。这些举措将强大的裁量权赋予评级机构，而忽视了评级机构自身也是利益驱动的市场主体，从而在客观上引诱着评级机构通过放松监管标准展开业务竞争。

他们不再将自己的工作看作为投资者提供保守且一致的观点，而是通过低估风险得到的费用收入赚取利润。

对于证券发行人和评级机构之间的“评级选购”交易，监管当局疏于防范。SEC于2006年提出“反级别微调（anti-notching）”监管规则，以贯彻国会关于避免评级行业中的反竞争行为的指令，禁止级别微调的命令主要是针对CDO的评级。当CDO的发起人将证券池提供给一家评级机构进行评级时，如果其中包括以前未被该评级机构评估过的债券，鉴于结构化金融产品的评级非常复杂，标准普尔和穆迪会对其他评级机构的评级结果进行降级，这种方式称为“级别微调”。为此，那些对评级购买者极尽迎合的评级机构游说国会禁止级别微调，抱怨说这构成了反竞争行为，并认为主导性评级机构应该在对CDO证券池进行评级时，不加调整地接受其他机构的评级，SEC同意了这一观点，并提议禁止级别微调。这项措施的初衷是保护评级业的竞争，然而却有效地鼓励了评级标准宽松的评级机构对评级购买者更加宽容，因为它要求相对保守的评级机构（如穆迪）在对证券的再证券化进行评级时，接受其他评级机构的评级。面对这一规则的压力，保守评级机构的回应可能也是放松评级标准，放弃维护长期声誉的努力。

次贷危机发生后，鉴于CDO市场的崩溃以及学术界的批评，SEC撤回了对“反级别微调”的提议，不过，评级业还需要进行深层改革。与典型的市场主体不同，评级机构在一定程度上和严厉的市场处罚机制隔离，即使投资者发现评级结果并不精确，证券发行人仍然必须得到评级，导致市场声誉机制难以对评级机构施加约束。这一现象的根源是政府授予评级机构“准监管者”的特殊身份，而不只是“观点提供者”，由此产生了一个悖论：给予评级机构监管特权的同时也降低了评级的核心价值——监管话语权对评级机构提供了评级膨胀的激励。在市场竞争的压力和利益诱惑下，即使是以保守著称的穆迪和标准普尔也将行业操守置于一旁。实际上，Cantor和Packer（1994）就已指出正在发生评级膨胀现象，不过，最初是由这两家主要机构以外的其他评级机构推动的。这些评级机构对证券给出的评级显著高于穆迪和标准普尔的平均水平，在结构化金融产品热潮中，他们积极参与两家主导评级机构未加以评级的证券评估，最终穆迪和标准普尔也加入了这一行列，因为这个新兴产品市场强劲的增长为评级业制造了如此丰厚的利润，几乎占评级机构费用收入的一半。

要促使评级机构向市场投资者提供公正的风险评估，直接的监管方法是对评级机构的评级标准施加规范，但这不利于评级机构运用独立的判断方法进行信用评价。改革的关键是回收赋予评级机构的过度权力，增强市场约束，促进评级业的良性竞争。比如，改革对金融机构允许持有的投资工具的监管约束，避免单纯依靠AAA级之类的字母标识来确定投资对象，而是要求金融机构考察投资工具的基础风险（违约概率和违约损失率），以便约束他们过度承担风险的倾向，从而削弱证券发行人选购评级的动机。评级的付费制度是事关激励的另一项关键问题。虽然有人提议由投资者向评级机构付费，但难以解决信息产品特有的信息不对称下的交易障碍和搭便车问题。监管当局可以考虑将市场声誉效应和监管处罚结合，在取消评级机构特权地位的前提下，公布对评级精确度的测试结果，让市场投资者对评级机构的评级质量进行“评级”，形成对评级的良性选择和正向淘汰，并对误评率过高的评级机构给予处罚，或将评级收入的一定比例作为执业保证金。

曾经被视为信用评估权威的美国评级业在次贷危机中被推向风口浪尖，备受诟病。在公众舆论的呼声下，SEC发布了对三家主要评级机构的调查报告，提议在信息披露、利益冲突和减少监管法规对信用评级的依赖等方面制定相对严格的规定，并于2008年及2009年修改NRSRO的规定细则和认可标准。2010年颁布的《华尔街改革与消费者保护法》提出多项完善评级机构监管的规则，主要包括强化评级机构的独立性、建立问责制度、加强从业人员的资格准入管理等。2011年，SEC对信用评级提出新的立法议案，取消对评级结果使用的强制性要求，以减少对评级结果的过度依赖。2014年，SEC发布关于NRSRO的新监管细则，加强对评级过程中第三方尽职调查的要求，以及评级机构从业人员的资质审查、评级机构历史评级记录的审查等。不过，也有部分官员认为政府不应介入评级机构可靠性监管的相关事宜。虽然有关信用评级的利益博弈和监管思路还处于争论之中，但投资者利益的保护是CRT市场发展中无法回避的问题。

（二）投资机构资产管理者报酬制度的改革

不合理的报酬制度是诱使基金经理将客户资金不谨慎地投入高风险次贷产品的根源。要使市场约束机制对次贷产品的供给方产生效力，前提是解决需求方的激励扭曲。如果风险买方的代表者是成熟精明的投资专家，而且尽力履行其职责，将对风险卖方的道德危害产生有效的抑制作用。如同所有关于未来不确定性收入分配的合约，基金管理者的报酬安排也需要在两种考虑之间权衡：激励相容和资产管理者的风险厌恶，前者鼓励管理者参与长期利润分享，后者要求限制管理者对下部风险的暴露。对冲基金的报酬安排通常是管理者分享投资组合收益的上部，而对下部则承担有限损失。由于对冲基金的报酬结构不受监管约束，而且投资者和管理者通常都是老练成熟的市场主体，可以将这一安排理解为市场选择的结果。在这场金融动荡中，与其他机构投资者相比，对冲基金的境况相对较好，这可能反映了资产管理者激励结构的差异，对冲基金经理的激励和客户的利益联系更为紧密。

对于受到监管的其他投资机构，这种典型的对冲基金报酬结构不被允许使用。共同基金的管理者必须对称地分担组合收益和损失，如果他们要持有组合上部收益的20%，就必须吸收下部损失的20%。由于风险厌恶的基金管理者不愿意使自己暴露于这种损失，他们通常会选择索要占管理资产规模一定比例的费用收入，而不是和基金投资者分享投资组合的利润。事实证明，这种对基金报酬安排的监管规则对基金经理具有负面激励效应，在次贷危机中是对投资者利益产生危害的一项重要因素，因为它鼓励资产管理者谋求资产规模最大化，而非资产价值最大化。从投资组合规模扩张（而非投资的盈利性）中获利的管理者会被强烈的激励所驱使，不告知投资者关于市场投资机会恶化的真相，而且在当资产收益相对于风险下降时，不将资金退回给投资者。政策制定者应考虑对资产管理者的监管进行改革，鼓励他们追求更好的投资业绩、更充分的竞争和承担更多的管理者义务。为此，监管者应取消对报酬结构的对称性要求，允许基金管理者采用绩效奖励的报酬安排，并和客户合理分担投资风险。

四、市场信息环境的监管重构

（一）信息监管对声誉约束的支持与补充

信息不对称程度的提高会使风险分担和激励的冲突加剧。由于证券化市场信息透明度较差，复杂的交易结构对代理问题具有放大效应，致使声誉机制难以发挥效力。改善信息环境，降低信息不对称程度，是缓解风险转移的内在冲突的关键。通过优化信息披露监管，提高市场透明度，可以对声誉机制提供支持和补充，为实现充分的风险分担创造条件。

1. 增进声誉机制的有效性，强化声誉激励

要诱使银行付出监督努力，有两种激励机制：一是声誉顾虑，二是风险承担。监管者或投资者对证券化交易的杠杆设置上限，强制要求银行自留一部分风险暴露，通过迫使银行增加在博弈中承担的风险来抑制道德危害，客观上会降低风险分担水平，削弱证券化对信贷风险再配置的效率贡献。单纯依赖正式的风险自留激励会使风险分担偏离最优水平，而声誉约束提供的非正式激励不会导致风险配置的效率损失，应重点发挥后者的功效。

根据上述对声誉激励实现条件的分析，市场信息不透明和噪声充斥使投资者难以观察与追踪证券化交易的信息，据此推断卖方银行的行为选择，严重影响声誉机制的有效运行。信息披露的改进会增大银行卸责的声誉损失，使其面临可信的声誉威胁，为强化声誉激励创造条件，使之在一定程度上替代风险自留，从而实现更加充分的风险转移[①]。

2. 弥补声誉机制的局限性，降低监督成本

声誉激励可以减轻但不能完全消除代理问题，投资者的监督可以作为声誉激励的补充。监督成本随着信息噪声的增大而上升[②]，通过改进信息披露，减少环境噪声，可以为投资者监督提供便利，降低监督成本。充分的信息披露为投资者评估证券化产品价值和自我保护提供条件，使风险转移交易能够实现更加安全的风险分担。

在增进投资者视角的透明度和市场约束的同时，鉴于市场结构的复杂性，还需改进对监管部门的信息披露，提高监管者的信息可视度，以便监督风险流转的总体动向。在缺乏透明度的复杂市场结构下，监管者对风险流动的监控缺乏有效手段，当危机发生时，监管者不了解风险的分布状况，陷入了困惑和被动的局面。要避免这种无奈的重演，提高市场透明度无疑是有效监管的必要前提。

（二）中央清算机制的建立

市场透明度的改进涉及信用风险转移的运作模式。以场外交易为主是CRT市场的主要特征，尤其是以违约互换为代表的信用衍生合约，其交易的私密性被认为有益于银行在风险管理和客户关系维护之间寻求平衡[③]，而这正是造成市场缺乏透明度的重要原因之一。在非公开市场上，交易信息披露不充分，不仅易于形成柠檬市场，也可能使信用衍生品缺乏活跃的二级市场，价格发现机制不能充分发挥效力，投资者无法采用“盯住市场”的方法动态调整其持有的合约价值，而且风险容易集中于少数占主导地位的交易商，而监管者难以监测风险集中度。根据惠誉评级公司2003年对全球信用衍生市场的调查，交易集中于排名前10位的全球性银行和经纪交易商。在信用衍生市

---

① Ball等（2008）发现，辛迪加贷款的牵头行持有的贷款份额随着借款人信息不透明度递增，因为牵头行只能通过承担较多风险来承诺自己会尽职监督借款人。实证表明风险保留是信息不对称程度的增函数，要实现充分的风险分担，必须提高信息透明度。

② 参见第二章第二节对委托人监督成本的分析。

③ 参见第四章第三节，阐释了信用衍生品交易大多在场外非公开进行，不会影响银行和借款客户的关系。

场的发展中，虽然参与者数量有所增长，但以有限的大型机构作为市场主导者的模式依然没有显著改变，在美国，单是摩根大通银行就占据了约 30%的交易份额，据法国央行估计，最大的 10 家交易商占总交易量的 90%（2004 年不到 75%）。如果一家主导机构因破产退出市场，对其他参与者将产生很大影响。在次贷危机中，大量的违约互换由于交易对手破产而不能出清仓位，以至于发生连锁性违约。

为解决场外市场透明度低、交易对手风险暴露过高的问题，不少学者提议为信用衍生交易组建中央清算机构（CCPC），由其充当所有结算参与人唯一的交收对手，实行多边净额结算。中央对手方清算制度的核心内容是担保交收。如果交易的一方不能正常向共同对手方履约，共同对手方也应当先对守约一方履约，然后对违约方采取相应的处置措施，弥补其违约造成的损失。引入共同对手方可以重新分配对手方风险，避免个别参与人交收违约引起连锁性交收失败；实行多边净额结算，简化参与人交收过程，提高结算效率；市场参与者无需顾虑对手方的信用风险，有助于增强投资信心，活跃市场交易。同时，实行中央清算可以汇集交易信息，提高交易透明度，便于监管者统计和追踪交易活动，并对主要交易商重点监测。

基于以上考虑，欧美国家积极推动建立中央清算机制，对信用违约互换进行统一清算。美国洲际商务交易所（Intercontinental Exchange，ICE）得到 SEC 的批准，从 2009 年 3 月 10 日开始对违约互换进行清算。2010 年的《多德·弗兰克法案》第七章《华尔街透明度与问责法案》规定标准化场外衍生合约必须由受监管的中央对手方清算。2012 年，欧盟委员会颁布《欧盟市场基础设施规则》，要求金融机构之间的衍生品交易必须中央集中清算，非金融对手方参与的、超过“清算门槛”的衍生品交易也须集中清算。国际组织也倡导集中清算。2009 年，二十国集团（G20）峰会号召对标准化场外衍生品集中清算。2012 年，巴塞尔委员会发布《银行对中央对手方风险敞口的风险加权资产计量规则》，银行对合格中央对手方的交易风险敞口的权重给予优惠，鼓励中央清算。

中央清算机制对于增进市场透明度具有积极意义，不过，监管当局不应强制要求所有的信用衍生交易都实施中央清算。从利率和股指衍生合约发展的长期经验看，当市场可以设计出标准化的产品，提供充分的交叉保值、为 OTC 市场上交易的其他合约的定价提供合理的基准时，基于中央清算所的交易才会繁荣起来。而且，保持交易的适度灵活性也是场外信用衍生品的优势。同时，对信用衍生交易不宜实行“仅限保值”的监管约束。在现实中，保护买方和保护卖方分别拥有对基础资产的多头和空头的互补头寸的可能性极小，因此应该允许投资者适度填补匹配交易的空缺。监管者可以基于信息披露和交易监测对过度投机进行控制。

（三）信息披露标准的选择

信息披露之所以需要监管者的干预，其优势在于能够克服市场主体的集体行动问题，从单个机构角度看，他们缺乏主动披露信息的充分动机，然而，将更多的信息传递给投资者，可以恢复投资者的信心，刺激结构化金融业务的重振，使这些机构可以作为一个集体而获益。因此，有必要由监管者提供明确的、一致公认的信息收集和编辑的标准。

1. 危机发生后国际社会对 CRT 市场信息披露的改进措施

次贷危机发生以来，国际组织和合作论坛、发达国家监管当局和行业组织相继提出增进 CRT 市场透明度的措施或建议（表 6-2-4 和表 6-2-5）。

表 6-2-4　国际组织和合作论坛改进证 CRT 信息披露的建议与措施

二十国集团（G20）	2009 年，匹兹堡峰会要求场外衍生品合约应向交易信息库报告。2010 年，多伦多峰会承诺推进增加透明度的有力措施，对评级机构、场外衍生交易、对冲基金的监管进行国际协调
金融稳定理事会（FSB）	2008 年，金融稳定论坛（FSB 前身）发布报告《增强市场和金融机构适应力》，要求对结构化产品有显著暴露的机构提供额外的风险披露；强化巴塞尔协议支柱 3 的披露要求 2009 年，向 G20 提交报告《金融危机与信息缺口》，提出弥合缺口的多项建议，包括改进 CDS 统计、调查结构化产品的披露需求、建立关于金融机构之间关联的信息收集和共享机制 2010 年，发布《降低信用评级机构依赖性的原则》和《改革场外衍生品市场》，对合约标准化、中央对手集中清算和向交易信息库报告等提出建议
国际清算银行（BIS）	2009 年，和欧洲央行、IMF 联合发布《证券统计手册》，对证券化信息披露给予特别关注；下属的全球金融体系委员会（CGFS）提交报告《信用风险转移统计》 2010 年，和 CPSS、IOSCO 联合发布《建立 OTC 衍生品市场交易信息库的思考》
巴塞尔委员会（BCBS）	2009 年，发布《新资本协议市场风险框架修订稿》，加强支柱 3 关于证券化的披露要求，银行应披露证券化风险暴露、对 ABCP 的流动性便利、再证券化暴露、证券化暴露的估值以及管道和仓储风险
国际证监会组织（IOSCO）	2008 年，修订 2004 年发布的《信用评级机构操守准则的基本原则》，要求公布评级程序、方法和假设，披露结构化产品的损失和现金流分析、评级绩效的历史数据和违约率 2009 年，发布报告《结构化产品的透明度》，建议增强交易后透明度；发布报告《不受监管的金融市场与产品》，提出对证券化和 CDS 市场的监管建议，要求提高证券化发行人对投资人的披露水平 2010 年，公布《资产支持证券的公开发行和上市披露准则》
国际会计准则理事会（IASB）	2009 年，修订 IFRS 7（金融工具的披露），改进公允价值度量方法的披露，并引入对衍生金融负债的额外的定量披露 2010 年，再次修订 IFRS 7，强调定性和定量披露的配合，改进证券化交易的披露，包括资产转移后保留风险的信息

表 6-2-5　美国和欧盟改进 CRT 市场信息环境的措施或建议

美国	欧盟
2008 年美国证券化论坛（ASF）公布“住宅证券化透明度和报告项目”，制定标准化 RMBS 的披露方案；证券集中保管结算公司（DTCC）开始公布 CDS 交易信息库的总量数据；证券业与金融市场协会（SIFMA）和 ASF 提出恢复证券化市场信心的建议，包括改进 RMBS 披露和加强评级过程透明度。 2009 年财政部发布《金融监管改革的新基础：重构金融监管与规制》，要求 SEC 提高证券化市场的透明度和标准化。 财务会计准则委员会（FASB）发布新会计准则 FAS166，将以原本在表外的证券化债务纳入主体公司的资产负债表。 2010 年 SEC 批准将资产支持证券纳入“交易报告和应答机制”（TRACE），并公布《Regulation AB》修正案，要求资产支持证券发行人披露基础资产信息。 《2010 年华尔街改革与消费者保护法》第六部分“华尔街透明与问责法”对标准化衍生品实施集中清算并公开交易信息，未集中清算的衍生品交易向交易数据存储中心提交报告。 2014 年 SEC 发布《Regulation AB》修正案终稿，要求资产支持证券发行人披露基础资产层面数据等信息	2007 年欧洲银行监管委员会（CEBS）对银行业关于证券化披露的充分性进行评估。 2008 年欧洲证券监管委员会（CESR）提交扩展对非股票金融工具的交易前后透明度要求的报告。 2009 年 CESR 发布报告《公司债券、结构化金融产品和信用衍生市场的透明度》。 欧盟委员会出台《信用评级机构监管法规》。 2010 年公布《场外衍生交易监管规章建议稿》，要求达到一定标准的场外交易金融衍生品通过中央清算所结算，并向中央数据中心报告。 发布《信用评级机构公开征求意见报告》，要求减少投资者对外部评级过度依赖。 2011 年修订《信用评级机构监管法规》，规定结构化融资产品实行强制双评级，要求结构化产品发行人持续披露产品的具体信息。 2014 年实施《资本要求监管条例》（CRR），要求证券化发起人披露贷款层面和其他反映基础资产信用质量的数据

2. 信息披露面临的现实问题

国际社会从各个层面对 CRT 市场缺乏透明度作出了回应，不过，信息披露的改革在实践中面临一系列现实问题，其预期效果可能面临挑战。

（1）扩展信息披露范围和控制信息成本的权衡。“加强信息披露”是一个切中关键，但容易流于空泛的倡议。一些学者要求公开结构化产品的安排者和服务商拥有的全部可得信息（Pagano and Volpin，2010），但过于宽泛的披露要求可能对信息披露方造成沉重负担，降低交易效率。许多证券化产品的发行人表示，要遵从新的披露规则对资产层面和分组账户的数据要求，需耗费大量时间和精力，可能将由此增加的成本转嫁给投资者或基础贷款的借款人。

（2）广泛披露与商业保密的矛盾。提高交易后透明度有助于 CRT 交易的买方进行产品评估，改善价格发现和强化市场声誉约束，不过，如果披露规则过于严苛，也可能对市场流动性产生负面影响。一些 CRT 交易的卖方认为，对于定制化产品，其复杂性和缺乏二级市场的特性使之难以具备有意义的价格可比性，强制性的交易后透明度规则对市场效率的贡献有限；同时，这类产品的活跃交易者很少，如果交易数据逐笔公开，参与者的交易策略易于被他人识别，可能损害其参与交易的积极性。提高透明度可能是双刃剑，要求过多的披露会削弱拥有信息优势的参与者充当做市商的动力，导致市场干涸，监管者需对透明度和流动性进行权衡。

（3）复杂的信息能否被市场参与者有效利用。增加信息披露并不必然使市场约束增强，市场主体准确理解信息是市场约束的前提条件。信息量太大不仅导致信息提炼成本过高，市场主体也会迷失在“信息丛林”中。尤其是结构复杂的 CRT 交易，提供过多的细节可能使投资者难以透彻理解和消化，致使披露无效[①]。

（四）信息披露和统计机制的系统重构

CRT 交易的复杂性在各个维度上对信息披露优化提出了挑战，鉴于信息监管失灵是系统性的，监管改革不能只是局部修补，需要进行系统重构。

1. 构建信息有效披露的多阶框架

风险转移的信息不透明问题存在于交易链从低阶到高阶的各个层面，应建立覆盖“单项基础资产—资产池—交易结构—参与机构—市场”的完备的信息披露机制，同时又须在降低披露成本、增加信息易读性等方面加以优化。

1）识别交易前和交易后透明度的核心信息

要改进对投资者的信息传递，首先需要把握什么是最关键的信息，监管者应筛选重点披露的关键信息，确认披露的下限标准，而非简单地要求市场参与者全面披露信息。关于交易前透明度，估算单项基础贷款的违约概率和损失率所需的信息是十分必要的，即“资产层面信息”的关键点。不过，对于结构化产品的风险评估，还需进一步掌握违约相关性的信息，这是次贷危机的深刻教训。当贷款池违约率系统性上升时，曾经得到较高评级的优先档证券可能严重贬值，对这一结果的担忧导致了市场恐慌，因而，度量违约相关性是评估结构化产品风险的关键[②]。为此，监管者需判别“资产池层面信息”中反映系统风险的披露要点（如资产池的行业、地区构成），并要求发行人披露证券化的现金流瀑布结构和偿付假设。

关于交易后透明度，披露证券化贷款业绩的后续报告是声誉机制的核心成分，包括现金流分配、基础贷款违约与损失、证券化发起人回购不良贷款、资产池特征的显著变化等，此外还包括证券化产品交易的价格和数量、再证券化的信息公开。

2）识别信息披露的重要机构

对“证券化交易的核心机构”的判别标准是二维的：在单项交易中的微观角

---

① Bartlett（2010）以参与 CDS 交易的保险公司作为观察对象，发现保险公司的股东对复杂信用衍生品风险暴露的信息报告缺乏充分的理解。

② 违约相关性的估计是一个薄弱环节。次贷危机前，评级机构通常使用固定的相关性假定，对于同行业的两家公司的贷款或债券，假定其相关性是给定的常数，而不论贷款类型、行业特征和宏观经济环境。

色和在风险转移链中的综合地位。监管者可制定对“机构层面信息”的差别性披露要求，根据金融机构持有的净风险暴露、交易活跃度、与交易网络中其他机构的关联度等指标确定其披露水平。

3）优化信息披露的方式

信息提供者应改进披露方式，增强信息的可读性、机构间和跨期可比性，帮助用户迅速提炼有效信息。监管者可以设计统一的披露模板，平衡定性和定量描述所占比例，在确保严谨性的同时，避免重要信息埋没在过于琐碎的定量数据中。

同时，监管当局应和相关行业协会协同，支持后者推出标准化的合约术语和交易规范。美国证券化论坛（ASF）和欧洲证券化论坛（ESF）着力研究制定证券化业务的披露规定。2009 年，摩根大通银行将其使用的 CDS 定价技术“CDS 分析引擎”移交给 ISDA，以便提高 CDS 定价的透明度。这些努力对改善市场信息环境将产生积极意义。

4）界定信息披露的适度性

改革的最终目标是促进市场稳健运行，而非透明度本身。监管者需要根据 CRT 产品的特性，制定差异化的披露规则，最具流动性和标准化的 CRT 工具应披露逐笔交易的数据，而定制化交易可披露总量数据。同时，监管者还应注意监管透明和市场透明的区别，划分对监管者和市场参与者的披露边界。

2. 整合对证券化市场风险转移的统计

在改进信息披露的基础上，监管者应完善“市场层面”的信用风险转移统计，监测 CRT 市场的风险流向和分布。监管者首先需要统计国内证券化市场概况：关于证券化，汇集发起人和 SPV 等参与主体通过财务报告、发行说明书等多种形式披露的信息，进而整合再证券化交易的信息；关于信用衍生品，需整合交易所、中央对手方清算平台、交易信息库、行业组织和其他商业性数据提供者等多种数据来源。在此基础上，对总量数据按交易对手所在部门和地区、基础资产类型和所涉行业等维度分类，度量风险净转移规模和风险集中度。

各国监管者还应为风险转移的跨国统计提供支持，国际组织或行业组织的跨国数据库也需整合和衔接，比如，BIS 对 CDS 交易半年度和三年度的调查、ISDA 对信用衍生品的统计、DTCC 对全球 CDS 数据的统计以及 ESCB 的中央证券数据库（CSDB）、ESF 和 SIFMA 对证券化的统计等，以便绘制风险转移的“国际地图”。

第三节　政府在危机救助中提供风险分担的角色定位

政府以国家税收能力和央行货币发行权作为后盾，具有超越工商企业或商业性金融机构之上的风险承担能力。然而，政府在风险分担机制中应该扮演什么角色，是长期以来争论不休的话题。在金融领域，政府主要是通过建立存款保险制度、充当最后贷款人、收购陷入财务困境的问题机构或问题资产等方式承担金融震荡的风险。次贷危机爆发后，美国政府采取了各种可能的措施来试图分担高度积聚的风险。《2008 年紧急经济稳定法案》授权财政部购买金融机构的不良资产，持有获得政府救援金融公司的部分股份，并提高联邦存款保险金额的上限。同时，美联储也积极地向金融体系注入流动性，房地美和房利美以及结构化产品的主要交易商都可以从央行贴现窗口得到融资，而不再限于存款性银行。贝尔斯登和 AIG 得到美联储和财政部的联手救助。房利美和房地美被政府接管并得到巨额注资，花旗银行也因政府购股注资而部分国有化。

一、政府提供风险分担的必要性与负面效应

根据市场失灵理论，对政府参与救援的解释是：金融市场无法为意外的不利冲击提供充分的保险和缓冲，如果部分市场参与者因不堪承担损失压力而破产，将对金融体系的其他板块和参与者产生负面的外部性，政府参与风险分担可以缓解风险配置失衡导致的严重后果，为金融体系消化不利的冲击提供缓冲空间。

美国政府采取的一系列大规模救援措施也引起了各方的争议。政府对陷入困境的金融机构施以援手，不只是将纳税人提供的资源置于风险中，可能造成资源浪费，同时也相当于向金融机构提供了隐性看跌期权，从而改变了他们未来的风险承担行为，可能诱发道德危害。基于对政府会参与分担风险的预期，金融机构会偏好承担更多的风险，而且对风险疏于监控，很可能在未来形成新一轮的巨额损失和社会资源浪费，使纳税人面临不公平的负担，造成“收益私人化，损失社会化”。许多学者都对政府保护导致的各种形式的道德危害成本进行了详细的研究，专门考察对银行业进行保护的不利后果的学术文献十分丰富，如 Calomiris（1990）、Barth 等（2006）、Demirguc-Kunt 和 Editors（2008）对存款保险的研究。关于央行的最后贷款人角色，学术界也展开了广泛讨论，Calomiris（1994）等肯定了央行通过贴现窗口对特定目标给予援助以维持市场流动性的角色，一些经济学家则认为贴现窗口在信贷配置中具有负面影响，甚至提出应予以关闭（Kaufman，1991）。

除了前期研究强调的资源误配置、道德危害等问题，政府提供的公共性风险分担还可能对金融市场私人风险分担机制的成长产生不利影响。倘若由于外生原因导致某些类型的风险分担市场不存在，使风险分担的范围和程度受到限制，公共部门提供的风险分担可以改进风险配置。如果相反，私人风险分担市场既已存

在，则公共风险分担就可能“挤出”私人风险分担。其作用机理是：私人风险分担合约规定，如果一方当事人未履行合约规定的义务，他将被禁止参与未来的合约交易，这意味着，私人风险分担合约的执行机制是通过将违约者排除在未来的市场之外，确保当前合约的履行。然而，在政府提供额外的公共风险分担的情况下，即使一个主体对私人风险分担合约违约了，但仍然可以通过公共系统得到保险，则市场对违约主体的处罚将被弱化，从而潜在地削弱了私人合约的执行强度，进而对私人合约的使用产生挤出效应。基于上述分析，引入公共风险分担对社会的总体风险分担水平的影响可能是正面的，也可能是负面的。总体风险分担程度（TRS）的衡量指标可以设定为

$$\mathrm{TRS}=1-\frac{\sigma(\log(c))}{\sigma(\log(i))} \tag{6-3-1}$$

分子和分母分别表示经济主体消费水平（c）和经济主体收入水平（i）的对数的标准差，二者的比值反映着主体消费水平的波动性相对于其收入波动性的波动程度。当$\sigma(\log(c))=0$时，$\mathrm{TRS}=1$，表明单个经济主体之间的消费水平没有差异，即使他们的收入水平存在差异，意味着经济体实现了完全风险分担。如果$\sigma(\log(c))=\sigma(\log(i))$，则$\mathrm{TRS}=0$，每个主体的消费水平都随着他们的收入而不同，表明不存在风险分担。如果$0<\mathrm{TRS}<1$，表明存在一定程度的，但并非完全的风险分担，较高的 TRS 意味着较高程度的风险分担。可以将 TRS 分解为两个成分，分别反映由政府通过存款保险制度等方式实现的风险分担（GRS）和金融市场通过私人合约交易实现的风险分担（PRS）：

$$\mathrm{GRS}=1-\frac{\sigma(\log(c_g))}{\sigma(\log(i))},\quad \mathrm{PRS}=1-\frac{\sigma(\log(c_p))}{\sigma(\log(i))} \tag{6-3-2}$$

其中，c_g和c_p分别是引入公共风险分担或市场风险分担后的主体消费水平。在各经济主体自给自足，不存在风险分担的情况下，引入公共风险分担将弥补私人风险分担的缺失，从而使社会风险分担水平提高，此时不存在挤出效应。如果存在完全风险分担，引入公共风险分担将产生一对一的挤出效应，即引入一单位公共风险分担，将挤出一单位的私人风险分担。从动态的视角看，由于私人风险分担被挤出，而以财政资金提供支持的公共风险分担可以动员的资源有限，从长远看，对总体风险分担水平产生的影响将是负的，即挤出效应大于“一对一”。这意味着，如果私人市场不能良好运行，难以实现风险分担时，由政府提供公共风险分担可以产生福利收益，而当私人市场提供风险分担的功能十分有效时，政府试图提供更多的风险分担的目标可能达不到预期，而且产生反面影响。

归纳起来，政府提供风险分担可能导致的负面影响有三类作用渠道：一是造成浪费性资源误配置；二是诱发道德危害；三是对金融市场风险分担机制产生挤出效应。前两种影响对社会的损害是使金融市场风险误配置的损失溢出到未直接参与风险分担交易的其他主体，而第三种影响则对金融市场风险分担机制本身的运行和发展产生不利作用，公共风险分担会改变对私人合约的违约激励，影响金融市场风险分担机制的运行。

二、政府提供适度风险分担的条件

上述问题的存在不意味着所有的政府援助都是不适当的。政府提供适度风险分担的条件是：①如果不提供援助，金融体系崩溃的系统性后果极其严重；②以成本最小化的方式设计援助方案。

关于应该如何合理地提供援助，确切地说，央行提供的贷款应基于何种条件（期限、利率、担保品）；是否允许非银行金融机构使用贴现窗口；政府应该收购不良资产，还是收购问题金融机构，何者更优？学术界展开了热烈讨论。Bagehot（1873）提出最后贷款人准则：应该按惩罚性利率，基于借款机构提供的良好担保品，向有偿债能力的金融机构发放任意数量的贷款。他的观点到今天仍然颇具影响，最后贷款人应该收取惩罚性利息，以避免滥用贴现窗口；贷款期限应该足够长，以减轻对市场的压力，太短的期限无助于缓解资金逃往安全港所产生的流动性匮乏；不应刻意地将某一类金融机构排除在救援之外，如果非银行金融机构也可以得到救助，他们应该受到类同于银行的谨慎监管。不过，最后贷款人不宜对担保品过于挑剔，如果央行要求提供质量很高的担保品，会使银行存款人的债权变成从属性质，增加存款人的损失风险，促使其提取存款，结果可能和预期目标相反。

在现实中，美联储从未明确就其作为最后贷款人进行干预的政策准则表态，而是偏好即兴地进行特别干预，而且其行为随时间推移具有不一致性。次贷危机发生后，美联储和财政部均未解释为何向一些金融机构提供援助，而拒绝对另一些机构伸出援手；为何要选择在 2008 年 9 月 18 日推出“问题资产救助计划”（TARP），而不是在此之前；收购金融机构的优先股为何优于其他稳定市场的举措。关于这些举措是否适当，引起了学术界和公众的热议，其中最具争议性的是对贝尔斯登、房利美与房地美以及 AIG 的援助。根据政府提供风险分担的两项基本准则，可以对这些援助行动进行评价。

从避免系统性严重后果的角度看，对贝尔斯登的援助似乎是有理由的。该公司是许多信用衍生交易的对手，而且在货币市场回购交易中占有很大份额，其倒闭将对市场产生巨大冲击。关于援助方案是否实现了成本最小化，就不是如此明确了。援助提供了一种有序退出的方法，由政府安排摩根大通银行收购贝尔斯登，虽然贝尔斯登的股东将收购价格从 2 美元提高到 10 美元，但相对以前的股价，他们还是遭受了巨大损失，总体上看，应该不会对道德危害有很大的鼓励作用。

对房利美和房地美的援助似乎也具有合理性，因为它们在抵押贷款市场上的角色如此重要，而且公众都预期政府会兑现长期以来对它们的隐性支持承诺。在政府宣布将对它们给予救援后，两家机构进入债券市场的渠道立即得到恢复。虽然政府向两家机构注入优先股作为短期举措是必要的，然而，他们的脆弱性是对长期以来存在的激励问题和过度风险承担的反映，其原因正在于他们作为政府支持机构的特殊身份。因而，政府在颁布短期援助方案的同时，应该提出一个明确表态的长期改革方案，确保两家机构在未来受到充分的市场约束。

关于政府放弃营救雷曼兄弟公司，而在其后决定救援 AIG，其原因应该是政府认为前者倒闭的冲击可以被市场吸收，而后者具有更大的规模和全球分支网络，可能产生严重的系统性后果。然而，雷曼兄弟公司的破产引起了市场恐慌，很大程度上导致了货币市场流动性过度紧张，而政府先后几次斥巨资收购 AIG 股份，以至于持股比率达到 80%，付出如此高昂的救助成本似乎过于慷慨，形成了事实上的倒逼机制。

总体而言，不论具体措施如何，政府在紧急情况下向市场参与者提供风险分担，应该有明确和一致的基本准则，对公众给出关于各种援助手段的详细解释和论证，而且各种援助措施需要相互支持和补充，体现具有一致性的构想和用于指导政策推进的准则，避免出现矛盾和怪圈。有条件的政府救助应附加处罚措施，以免浪费性和风险增进性的营救成为一种习惯。

第七章　中国金融风险配置的失衡与风险配置机制优化

构建完备和有效率的风险配置机制是中国实现金融深化的重要组成部分。目前，中国存在金融风险配置机制扭曲和风险分担机会不足的双重问题，发达国家金融体系风险配置机制的演进与创新中积累的经验和教训对中国颇具借鉴意义。

第一节　中国金融风险配置格局的潜在失衡

反映金融风险配置机制对金融体系和经济运行的实际绩效的评价指标包括两方面，首先是融资可得性，有效的金融体系风险分担机制可以增加有价值的投资项目获得融资的机会，降低企业家的创业门槛，减少中小企业因缺乏融资支持导致的社会成本；其次是金融稳定性，完备的金融风险配置机制能够为经济主体提供各种风险管理和保值的手段，为负面冲击提供缓冲设施，减少信贷供给紧缩和金融资产价格下降导致的企业生产与居民消费的波动性。要实现上述效果，风险必须在金融合约的交易主体之间实现优化配置，在对具有道德危害倾向的一方提供必要激励的前提下，满足风险分担的需求。观察中国金融风险配置格局，可以发现同时存在风险分担机会不足和激励结构扭曲的双重失衡，主要表现在以下方面。

一、风险初级配置机制的功能扭曲

根据融资合约风险配置模式的基本理论，股权合约侧重于风险分担功能，对项目现金流波动性的适应度高于债务合约，因而现金流平稳的企业会倾向于使用债务合约融资，而现金流具有一定波动性的企业则偏好使用股权合约。当投资项目现金流很不稳定时，适合采用可转换债务合约，在一定程度上实现风险分担的同时，避免企业家对投资者的风险转嫁。投资者和企业家可以基于自主选择与匹配，选择并设计适宜的融资合约，形成均衡的风险分配格局。然而，国内企业融资方式的选择取向普遍存在偏差，导致投资项目风险特征与融资合约类型的误配，有限的融资渠道被少数企业过度占用，新兴科技企业与中小企业投资不足和大企业资金浪费并存。

（一）企业的股权融资偏好与股东风险分担结构扭曲

我国企业对股权融资表现出系统性偏好，这一融资取向之所以出现不同于发达国家的“异象”，其深层原因是上市公司风险分担格局扭曲，对大股东和企业管理层形成了潜在吸引力。在正常情况下，股东承担的风险份额取决于其持股比例，然而在我国上市公司的风险分担结构中，中小投资者过度承担风险，而得不到相应回报。由于控股股东拥有的控制权和分担风险的份额不对称，所以就会有动机借助股权融资掠夺中小股东的利益，获取控制权超额收益。具体方式包括资金占用、非公允的关联方资产交易、关联担保、操控现金股利政策、虚假出资、利润操纵、向代表其利益的经理层支付高薪等各种“隧道挖掘”手段，将上市公司的资产和利润转移到大股东手中，而公司经营不善的损失则由中小股东承受。

大股东的控制权对其风险分担的偏离度越高，侵害小股东利益的激励就越强。赵国宇（2013）的实证研究表明，大股东控制下的具有股权融资偏好的上市公司的盈余管理、关联交易与资金占用现象更加突出，隧道效应显著，对公司市场价值产生负面影响。唐建新等（2013）发现对于存在控股股东的公司，大股东与上市公司进行关联交易的掏空行为更加严重。朱清（2014）发现，在股权分置改革之前，控股股东持股比例越高，通过异常高额派发现金股利来实现控制权私有收益的动机越强；改革之后，控股股东侵占小股东利益的动机越强，减少现金股利发放的倾向就越强。

公司资产被控股股东逐步掏空，导致公司价值严重缩水，市场竞争力和盈利能力下降。同时，掌握投资决策权的公司管理者和控股股东占据了利润分配的主动权，同时不承担决策失误的相应后果，造成由小股东承担项目失败的大部分下部风险的客观事实，势必引致对企业风险承担选择的代理问题。决策者在企业经营策略和项目筛选中表现出对高风险的偏好，进一步加大了中小股东承担的风险。面对大股东和公司高层管理者的利益侵占与风险转嫁，在非对称博弈中处于弱势地位的中小股东只好选择退出市场，导致股票市场陷入低迷，丧失可持续发展的推动力，金融市场的风险分担机能被显著削弱。

（二）银行对大客户的信贷倾斜与中小企业风险分担机制匮乏

国内银行对中小企业借贷和对大企业信贷扩张并举，信贷风险高度集中。2008年，为缓解次贷危机引发的国际金融危机对我国经济的冲击，政府推出 4 万亿元经济刺激计划，配合适度宽松的货币政策和财政政策，商业银行信贷规模迅速增长，在信贷倾斜政策导向下，大部分信贷资金流入大企业和大型工程项目。银监局统计资料显示，截至 2008 年 12 月末，5000 万元以上授信或贷款的大客户贷款余额占比达到 70%，比 2008 年初上升 1.34 个百分点，全年增量占比达到 80.82%。人民银行统计数据显示，金融机构新增贷款主要投放于铁路交通、城市设施、环境保护、电网改造、房地产开发等基础项目或热点项目。贷款集中度和对集团企业、关联企业的风险暴露增大成为银行信贷增长的主要特征。虽然银监会 2010 年修订的《商业银行集团客户授信业务风险管理指引》对银行贷款集中度施加限制，各大银行也建立了集中度风险管理框架，但集中度风险隐患仍然不容忽视[①]。根据建设银行和工商银行年报，2016 年末，对最大十家客户贷款总额占资本净额的比率分别为 13.37%和 13.3%，集中于交通运输、仓储、邮政等行业。

与银行业对少数大客户竞相追逐形成鲜明对照，中小企业面临融资困难，在 2012 年经济形势转入下行期后，融资环境更加紧张。对比中小企业在国民经济中的比重，中美状况颇为相似。据国内数据统计，在工商注册登记的职工人数 2000 人以下或销售额 3 亿元以下或资产 4 亿元以下的中小企业占全部注册企业总数的 99%以上。美国中小企业在企业总数中的比率亦为 99%，除了企业家自我储蓄和亲朋借款，银行贷款、风险投资和中小企业管理局支持下的中小企业投资公司融资约占资金来源的 30%[②]。虽然我国也存在一定数量的中小银行和风险投资公司，但中小企业的融资渠道仍然十分狭窄。Berger 和 Udell（2002）提出可以通过关系型贷款解决中小银行信息不对称导致的信贷配给，认为银行可以通过和小企业发展密切关系，收集软信息，从而提高贷款可得性。然而，我国地方性商业银行依然具有大项目和大企业偏好，不愿意花费长期成本与中小企业建立关系以获得充分的信息。风险投资公司多集中于东部地区，而且资金来源有限。

为了对小企业增信，改善其融资可得性，自 1999 年经贸委发布《关于建立中小企业信用担保体系试点的指导意见》以来，政府颁布了一系列支持中小企业担保的政策。虽然《指导意见》规定“中小企业信用担保机构创办初期不以营利为主要目的，其担保资金和业务经费以政府预算资助和资产划拨为主”，因地方政府财力有限，普遍引入民间资本。从机构数量上看，民营融资担保业发展迅速，但对中小企业融资风险分担的实质贡献并未达到预期效果。由于为小企业提供担保的风险较高，担保放大倍数和担保费率较低，盈利空间有限，商业性担保机构并未以小企业融资担保为主业，而是转向利润更高的非融资性担保和高利贷，即便为小企业提供担保，也可能以收取风险保证金、截留信贷资金等手段加重企业融资成本负担，担保功能严重错位。互助性担保机构的服务范围限于企业集群内的中小企业，担保能力受会员规模的限制，对风险分担的供给也难以满足需求。

① 怡颖. 集中度风险管理的挑战与应对. 金融电子化，2016（6）.

② 金佑连，李永焱. 美国中小企业融资模式及我国中小企业融资途径选择. 特区经济，2005（8）：252-253.

二、风险再配置机制的功能薄弱

（一）风险配置机制的扭曲从初级市场向次级市场延伸

如果基础合约风险配置低效导致风险承担与预期收益背离，合约二级市场和衍生市场势必投机过度而保值动机不足，无法通过风险的交易实现有效的价格发现，必然难以建立有效的风险再分配机制。根据股票转手的经济原理，当股东接收到关于企业状况的新信息时，可能改变对股票预期价值和风险的先验判断，进而出售股票，如果其他市场参与者对股票的价值评估与风险认知和股东是异质的，双方就会达成交易，并形成新的均衡价格。如果新信息揭示企业经营不善或内部人道德危害，而且市场参与者对股票的评估具有一致性，股票将乏人问津，价格将随之下跌，充分显示市场对企业风险前景的预期。然而，时至今日，我国股票二级市场仍然难以通过用脚投票机制充分建立股东对企业的市场约束。股票市场价格和企业业绩的相关性较差，一些连续数年微利甚至亏损的上市公司，股价不跌反涨，原因之一是这些公司更可能被纳入资产重组之列，而相当一部分资产重组主要由行政力量推动。

（二）风险转移机制发育不足

经过数年筹备，建设银行和国家开发银行在 2005 年推出了“建元”住房抵押贷款支持证券和“开元”信贷资产支持证券，开启了 MBS 和 ABS 的创新尝试，但当时更多的是出于证券化试验的目的，缺乏内在的风险转移动机。此后，2007～2008 年，工商银行等发起了数只证券化产品，正当监管部门决定扩大证券化试点之时，恰逢次贷危机暴发，出于审慎，试点于 2008 年底暂停。2012 年，财政部、人民银行和银监会颁布《关于进一步扩大信贷资产证券化试点有关事项的通知》，贷款证券化重启。

图 7-1-1 显示我国贷款证券化在 2012～2013 年的酝酿之后自 2014 年迅速扩张，2015 年达到最高水平，2016 年虽略有回落，但仍保持一定发行规模，推动这一态势的原因是多方面的：首先是政府支持，国务院做出“进一步扩大信贷资产证券化试点”和“新增 5000 亿元信贷资产证券化试点规模”的决定，审核方式也相应简化，由“银监会逐笔审批制”转变为“银监会备案+央行注册制”。从需求面看，银行委外资金管理机构、货币基金、债券基金等机构投资者对证券化产品的认同度有所提高。从供给面看，证券化降低融资成本、盘活贷款存量释放流动性、提高资本充足率的功能逐步得到银行的一定重视。

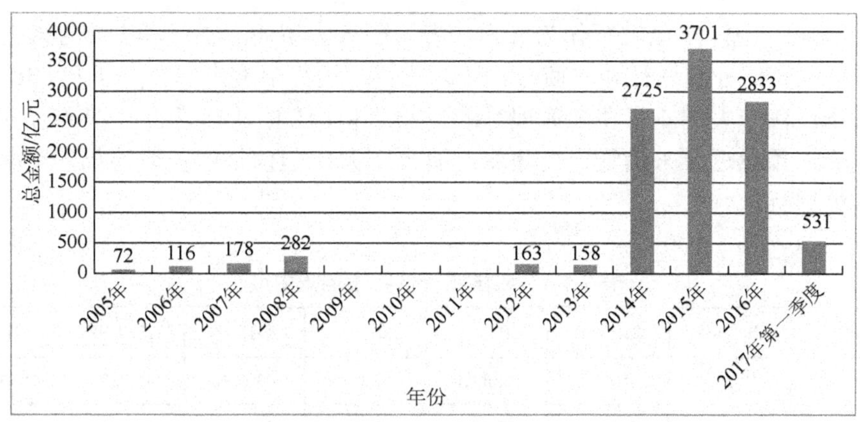

图 7-1-1　我国银行贷款证券化业务发行总金额

数据来源：中国资产证券化分析网

不过，总体上看，与庞大的贷款一级市场风险暴露相比，目前国内银行对风险转移工具的使用度仍然较低，缺乏对贷款组合积极管理的意识，市场潜在需求尚未被充分唤起。图 7-1-2 展示了我国 110 家银行 2006～2015 年的平均风险承担水平的变化趋势①，可以看到银行风险承担水平总体上趋于上升，虽然 2007 年国际金融危机的冲击使银行的风险承担一度变得谨慎，此后在政府经济刺激措施的扶助下，风险承担又趋于上升。2012 年以后随着经济进入下行期，银行风险承担水平大幅上升，“风险消化不良”的症状充分暴露。

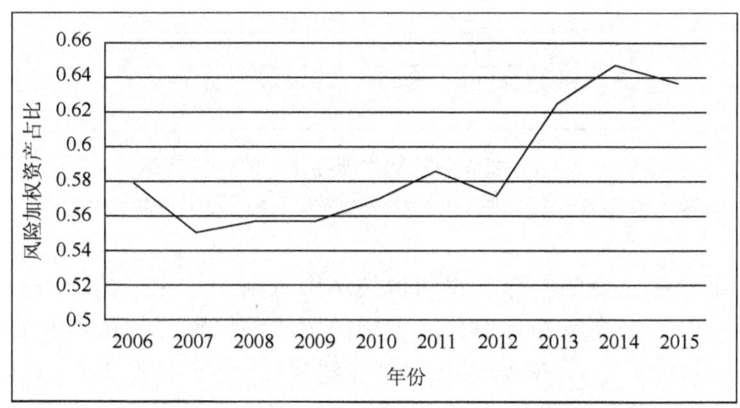

图 7-1-2　我国银行平均风险承担水平的变化趋势

数据来源：根据国泰安数据库、各银行年报计算得出

① 本书选择风险加权资产占总资产的比率作为银行风险承担的指标。

表 7-1-1 选择 41 家银行作为样本，覆盖国有大型商业银行和全国性股份制商业银行，以及部分城商行和农商行，计算信贷市场集中度水平（CR4 和 CR8 分别表示市场份额最大的 4 家和 8 家银行的份额总和，HHI 是赫芬达尔-赫希曼指数）。该表显示，虽然近年来信贷市场集中度有所下降，但信贷业务风险仍然聚集于少数几家大银行。

表 7-1-1　我国银行信贷市场集中度

集中度指标	2009 年	2010 年	2011 年	2012 年	2013 年	2014 年	2015 年
CR4	45.75%	45.04%	44.83%	44.01%	43.51%	42.73%	40.73%
CR8	57.11%	56.57%	56.41%	55.58%	55.00%	54.00%	51.64%
HHI	1225.64	1209.47	1193.03	1174.65	1165.37	1152.81	1130.62

数据来源：根据国泰安数据库、各银行年报及上市招股说明书计算得出。

图 7-1-3 描绘了我国银行贷款证券化率的变化趋势，虽然该指标从 2012 年的 0.0178%上升到 2015 年的 0.3601%，但与巨大的银行贷款余额基数相比，仍然十分微小。结合图 7-1-2 和表 7-1-1 反映的银行业过度风险承担和风险高度集中的现实，风险转移机制的覆盖面尚嫌不足。

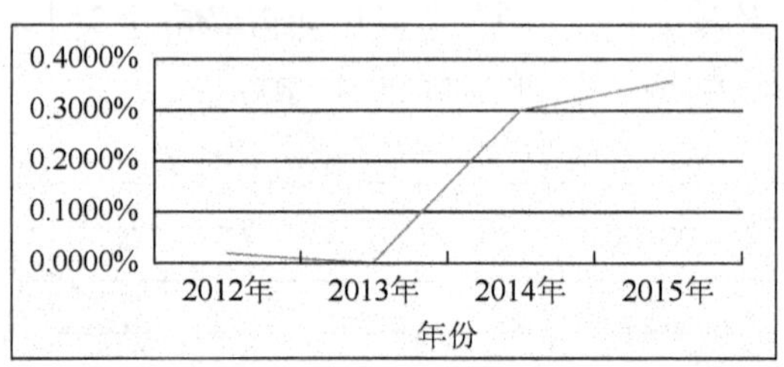

图 7-1-3　我国银行贷款证券化率的变化趋势

数据来源：根据 Wind 数据库和各银行信贷资产支持证券发行公告计算得出。

在探索证券化试点的同时，我国也尝试引入信用衍生工具。2010 年 10 月，银行间市场交易商协会发布《银行间市场信用风险缓释工具试点业务指引》，推出信用风险缓释合约（CRMA）和信用风险缓释凭证（CRMW），前者在场外交易，后者是场内交易的标准化合约。此后一个月内即达成 23 笔 CRMA 交易，创设 4 只 CRMW。但此后市场主体对信用衍生品的热情迅速减退，至 2011 年底，CRMA 累计签订 33 笔，名义本金仅 26 亿元，累积发行 9 只 CRMW，名义本金 7.4 亿元。2013 年市场交易更加冷清，未有新的 CRMA 交易与 CRMW 创设。至 2014 年底，仅 15 只 CRMA 上市交易。市场沉寂的主要原因是对风险转移缺乏强烈的内在需求；参与主体单一，交易需求同质化；监管约束过于严格等。2016年9月，交易商协会发布修订后的《银行间市场信用风险缓释工具试点业务规则》，并推出信用违约互换（CDS）和信用联结票据（CLN）。新规则和新产品的引入对活跃市场有积极意义，但总体来说，信用衍生工具的风险缓释功能的发挥仍然十分有限。

第二节　贷款证券化对我国银行股东价值影响的实证检验

证券化可以为银行带来风险转移、降低融资成本的正面影响，也可能产生道德风险和传递不利信号的负面影响。目前我国贷款证券化市场正处于成长时期，证券化能否发挥正面贡献，对证券化发起银行的股东价值产生了何种影响？本书将对此进行实证分析。

一、实证模型

本书采用事件研究法，对证券化的影响进行实证检验①。事件研究法包括以下步骤：①确定事件日；②确定事件窗和估计窗，前者是用于检验股价对事件有无异常反应的期间，后者是用于估计股票的正常收益率的期间；③估计事件发生时股票产生的异常收益率，以此衡量特定事件对股东价值的影响；④对异常收益率进行显著性分析。

在本节的实证研究中，事件为贷款证券化的批准或银行发布证券化公告。异常收益即事件窗内实际收益与正常收益之差，是股东价值变化的度量指标。

$$\mathrm{AR}_{it} = K_{it} - R_{it} \tag{7-2-1}$$

其中，AR_{it}、K_{it}、R_{it} 分别是股票 i 在 t 期的异常收益、实际收益和正常收益。

1. 正常收益估计

估算正常收益的模型主要有：①统计模型，不需要严格的经济学理论支持，基于资产收益变化的统计假设，包括均值调整模型、市场模型、市场调整模型、因子模型。②经济模型，是基于经济学假设的行为决策模型，包括CAPM模型和APT模型。由于均值调整模型需要满足严格的假设，以及在某些情况下可能并不

① 事件研究法是检验贷款证券化对银行股东价值影响的主流方法，Thomas（2001）、Franke和Krahnen（2007）、Uhde等（2010）、López-Penabad等（2015）均采用该方法。

适用；市场调整模型主要应用于无法事前估计模型参数的情况，不得已才使用；CAPM 假设严格，现实中很难满足；因子模型计算复杂；APT 模型复杂并且不能明显增强分析效果，而市场模型最为简单实用，因此本书采用市场模型作为正常收益模型。

$$R_{it} = \alpha_i + \beta_i R_{mt} + \varphi_{it} \tag{7-2-2}$$

$$\mathrm{Var}[\varepsilon_{it}] = \sigma_{\varphi_t}{}^2 \tag{7-2-3}$$

$$\sigma_{\varphi_t}{}^2 = (1 - R_i^2)\mathrm{Var}\left[R_{it}\right] \tag{7-2-4}$$

其中，R_{mt} 是市场组合 m 在 t 时点的收益率；φ_{it} 是干扰项；α_i、β_i、$\sigma_{\varphi_t}^2$ 是待估计参数。

2. 异常收益估计

$$\mathrm{AR}_{it} = R_{it} - (\alpha_i + \beta_i R_{mt}) \tag{7-2-5}$$

在交易日 t，平均异常收益为

$$\overline{\mathrm{AR}_t} = \frac{1}{N}\sum_{i=1}^{N}\mathrm{AR}_{it} \tag{7-2-6}$$

3. 累计异常收益估计

假设股票的异常收益是独立同分布的，（t_1，t_2）区间的累计收益率为

$$\overline{\mathrm{CAR}}(t_1,t_2) = \frac{1}{N}\sum_{t_2}^{t_2}\overline{\mathrm{AR}_t} \tag{7-2-7}$$

4. 显著性检验

检验异常收益的显著性的方法包括参数检验和非参数检验。在参数检验法下，常用的检验统计量为 J_1 或 J_2，非参数检验法主要包括符号检验法和秩检验法。本书选择 J_2 参数检验，其原因如下：①非参数检验无法单独使用，需配合参数检验法使用。②由于各种股票 CAR 的 σ^2 相近，研究结果对选择 J_1 或 J_2 并没有区别，而 J_1 与 J_2 相比，计算简便。

$$J_1 = \frac{\mathrm{CAR}\left(t_1,t_2\right)}{\left[\sigma^2\left(t_1,t_2\right)\right]^{1/2}} \tag{7-2-8}$$

二、数据来源和处理

本书选取 2005～2015 年在 A 股上市的 15 家银行发行的 58 只贷款证券化产品[①]，剔除银行发布证券化公告当天银行有其他重大公告（如利润公告、股息公告、停牌、合并等）的交易，因其可能对股价产生影响，同时，剔除同一家上市银行在同一天或者相邻两天发起两只证券化产品，防止两只产品的公告相互干扰。选用沪深 300 指数代表中国股票市场组合收益率。

三、实证结果与解析

（一）自 2005 年启动证券化试点至 2015 年的整体分析

本书以银行发起证券化的批准日或发行证券化公告日记为 $t=0$，选取事件窗 [−1，+1]、[−3，+3]、[−5，+5]，事件窗长度分别为 3 天、7 天、11 天，估计窗长度统一为 120 天。如表 7-2-1 所示。

表 7-2-1　实证结果

事件窗长度	初期 $\overline{\mathrm{AR}_t}\neq 0$			重启期 $\overline{\mathrm{AR}_t}\neq 0$		
	总次数（占比）	正负效应次数	涉及银行	总次数（占比）	正负效应次数	涉及银行
3 天	0	0 次	—	2	2 负	负效应：北京银行、中信银行
7 天	1	1 负	负效应：浦发	8	3 正，5 负	正效应：建设银行、平安银行、浦发银行 负效应：中国银行、兴业银行、宁波银行、南京银行、交通银行
11 天	2	1 正 1 负	正效应：兴业 负效应：中信	8	4 正，4 负	正效应：兴业银行（2 次）、建设银行、平安银行 负效应：中信银行、南京银行、北京银行、兴业银行

可以得出如下结论。

（1）随着事件窗长度增大，拒绝异常收益率显著性检验的原假设的次数增多。在一定范围内，事件窗越长，越能够覆盖事件对股价的影响，但随着事件窗期拉长，实证结果也越容易受到其他因素的干扰。

① 光大银行在此期间内未发起贷款证券化项目，只是作为公积金贷款证券化项目的主承销商和资金托管行，故未包括在样本内。

（2）虽然实证结果表明部分证券化产品发行对银行股东价值产生影响，但所占比重不大。在总计 80 次检验中，事件窗为 3 天、7 天、11 天三种情况下，证券化发行对银行股东价值产生显著影响的次数分别为 2 次、9 次、10 次。在个别异常收益显著不为零的结果中，有的显示为对银行股东价值有正效应，有的显示为负效应。

对实证结果的解释：①我国股票市场的发展还不完善，对市场的反应以及灵敏度仍有较大差距；②我国贷款证券化推出时间相对较短，投资者对金融创新的理解还不够深入和敏感；③证券化规模相对于一级市场贷款规模较小，对银行价值的影响程度有限。

（二）证券化试点初期和重启的分阶段分析

以我国贷款证券化发展阶段为依据，将样本数据分为两个部分：2005～2011 年划分为证券化试点初期，发行证券化产品 7 只；2012～2015 年划分为证券化重启期，发行证券化产品 40 只。对两部分样本分别进行事件研究，估算累计异常收益率 $\overline{CAR_t}$，即初期或重启期，事件窗内同一天所有银行异常收益的加总，探究证券化在不同发展阶段对银行股东价值的影响。结果如表 7-2-2 所示。

表 7-2-2　贷款证券化试点初期与重启期的事件研究法检验结果

[−5，+5]		
	初期 $\overline{CAR_t}$	重启期 $\overline{CAR_t}$
−5	−0.71774	−0.01021
−4	−0.57598	−0.00729
−3	−0.43264	−0.00256
−2	−0.27063	−0.0026
−1	−0.14857	−0.00029
0	−0.01309	−0.0025
1	0.13868	0.0046
2	0.276643	−0.00089
3	0.423963	0.007652
4	0.567227	0.008547
5	0.709773	0.010353
是否拒绝 H_0	否	否

[−1，+1]		
	初期 $\overline{CAR_t}$	重启期 $\overline{CAR_t}$
−1	0.008667	0.023191
0	−0.01468	0.019101
1	−0.00426	0.023272
是否拒绝 H_0	否	是

[−3，+3]		
	初期 $\overline{CAR_t}$	重启期 $\overline{CAR_t}$
−3	0.018215	0.026487
−2	0.0193	0.02229
−1	−0.00528	0.022768
0	−0.00874	0.018466
1	−0.00761	0.024017
2	−0.00593	0.017499
3	−0.00507	0.021744
是否拒绝 H_0	否	是

在事件窗长度分别为 3 天、7 天、11 天的设定下，证券化在初期阶段对银行股东价值没有显著影响。在事件窗长度为 3 天、7 天的情况下，证券化在重启阶段对银行股东价值具有一定影响，反映了贷款证券化市场正在逐步走向成熟。事件窗长度为 11 天的情况下，无论是证券化发展初期还是重启期，对银行股东价值都没有影响，可能原因在于事件窗长度太长，影响了实证结果的准确性。

总体上看，证券化对银行股东价值的影响虽然逐步增强，但产生非中性影响的次数占样本总数比例不大，影响力度仍然较小。这印证了我国证券化市场还处于发育初期，对信贷业务提供风险分担的功效尚不突出，风险再配置机制还需进一步培育。

第三节　中国金融风险配置机制的改良与适度创新

在发达国家金融风险配置机制的演进过程中，市场内生的创新力量表现出强大的活力，使潜在的风险分担需求能够迅速得以释放，对经济成长和金融稳定具有积极贡献。不过，风险的分担和转移是有边界的，有效的风险配置机制应基于交易背景，通过合理的合约设计和交易结构安排，使风险分担（转移）和激励供给彼此相容，并尽可能减少交易成本，否则，过度创新和风险转移可能会增加金融体系的内在脆弱性。发达国家的经验和教训为中国提供了极具参考价值的标本，对于监管者而言，在调动市场创新活力的同时，又施加必要的监控，是一种微妙的权衡。同时，由于中国的制度环境和发达国家存在差异，对于导致现有风险配置机制扭曲的制度基础问题，金融风险配置机制的改良应该具有针对性。

一、纠正风险配置扭曲的关键：解除政府隐性保护

在中国，风险配置失衡未酿成严重后果的原因在于政府对国有控股或具有政府背景的银行和企业的隐性保障。政府对风险分担的行政参与，既是失衡格局维持平稳的重要支撑，本身又是造成失衡的根源。政府隐性担保承诺和预算软约束会改变经济主体的风险承担倾向，诱使其趋向风险，导致经济活动发生损失，由此进一步强化了政府提供保护的必要性，形成风险周期性积聚和政府周期性行政调控循环往复的“怪圈”。金融系统的深层改革面临风险释放威胁的悖论，陷入低效率风险配置的陷阱。同时，政府的过度风险分担对市场风险分担机制具有“挤出效应”，客观上抑制了金融体系自发创新的需求和空间。因此，解除政府的隐性保护是纠正风险配置机制扭曲的关键，才能使金融体系形成风险优化配置的内生动力。政府需要对自身在风险分担机制中的角色进行重新定位：有所为和有所不为。应根据政府职能和财政实力明确界定政府的风险承担边界，在此基础上，政府角色的调整方向如下。

1. 以公开规范的风险缓冲和危机处理制度替代隐性保障

应完善由政府主持构建的金融安全网（包括存款保险制度、央行最终贷款人等制度安排），为市场提供辅助性风险分担机制。建立公共风险分担机制的关键在于确立公开透明的基本准则，明确政府提供援助的条件和对存在过错的被救助者的处罚措施，消除道德危害倾向。

2. 适度参与市场风险配置机制不完备的领域

为小企业提供担保具有准公共品的特性，社会效益大于私人收益，难以吸引商业性机构，对于这种市场不完全性，需要政府提供适当补充。遵循发达国家的主流模式，政府组建的政策性担保机构应占据主导，并对互助性担保机构提供风险补偿。不过，政府过度分担风险又会诱发银行的道德危害，不尽职筛选和监督借款人，因而贷款银行也应承担一定比例的风险。

3. 改善中小投资者保护

在市场不完美的现实经济中，投资者保护制度是实现有效的风险交易和分配的前提，投资者保护程度越高，投资者越愿意向企业家和金融机构提供风险分担，因此投资者保护制度的完善和风险分担机会是正相关的。La Porta 和 Shleifer（1999）考察了不同国家的投资者保护程度，发现在投资者保护较差的国家，金融市场规模都较小且范围狭窄，金融工具品种单调，市场参与者的总体数量较低。针对我国投资者保护乏力的现实问题，金融监管部门应将提升投资者保护水平作为纠正风险配置机制功能扭曲的关键。经过近 20 年的发展，我国对中小投资者的立法保护取得了一定进展，但是在司法实践上仍存在执行力度等不足，与发达国家成熟资本市场相比，对控股股东诚信义务的规定还不够充分，是监管改进的重点。

二、对风险转移机制创新的引导

政府隐性保障的逐步减少，以及经济下行压力加大，对市场风险分担机制的需求将显著增加。与发达国家风险转移交易的超前创新和过度创新不同[①]，目前我国的信用风险转移市场还处于发育的初级阶段，创新不足以满足潜在市场需求是主要矛盾，监管部门可以考虑适当放松过于严格的监管，推动我国 CRT 市场的发展。

---

① “超前创新”意指创新过速，监管严重滞后；“过度创新”指杠杆过高，超出实体经济对风险转移的实际需求。

表 7-3-1 统计了截至 2017 年 3 月 31 日我国金融机构的被证券化贷款的违约率，各类被证券化贷款的年化违约率都低于 1%，且违约损失全部由次级档覆盖，意味着现阶段我国贷款证券化市场的信息不对称问题还不严重，证券化发起人为提高对投资者的吸引力而努力构建声誉。监管部门可以发挥声誉机制的市场约束和监管约束的互补作用，制定有弹性的差异化的风险自留监管规则。在市场竞争适度的背景下，对于历史业绩优良的证券化发起机构，可适当降低风险自留要求。对于信用衍生品市场，监管者应引入包括保险公司的多元化风险保护卖方，扩大社会资本对风险转移的参与度，通过扩大市场广度来增进市场深度，形成风险分担的“规模效应”；丰富产品类型，提供更多灵活便捷的风险转移工具。

表 7-3-1　我国被证券化贷款的违约情况

基础资产类型	项目数量	发行金额/亿元	年化违约率	次级债券占比
企业贷款	192	7714.54	0.02%	11.10%
住房抵押贷款	28	1641.02	0.08%	8.57%
专项信贷	5	452.36	0.00%	1.57%
汽车抵押贷款	8	324.65	0.36%	8.88%
个人消费贷款	14	311.81	0.83%	6.57%
设备按揭贷款	1	14.66	0.03%	6.76%

数据来源：中国资产证券化分析网。

对创新给予谨慎鼓励的同时，也要充分借鉴发达国家的前车之鉴。次贷危机的深刻教训是 CRT 市场进入高速扩张阶段后，暗藏着严重的信息不对称问题，风险转移链各环节代理人的道德危害形成了系统性的激励扭曲，而监管者未能对此施加有效约束。随着我国 CRT 市场的扩展，竞争度加剧，风险水平更高的基础资产被引入交易，致使声誉激励的局限性增强，类似问题也可能逐渐显露。因此，监管部门应对金融创新提供具有前瞻性和系统性的指引，并着重于以下要点。

1. 增进市场透明度

应深入考察发达国家相关市场规则的可取之处和疏漏，与国内金融机构以及行业协会合作，完善交易规范与标准合约文本，建立多层次的信息披露系统，并严密监测风险流动和杠杆水平。尤其是提高 CRT 交易的事后透明度，动态追踪和披露基础资产的事后业绩，并监测证券化发起人对自留的风险暴露的对冲行为，为声誉约束发挥效力提供条件。

2. 控制交易工具的复杂化和杠杆水平

风险转移交易结构的适当创新具有其合理性，例如，证券化产品从简单的转手结构演变为分层结构，可以缓解信息不对称问题[①]。然而，过度复杂化会导致信息不对称程度提高，增大代理人将利益从委托人转移到自己手中的操作空间和机会，因而，代理人会刻意地通过“创新”使合约和交易结构变得日趋复杂，热衷于复杂性产品的创新成为一种华尔街文化现象。次贷产品衍生链的复杂化导致信息流趋于衰减，信息不对称程度随之提高，为道德危害提供了温床。基于国际教训和我国 CRT 市场尚处于幼年期的现实，应倡导使用简单化和标准化的风险转移工具，对多层嵌套叠加、高杠杆的再证券化产品的发行人和投资机构设置严格的准入门槛。次贷危机发生后，美国信用违约互换的交易量大幅下降，而结构简单且透明的场内指数型信用衍生合约的交易依然活跃，我国未来在条件成熟时亦可引入这类场内产品。同时，对于风险转移交易的“信用杠杆”施加限制，预防杠杆水平过高使 CRT 市场名义本金规模远超参考实体债务总量，避免 CRT 交易脱离实体经济对风险分担需求的泡沫化。

在监管者的恰当引导下，随着金融合约的适度创新和交易结构的完善，我国金融风险配置机制将逐步改良和功能升级，形成多元化多层次的、完备高效的立体风险配置体系。

① 参见第四章第二节对贷款证券化的结构化分层技术的理论阐释。

参 考 文 献

陈忠阳，李丽君，2016. 资产证券化中存在逆向选择吗？——基于美国银行层面数据的实证分析. 国际金融研究，（2）：66-74.

郭桂霞，巫和懋，魏旭，等，2014. 银行资产证券化的风险自留监管：作用机制和福利效果. 经济学（季刊），13（4）：887-916.

唐建新，李永华，卢剑龙，2013. 股权结构、董事会特征与大股东掏空——来自民营上市公司的经验证据. 经济评论，（1）：86-95.

赵国宇，2013. 大股东控制下的股权融资与掏空行为研究. 管理评论，（6）：24-30.

朱清，2014. 大股东控制、利益侵占与现金股利——来自股权分置改革后上市公司的经验证据. 预测，（5）：48-52.

ACKERBERG D A，BOTTICINI M，2002. Endogenous matching and the empirical determinants of contract form. Journal of political economy，110（3）：564-591.

ACEMOGLU D，ZILIBOTTI F，1997. Was prometheus unbound by chance? Risk，diversification and growth. Journal of political economy，105（4）：709-751.

ACHARYA V V，SCHNABL P，2009. How banks played the leverage “game”?. Financial markets institutions & instruments，18（2）：144-145.

ALLEN D W，LUECK D，1995. Risk preferences and the economics of contracts. American economic review，85（2）：447-451.

ALLEN F，SANTOMERO A M，1999. What do financial intermediaries do? Working Paper.

ALLEN F，GALE D，1997. Financial markets，intermediaries and intertemporal smoothing. Journal of political economy，105：523-546.

ALLEN F，CARLETTI E，2007. Financial System：Shock absorber or amplifier? Working Paper.

ALLEN F，CARLETTI E，2006. Credit risk transfer and contagion. Journal of monetary economics，53（1）：89-111.

ANDERSEN T J，2004. International risk transfer and financing solutions for catastrophe exposures. Working paper.

ARMSTRONG J，2003. The syndicated loan market：Developments in the north American context. Bank of Canada Working Paper.

ARPING S，2002. Playing hardball：Relationship banking in the age of credit derivatives. Working Paper.

ARPING S，2004. Credit protection and lending relationships. Working Paper.

ARROW K J，1951. Social choice and individual values. NewHaven：Yale University Press.

ARROW K J，1964. The role of security in optimal allocation of risk-bearing. The review of economic studies，31（2）：91-96.

ARROW K J，1965. Aspects of the theory of risk-bearing. The theory of risk aversion，helsinki.

ARROW K J，LIND R C，1970. Uncertainty and the evaluation of public investment decisions：Reply. The American economic review，62（1/2）：171-172.

ATKINSON J W，1957. Motivational determinants of risk-taking behavior. Psychological review，（64）：359-372.

BAGEHOT W，1873. Lombard street：A description of the money market. London：Henry S. King and Co.

BALL R，et al.，2008. The debt-contracting value of accounting information and loan syndicate structure. Journal of accounting research，46（2）：247-287.

BARDHAN P K，SRINIVASAN T N，1971. Cropsharing tenancy in agriculture：A theoretical and empirical analysis. American economic review，61（1）：48-64.

BARTH J R，et al.，2006. Rethinking bank regulation. Cambridge books，Boston：Cambridge University Press.

BARTLETT R P，2010. Inefficiencies in the information thicket：A case study of derivative disclosures during the financial crisis. Working Paper.

BAUER M，2005. Theory of the firm under uncertainty：Financing，attitude to risk and output behavior. Diploma Paper.

BECKER G S，1973. A theory of marriage. The journal of political economy，81（4）：813-846.

BEGLEY T A，PURNANANDAM A，2012. Design of financial securities：Empirical evidence from private-label RMBS deals. Working Paper.

BEHR P，LEE S，2004. The effects of credit risk transfer on bank monitoring and firm financing. Working Paper.

BELL C，1977. Alternative theories of sharecropping：Some tests using evidence from Northeast India. Journal of development studies，13（4）：317-346.

BERGER A N，UDELL G F，1993. Securitization，risk，and the liquidity problem in banking. Working paper.

BERGER A N，UDELL G F，2002. Small business credit availability and relationship lending：The importance of bank organi-zational structure. Economic journal，112（477）：32-53.

BERNDT A，GUPTA A，2009. Moral hazard and adverse selection in the originate-to-distribute model of bank credit. Journal of monetary economics，56（5）：725-743.

BEST R，ZHANG H，1993. Alternative information sources and the information content of bank loans. Journal of finance，48（4）：1507-1522.

BESTER H，HELLWIG M，1989. Moral hazard and equilibrium credit rationing：An overview of the issues. in G. Bamberg and K. Spremann（eds.）Agency theory，information，and incentives. Berlin：Springer Verlag.

BIAIS B，CASANATTA C，1999. Optimal leverage and aggregate investment. Journal of finance，54（4）：1291-1323.

BICKEL J E，et al.，2002. Corporate risk tolerance：Taking the right risks. Strategic Decisions Group，CA.

BILLETT M T，FLANNERY M，GARFINKEL J A. 1995. The effect of lender identity on a borrowing firm' s equity return. Journal of finance，50（2）：699-718.

BOOT W A，THAKOR A V，1993. Security design. Journal of finance，48（4）：1349-1369.

BRANDENBURGER A，1992. Knowledge and equilibrium in games. Journal of economic perspectives，6（4）：83-101.

BROCKHAUS R H，1980. Risk taking propensity of entrepreneurs. The academy of management journal，23（3）：509-520.

BUSHMAN R M，MOERMAN R W，2009. Does secondary loan market trading destroy lenders' incentives? Working paper.

CALOMIRIS C W，1990. Is deposit insurance necessary? A historical perspective. Journal of economic history，2（50）：283-295.

CALOMIRIS C W，1994. Is the discount window necessary? A penn central perspective. Working Paper.

CALOMIRIS C W，2008. The subprime turmoil：What's old，what's new，and what's next. Working Paper.

CANTILLON R，1755. Essai sur la nature du commerce en general. Reissued for the Royal Economic Society by F. Cass，1959.

CARLSTROM C T，SAMOLYK K A，1995. Loan sales as a response to market-based capital constraints. Journal of banking finance，19（3-4）：627-646.

CANTOR R，PACKER F，1994. The credit rating industry. Federal reserve bank of New York quarterly review，19（Summer-Fall）：1-26.

CEBENOYAN S A，STRAHAN P E，2004. Risk management，capital structure and lending at banks. Working Paper.

CHAN-LAU J A，LI L O，2006. The credit risk transfer market and stability implications for U. K. financial institutions. Working Paper.

CHEMMANUR T J，FULGHIERI P，1999. A theory of the going-public decision. Review of financial studies，12（2）：249-279.

CHIESA G，2004. Risk transfer，lending capacity，and real investment activity. Working Paper.

COOPER A C，et al.，1988. Entrepreneurs' perceived chances for success. Journal of business venturing，3（2）：97-108.

COES D V，1977. Firm output and changes in uncertainty. American economic review，67（2）：249-251.

DAHIYA S，PURI M，SAUNDERS A，2003. Bank borrowers and loan sales：New evidence on the uniqueness of bank loans. Journal of business，76（4）：563-582.

DALY M，1990. The I980s-a decade of growth in enterprise-data on VAT registrations and deregistrations. The Employmengt Azette，November.

DEBREU G，1959. The theory of value：An axiomatic analysis of economic equilibrium. New York：Wiley.

DE FINETTI B，1931. Sul significato soggettivo della probabilittextà. Fundamenta mathematicae，17：298-329.

DE FINETTI B，1937. La prévision：Ses lois logiques，ses sources subjectives. Annals of the institut henri poincar，7（1）：1-68.

DE LARA Y G，2003. Risk-sharing as a determinant of capital structure：Internal financing，debt，and（outside）equity. Working Paper.

DEMARZO P，DUFFIE D，1999. A liquidity based model of security design. Econonzetrica，67（1）：65-99.

DEMARZO P M，2005. The pooling and tranching of securities a model of informed intermediation. The review of financial studies，18（1）：1-35.

DE MEZA D，SOUTHEY C，1996. The borrower's curse：Optimism，finance and entrepreneurship. The economic journal，106（435）：375-386.

DEMIRGUC-KUNT K，EDITORS L，2008. Deposit insurance around the world. Cambridge：MIT Press.

DEMIROGLU C，JAMES C，2012. How important is having skin in the game? Originator-sponsor affiliation and losses on mortgage-backed securities. Review of financial studies，25（11）：3217-3258.

DEMSETZ R S，1994. Evidence on the relationship between regional economic conditions and loan sales activity. Working Paper.

DEMSETZ R S，1999. Bank loan sales：A new look at the motivations for secondary market activity. Federal reserve bank of New York. Staff Reports.

DENNIS S A，MULLINEAUX D J，2000. Syndicated loans. Journal of financial intermediation，9（15）：404-426.

DIAMOND D W，DYBVIG P H，1983. Bank runs，deposit insurance，and liquidity. Journal of political economy，91（3）：401-419.

DIAMOND D W，1984. Financial intermediation and delegated monitoring. Review of economic studies，51（3）：393-414.

DIAMOND D，1993. Seniority and maturity of debt contracts. Journal of financial economics，33（3）：341-368.

DIMITRIOS P L，et al.，2012. Macroeconomic and bank-specific determinants of non-performing loans in Greece：A comparative study of mortgage，business and consumer loan portfolios. Journal of banking & finance，36（4）：1012-1027.

DOSI G，EGIDI M，1991. Substantive and procedural uncertainty. Journal of evolutionary economics，1（2）：145-168.

DOWNING C，et al.，2009. Is the market for mortgage backed securities a market for lemons?. Review of financial studies，22（7）：2457-2494.

DUFFEE G R，ZHOU C，2001. Credit derivatives in banking：Useful tools for managing risk?. Journal of monetary economics，48（1）：25-54.

DUTTA J，PRASAD K，2002. Stable risk sharing. Journal of mathematical economics，38（4）：411-439.

EFFENBERGER D，2004. Credit derivatives：effects on the stability of financial markets. Deutsche Bank Research.

EISDORFER A，2008. Empirical evidence of risk-shifting in financially distressed firms. The journal of finance，63（2）：609-637.

ELIASHBERG J，WINKLER L，1981. Risk sharing and group decision making. Management science，27（11）：1221-1235.

EVANS D S，LEIGHTON L S，1987. Why do smaller firms pay less? Working Paper.

FAMA E F，1985. What's different about banks?. Journal of monetary economics，15（1）：29-39.

FENN G W，et al.，1996. Debt maturity and the use of interest rate derivatives by non-financial firms. Working Paper.

FLUCK Z，1998. Optimal financial contracting：debt versus outside equity. Review of financial studies，11：383-401.

FRANKE G，KRAHNEN J P，2007. Default risk sharing between banks and markets：The contribution of collateralized debt obligations. The risks of financial institutions：603-634.

FRANKEL A B，2009. The risk of relying on reputational capital：A case study of the 2007 failure of new century financial. BIS Working Paper.

FRIEDMAN M，SAVAGE L J，1948. The utility analysis of choices involving risk. Journal of political economy，56（4）：279-304.

FROOT K A，et al.，1993. Risk management：Coordinating corporate investment and financing policies. Journal of finance，48（5）：1629-1658.

FROOT K，STEIN J，1998. Risk management，capital budgeting，and capital structure policy for financial institutions：An integral approach. Journal of financial economics，47（1）：55-82.

FUKUNAGA K，HUFFMAN W E，2008.The role of risk and transaction costs in contract design：Evidence from farmland lease contracts in U. S. agriculture. American journal of agricultural economics，91（1）：237-249.

GALE D，SHAPLEY L S，1962. College admissions and the stability of marriage. American math，69（1）：9-15.

GALE D，HELLWIG M，1985. Incentive-compatible debt contracts：The one-period problem. Review of economic studies，52（4）：647-663.

GIANNETTI M，2001. Risk sharing and firm size：Theory and international evidence. Working Paper.

GLASER H B，2011. Reputation vs. signaling in a security issuance game. Working Paper.

GOLDSMITH R W，1969. Financial structure and development. NewHaven：Yale University Press.

GOPALAN R，et al.，2009. How do defaults affect lead arranger reputation in the loan syndication market?. Working Paper.

GORTON G B，HAUBRICH J G，1987. Loan sales，recourse，and reputation：an analysis of secondary loan participations. Working Paper.

GORTON G B，PENNACCHI G G，1995. Banks and loan sales marketing nonmarketable assets. Journal of monetary economics，35（3）：389-411.

GORTON G B，WINTON A，2002. Financial intermediation. Working Paper.

GRAVELLE H，REES R，1992. Microeconomics. London：Longman.

GREEN R，1984. Investment incentives，debt and warrants. Journal of financial economics，13（1）：115-136.

GREENWALD B C，STIGLITZ J E，1993. Financial market imperfections and business cycles. Quarterly journal of economics，108（1）：77-114.

GREENWOOD J，JOVANOVIC B，1990. Financial development，growth and the distribution of income. Journal of political economy，98（October）：1067-1107.

HARRIS M，RAVIV A，1979. Optimal incentive contracts with imperfect information. Journal of economic theory，20（2）：231-259.

HARSANYI J C，1955. Cardinal welfare，individualistic ethics，and interpersonal comparisons of utility. Journal of political economy，63（4）：309.

HARTOG J，FERRER-I-CARBONELL A，JONKER N，2002. Linking measured risk aversion to individual characteristics. Kyklos，55：3-26.

HAUBRICH J G，THOMSON J B，1996. Loan sales，implicit contracts，and bank structure. Review of quantitative and financial accounting，7（2）：137-162.

HELLWIG M F，1998. Banks，markets，and the allocation of risk in an Economy. journal of institutional & theoretical economics，154（1）：328-345.

HELLWIG M F，2001. Risk aversion and incentive compatibility with ex post information asymmetry. Economic theory，18（2）：415-438.

HEY J D，1979. Uncertainty in microeconomics. New York：New York University Press.

HEY J D，1984. The economics of optimism and pessimism：A definition and some applications. Kyklos，37（10）：181-205.

HOBSBAWM E J，1969. Industry and Empire. New York：Pantheon Books.

HOLMSTROM B，1979. Moral hazard and observability. Bell journal of economics，10（1）：74-91.

HOOVER C B，1926. The sea loan in genoa in the twelfth century. Quarterly journal of economics，40（3）：495-529.

HÖRNER J，2002. Reputation and competition. American economic review，92（3）：644-663.

HOWARD R A，1988. Decision analysis：Practice and promise. Management science，34（6）：679-695.

INSTEFJORD N，2005. Risk and hedging：Do credit derivatives increase bank risk? Journal of banking & finance，29（2）：333-345.

JENSEN M，MECKLING W，1976. Theory of the firm：Managerial behavior，agency cost and ownership structure. Journal of financial economics，3（4）：305-360.

JEON H，NISHIHARA M，2014. Securitization under asymmetric information and risk retention requirement. Journal of finance & economics，2（2）：16-53.

JOHN K，et al. 2004. Corporate governance and risk taking. Journal of finance，63（4）：1679-1728.

KAPLAN S N，STRÖMBERG P，2003. Financial contractingtheory meets the real world：An emprical analysis of the venture capital contracts. Working Paper.

KAN K，TSAI W D，2006. Entrepreneurship and risk aversion. Small business economics，26（5）：465-474.

KARA A，1999. On the efficiency of the financial institutions of profit-and-loss-sharing. Journal of economic and social research，3（2）：99-104.

KAUFMAN G G，1991. Lender of last resort：A contemporary perspective. Journal of financial services research，5（2）：95-110.

KEENEY R L，1976. A group preference axiomatization with cardinal utility. Management science，

23（2）：140-145.

KEYNES J M，1921. A treatise on probability. New York：St. Martin's Press.

KEYS B J，et al.，2010. Did securitization lead to lax screening? Evidence from subprime loans. Quarterly journal of economics，125（1）：307-362.

KIHLSTROM R E，LAFFONT J，1979. A general equilibrium entrepreneurial theory of firm formation based on risk aversion. Journal of political economy，87（4）：719-748.

KINDLEBERGER C P，1978. Manias，panics，and crashes：A history of financial crises. New York：Basic Books.

KING R G，LEVINE R，1993. Finance and growth：Schumpeter might be right. Working Paper.

KLEIN B，LEFFLER K B，1984. The role of market forces in assuring contractual performance. The journal of political economy，89（4）：615-641.

KNIGHT F，1921. Risk，uncertainty，and profit. Boston：Houghton Mifflin Co.

LA PORTA R，SHLEIFER A，1999. Corporate ownership around the World. Journal of finance，54（2）：471-517.

LELAND H E，1972. Theory of firm facing uncertain demand. American economic review，62：277-291.

LELAND H E，PYLE D H，1977. Informational asymmetries，financial structure，and financial intermediation. The journal of finance，32（2）：371-387.

LILES P R，1974. New business ventures and entrepreneur. Homewood：Richard D.Irwin，Inc.

LÓPEZ-PENABAD M C，et al.，2015. Securitization in spain and the wealth effect for shareholders. International review of economics and finance，37：308-323.

LOUTSKINA E，2005. Does securitization affect bank lending? evidence from bank responses to funding shocks. Working Paper.

LUCAS R E B，1979. Sharing，monitoring，and incentives：Marshallian misallocation reassessed. Journal of political economy，87（3）：501-521.

LUMMER S，MCCONNELL J，1989. Further evidence on bank lending process and capital market response to bank loan agreements. Journal of financial economics，25（1）：52-63.

MAKRI V，et al.，2014. Determinants of non-performing loans：The case of eurozone. Panoeconomicus，27（3）：193-206.

MANCUSO J R，1975. The entrepreneurs quiz//BAUMBACK C M，MANCUSO J R（eds），Entrepreneurship and venture management，Englewood NJ：Prentice Hall.

MARKOWITZ H，1952. Protfolio selection. Journal of fianance，7（1）：77-91.

MARSHALL A，1890. Principles of economics. 1（First ed.）. London：Macmillan.

MASON J R，ROSNER J，2007. How resilient are mortgage backed securities to collateralized debt obligation market disruptions？Working Paper.

MATHIS J，MCANDREWS J，ROCHET J C，2009. Rating the raters：Are reputation concerns powerful enough to discipline rating agencies. Journal of monetary economics，56（5）：657-674.

MCCLELLAND D C，1961. The achieving society. New York：Free Press.

MCKINNON R I，1973. Money and capital in economic development. Washington DC：The Brookings Institution.

MERTON R C，1974. On the pricing of corporate debt：The risk structure of interest rates. Journal of finance，29（2）：449-470.

MERTON R C，1989. On the application of the continuous-time theory of finance to financial intermediation and insurance. The geneva papers on risk & insurance，14（3）：225-261.

MERTON R C，BODIE Z，1995. A conceptual framework for analyzing the financial environment. The global financial system：A functional perspective. Boston：Harvard Business School Press.

MIAN A，SUFI A，2009. The consequences of mortgage credit expansion：Evidence from the u. s. mortgage default crisis. The quarterly journal of economics，124（4）：1449-1496.

MILL J S，1848. Principles of political economy with some of their applications to social philosophy. 1（1 ed.），London：John W. Parker，retrieved 7 December 2012.

MIRRLEES J A，1974. Notes on welfare economics，information and uncertainty. Amsterdam：Essays in equilibrium behavior under uncertainty.

MIRRLEES J A，1976. The optimal structure of incentives and authority within an organization. Bell journal of economics，7（1）：105-131.

MINSKY H P，1975. John maynard keynes. New York：Columbia University Press.

MORRIS S，1995. The common prior assumption in economic theory. Economics and philosophy，（11）：227-253.

MORRISON A D，2001. Credit derivatives，disintermediation and investment decisions. Working Paper.

MYERS S，MAJLUF N，1984. Corporate financing and investment when firms have information shareholders do not have. Journal of financial economics，13（2）：187-221.

NICOLO A，PELIZZON L，2004. Credit derivatives：Capital requirements and strategic contracting. Working Paper.

NORTON W，MOORE W T，2002. Entrepreneurial risk：Have we been asking the wrong question? Small business economics，18（4）：281-287.

NUNNALLY J C，BERNSTEIN I H，1994. Psychometric theory. New York：McGraw-Hill.

OBSTFELD M，1994. Risk sharing，global diversification and growth. American economic review，84（5）：1310-1329.

OTSUKA K，et al.，1992. Land and labor contracts in agrarian economies：Theories and facts. Journal of economic literature，30：1965-2018.

PAGANO M，VOLPIN P，2010. Credit ratings failures and policy options. Economic policy，25（62）：401-431.

PALICH L E，BAGBY D R，1995. Using cognitive theory to explain entrepreneurial risk-taking：Challenging Conventional wisdom. Journal of business venturing，10：425-438

PARLOUR C A，WINTON A，2009. Laying off credit risk：Loan sales versus credit default swaps. Working Paper.

PAVEL C，PHILLIS D，1987. Why commercial banks sell loans：An empirical analysis. Working Paper.

PEACOCK P，1986. The influence of risk-taking as a cognitive behavior of small business success// RONSTADT J，et al.，（Eds.），Frontiers in entrepreneurship research 110118. Wellesley：Babson

College.

PENNACCHI G G，1988. Loan sales and the cost of bank capital. Journal of finance，43（2）：375-396.

PETERSEN M A，RAJAN R G，2002. Does distance still matter? The information revolution in small business lending. Journal of finance，57（6）：2533-2570.

PORTER M，1992. Capital Disadvantage：America' s failing capital investment system. Harvard business review：70（5）：65.

PRATT J W，1964. Risk aversion in the small and in the large. Econometrica，32：122-136.

PRENDERGAST C，2002. The tenuous tradeoff between risk and incentives. Journal of political economy，110（5）：1071-1102.

PURNANANDAM A，2011. Originate-to-distribute model and the subprime mortgage crisis. Review of financial studies，24（6）：1881-1915.

RAMAKRISHNAN R T S，THAKOR A V，1984. Information reliability and a theory of financial intermediation. Review of economic studies，51（3）：415-432.

RAMSEY F P，1926. Truth and probability. Working Paper.

RIDDIOUGH T，1997. Optimal design and governance of asset-backed securities. Journal of financial intermediation，6（2）：121-152.

ROSENBERG N，BIRDZELL L E，1987. How the west grew rich：The economic transformation of the industrial world. London：I.B. Tauris & Co. Ltd.

ROSS S，1973. The economic theory of agency：The principal's problem. American economic review，63（2）：134-139.

RULE D，2001. Risk transfer between banks，insurance companies，and capital markets：An overview. Financial stability review，December：137-159.

SAINT-PAUL G，1992. Technological choice，financial markets，and economic. European economic review，36（4）：763-781.

SANDMO A，1971. On the theory of the competitive firm under price uncertainty. American economic review，61（1）：65-73.

SANTOMERO A M，TRESTER J J，1998. Financial innovation and bank risk taking. Journal of economic behavior & organization，35（1）：25-37.

SAPPINGTON D，1983. Limited liability contracts between principal and agent. Journal of economic theory，29（1）：1-21.

SAVAGE L J，1954. The foundations of statistics. New York：John Wiley & Sons，INC.

SCHUMPETER J A，[1934]2008，The theory of economic development：An inquiry into profits，capital，credit，interest and the business cycle. New Brunswick（U.S.A）and London（U.K.）：Transaction Publishers.

SHABAN R A，1987. Testing between competing models of sharecropping. Journal of political economy，95（5）：893-920.

SHAO Y，YEAGER T J，2007. The effects of credit derivatives on U. S. bank risk and return，capital and lending structure. Working Paper.

SHAPIRO C，1983. Premiums for high quality products as returns to reputations. Quarterly journal of economics，98（4）：659-679.

SHAVELL S，1979. Risk sharing and incentives in the principal and agent relationship. Bell journal of economics，10（3）：55-73.

SHILLER R J，1998. Social security and institutions for intergenerational，intragenerational and international risk sharing. Working Paper.

SITKIN S B，PABLO A L，1992. Reconceptualizing the determinants of risk behavior. Academy of management review，17（1）：9-38.

SMITH A，[1776] 1937. The wealth of nations. New York：Modern Library Edition.

SMITH J E，2004. Risk sharing，fiduciary duty，and corporate risk attitudes. Decision analysis，1（2）：114-127.

SMITH C W，SMITHSON C. W，1990. Managing financial risks. Harper and Row，New York.

SPETZLER C S，1968. The development of a corporate risk policy for capital investment decisions. IEEE Transactions on Systems Science and Cybernetics，4（3）：279-300.

STIGLITZ J E，1974. Incentives and risk sharing in sharecropping. The review of economic studies，41（1）：219-255.

SUFI A，2007. Information asymmetry and financing arrangements：Evidence from syndicated loans. The journal of finance，62（2）：629-668.

THOMAS H，2001. Effects of asset securitization on seller claimants. Journal of financial intermediation，10（3-4）：306-330.

TOWNSEND R，1979. Optimal contracts and competitive markets with costly state verification. Journal of economic theory，21（2）：265-293.

UHDE A，et al.，2010. Wealth effects of credit risk securitization in european banking. Journal of business finance and accounting，39（3-4）：194-228.

VAN ORDER R，2007. On the economics of securitization：A framework and some lessons from U. S. experience. Working Paper.

WAGNER W，2007. Credit derivatives，the liquidity of bank assets and banking stability. Journal of banking & finance，31（1）：121-139.

WAGNER W，MARSH I W，2007. Credit risk transfer and financial sector stability. Journal of financial stability，2（2）：173-193.

WALLS M R，et al.，1995. Decision analysis of exploration opportunities in the onshore United States at Phillips Petroleum Company. Interfaces，25（6）：39-56.

WILSON R，1968. The theory of syndicates. Econometrica，36（1）：119-132.

WINTON A，1995. Costly state verification and multiple investors：The role of seniority. Review of financial studies，8（1）：91-123.

后　　记

本书是我承担的教育部人文社科研究基金项目“金融体系风险配置机制的创新与优化研究——基于合约设计与交易结构的分析视角”（12YJC90284）的最终成果。这项研究课题的构思始于数年前对张五常先生的经典著作《佃农理论》的解读，其中关于合约选择的分析引起了我的兴趣。在不确定性决策环境下，合约主体之间如何在分担风险的同时，对可能存在道德危害的一方施加约束，实现双方的激励相容？在金融交易中，为何形式各异的多种合约同时并存，提供各具特色的风险分配模式？金融体系风险配置机制的演进沿循着怎样的历史轨迹，是否存在深层的一般规律？这些基础问题在理论探索中独具魅力。加之当时正值美国的贷款证券化和信用衍生品市场快速发展，中国也在积极筹备资产证券化试点，引发了我对风险配置机制创新的思索：融资合约的交易主体在达成了风险初级配置的均衡之后，为何还会和第三方进行风险转移交易，对风险予以再配置？风险转移机制的创新是否改变了银行作为金融中介的传统角色，对经济运行和增长具有哪些积极贡献，抑或也可能伴生着潜在的负面影响？金融风险管理是我的教学工作和前期研究的重要方向，基于个人研究偏好和现实需要，将“金融体系风险配置机制”作为研究选题的想法油然而生。

不过，由于当时学校尚未引进完备的国外文献数据库，而国内的相关资料很少，我一直因无米之炊而苦恼。恰巧此时国家教育部为我提供了到国外进修的机会，在澳大利亚 Adelaide 大学作访问学者期间，图书馆里丰富的学术资源为我开启了一扇扇知识和思维的大门。然而，国外学术界的相关研究跨越不确定性经济学、合约经济学、博弈论等经济学理论以及金融中介理论、公司金融理论、金融创新和金融结构进化、风险管理等金融学理论的广泛领域，未形成统一的理论体系和分析框架，要从浩如烟海的各种文献中寻找有效信息和研究支撑，并加以梳理、归纳、融合和扩展，对我无疑是一个挑战。回国后，我潜心研读了国外学者的数百篇论文和十余部学术著作，在无数个难眠之夜的辗转反侧后，研究思路和框架终于逐渐变得明晰起来，写作进度从漫长的龟速爬行到最后几乎是一气呵成，我体会着学术研究中迷茫困惑的痛苦，也品尝到了茅塞顿开的快乐。

衷心感谢在本课题的研究过程中，江春教授、黄宪教授、潘敏教授、胡志强教授、胡昌生教授、彭红枫教授等对我的指导、建议和帮助。此外，感谢 Adelaide

大学商学院金融专业负责人 Ralf Zurbrugg 教授对我在国外进修期间的帮助，以及金融学家 Martin F. Hellwig 教授，为我邮寄来他的学术论文。硕士研究生赵丁立和韩雅娇同学在本书实证部分的研究中承担了数据收集和处理等工作。我还要感谢我的家人，你们的鼓励和支持就像深夜里的明灯，督促我静心研修，不敢懈怠。

出于对学术研究的敬畏，本书的写作历经数载，几经删改而后始成，但也难免存在不足之处，敬请各位学者和专家不吝赐教与指正。

赵　征

2017 年 1 月于武汉大学